Vilaine

Constance Briscoe

Vilaine

L'histoire vraie d'une enfant haïe par sa mère

Traduit de l'anglais par Paul Benita

ÉDITIONS
FRANCE
LOISIRS

Titre original : *Ugly. The true story of a loveless childhood.*
Publié par Hodder & Stoughton Ltd, an Hachette Livre UK company, Londres.

Ce livre est dédié à Miss K

Édition du Club France Loisirs,
avec l'autorisation des Presses de la Cité.

Éditions France Loisirs,
123, boulevard de Grenelle, Paris
www.franceloisirs.com

ISBN : 978-2-298-03583-4

Sommaire

Prologue

— Tes parents savent que tu es ici ? a demandé l'employée des services sociaux.

— Non, ai-je répondu, mais je veux me renseigner sur les foyers pour enfants.

Je devais me hausser sur la pointe des pieds pour voir par-dessus le comptoir de la réception.

— Quel âge as-tu ?

— Onze ans.

— Ça ne se passe pas très bien à la maison, c'est ça ?

— C'est ça. Que dois-je faire pour m'inscrire ?

— Commençons par quelques renseignements.

Je lui ai donné mon nom, mon adresse, et je lui ai dit que j'aimerais bien déménager le jour même, si c'était possible.

— Ma pauvre, tu ne peux pas t'inscrire toute seule. Il nous faut d'abord le consentement de tes parents. Pourquoi ne rentres-tu pas chez toi pour y réfléchir ? Tu pourras toujours repasser me voir.

— Mais je ne veux pas rentrer à la maison.

— Écoute, je ne peux pas t'envoyer dans un foyer juste parce que tu as envie de partir de chez toi. Veux-tu que nous prenions contact avec ta mère ?

— Non, merci. Je me débrouillerai toute seule.

Si ma mère découvrait ce que j'étais en train de faire, j'en serais quitte pour une raclée. J'ai repris Walworth Road en direction de notre maison sur Sutherland Square, dans le sud de Londres. C'était une belle journée ensoleillée, mais j'étais très déprimée. Tout ce que je faisais tournait mal, même les foyers pour enfants ne voulaient pas de moi. La vie ne valait pas la peine d'être vécue.

Cette nuit-là, j'ai décidé que personne ne me regretterait si je disparaissais. Avant de me mettre au lit, j'ai écrit une lettre à ma mère. Je l'ai glissée dans mon cartable et je suis allée dans la salle de bains. J'ai débouché la bouteille de détergent, j'ai ajouté de l'eau du robinet et je l'ai bue avant de me coucher. J'avais choisi le Domestos parce que le Domestos tue tous les microbes et que ma mère me répétait toujours que j'étais un microbe, une infection. Je me sentais très malade, mais heureuse et triste aussi. J'étais heureuse parce que, au matin, si le détergent faisait effet, je serais morte. Il n'y aurait plus de lendemains. Youpi. Mais j'étais triste parce que je ne reverrais plus mes sœurs... Peut-être que cela valait mieux, après tout. Quant à ma mère, j'ai juré devant Dieu de revenir la hanter pour le restant de ses jours. Je lui flanquerais des gifles, je lui ferais des croche-pieds dans l'escalier, je lui enlèverais ses couvertures dans son sommeil. Ah ça, oui !

Le lendemain matin, je me suis réveillée en me croyant morte. Mon alarme anti-incontinence sonnait au loin. Les lumières autour du lit s'allumaient et s'éteignaient et j'étais incapable de bouger les pieds ou les bras.

Ma mère me toisait.

— Sors du lit, m'a-t-elle ordonné.

Je n'ai pas bougé. Je n'arrivais pas à parler, ma bouche me faisait trop mal. Des cloques gonflaient autour de mes lèvres.

— Allez, debout.

Elle a rejeté ma couverture.

— Je ne vais pas te le redire deux fois. Ouste !

Me prenant par le bras, elle m'a forcée à me redresser. Quand elle m'a lâchée, je suis retombée mollement et me suis mise à vomir.

— Eastman ! a-t-elle crié.

Eastman était son nouveau copain. Il a appelé Pauline et Patsy, mes deux grandes sœurs.

— Seigneur Dieu, a dit ma mère, cette gosse va finir par m'attirer des ennuis.

Eastman a suggéré de faire venir un médecin ou une ambulance, mais elle a préféré ordonner à Pauline de refaire le lit et de mettre les draps souillés dans la machine. Ensuite, elle s'est mise à faire le ménage dans la pièce, ouvrant la fenêtre pour chasser la puanteur, avant d'annoncer qu'il fallait m'installer ailleurs. Dans cette chambre, un médecin pourrait avoir l'impression qu'on me négligeait.

Avec l'aide de Pauline, ma mère a entrepris de me changer. Elle a dû sentir que sa présence me rendait malade, car elle a laissé ma sœur continuer seule et est partie en emportant ma chemise de nuit trempée. Elle l'était depuis trois jours. La nouvelle m'arrivait aux chevilles et recouvrait tout un assortiment de bleus, de coupures et de marques qui auraient pu nécessiter des explications.

— Allez, Clare, m'a dit Pauline en me donnant à boire avec une cuillère. Allez, ouvre la bouche.

Elle n'arrêtait pas de me faire couler de l'eau dans la gorge.

— Mais qu'est-ce que tu as encore fait ?

J'ai dû perdre conscience. Quand je me suis réveillée, ma jeune sœur, Christine, était à mon chevet.

— M'man dit que tu vas lui attirer des ennuis. Qu'est-ce que tu as fait ?

Un peu plus tard, Pauline est revenue pour me faire avaler de la soupe à la queue de bœuf. Je l'ai ingurgitée avant de la vomir entièrement sur le lit et la moquette. Eastman et ma mère ne rentraient plus dans la chambre. Je les entendais dans le couloir.

— Elle va peut-être s'en remettre, disait-elle. Attendons. Pauline va rester avec elle et on n'appellera le docteur ou une ambulance que s'il se passe quelque chose.

Un silence, puis :

— Doux Jésus, qu'ai-je fait pour mériter une gosse pareille ?

— Allez, Clare, a dit ma sœur. Secoue-toi.

Je me suis endormie. Je me souviens ensuite d'avoir ouvert les yeux en pleine nuit. Ma sœur dormait au pied du lit. Elle s'est réveillée en sursaut quand j'ai essayé de lever la tête. Elle a couru à la porte pour alerter ma mère, qui est arrivée aussitôt, Eastman sur ses talons. Il lui parlait encore du médecin.

— Carmen, appelle un docteur avant qu'il ne soit trop tard.

— Non. On attend encore un peu.

— Carmen, tu vas finir en prison. Tu crois peut-être que je vais y aller avec toi ? Ah non, pas question. Appelle le docteur, Carmen, tu sais pas ce qu'elle a, cette petite.

— Eastman, si Clare devait mourir, elle serait déjà morte. La prison t'a rendu idiot !

Quand je me suis réveillée la fois d'après, il faisait jour. Ma sœur était toujours dans la chambre et, bizarrement, je n'avais pas mouillé mon lit. Dès qu'elle m'a vue bouger, Pauline s'est ruée dehors pour aller chercher ma mère et un autre bol de soupe.

— Allez, Clare, mange, a dit ma sœur en tentant une nouvelle fois de me nourrir à la cuillère.

Pendant ce temps-là, ma mère se plaignait.

— Oh, Seigneur, Toi aussi, Tu as eu un fils. Dis-moi ce que j'ai fait de travers ! Doux Jésus, sur ma tête, aide cette petite à quitter ce lit. Oh, Seigneur, je suis Ta fille obéissante et dévouée.

Elle était debout au pied du lit.

— Tu veux un docteur ? m'a-t-elle demandé.

— Non.

Va-t'en, me disais-je. Si je voulais un docteur ? Bien sûr que non. Je ne voulais pas être sauvée. Je ne voulais plus vivre. Je ne voulais plus être un microbe.

Elle a quitté la chambre.

— Pauline, a-t-elle crié depuis le couloir, appelle-moi, s'il le faut.

Ma sœur me donnait la soupe.

— Qu'est-ce que tu as fait, Clare ? Tu peux me le dire, à moi.

— Quat'z-yeux, tu espionnes pour m'man ?

— Non, non. Pourquoi tu dis ça ?

— Alors, arrête de me poser des questions.

Elle a continué à me nourrir en silence et j'ai fini par me rendormir. Une sensation de brûlure entre les jambes m'a réveillée. Des croûtes s'étaient formées, jusque sous mes poils pubiens. L'urine me brûlait le minou, et le haut des cuisses et mon derrière me démangeaient. Mais j'étais soulagée. Pour plusieurs raisons. L'alarme ne s'était pas déclenchée. On ne m'avait pas sortie du lit en me tirant par le minou. On ne m'avait pas tordu les tétons, ni flanqué de coups de poing dans le ventre. Mes sœurs sont juste revenues avec des draps frais et une chemise de nuit propre.

1

Ma famille

Il faut que j'écrive mon histoire. Étant depuis toujours quelqu'un de très secret, je ne l'ai encore jamais racontée. Le plus difficile, c'est de se souvenir de l'ordre exact des événements. Mon père, George, et ma sœur Pauline m'aideront peut-être. Cela aurait été plus facile si j'avais eu mon journal intime. J'en tiens un depuis que je sais écrire. Il remplissait plusieurs cahiers. Ma mère me les a tous volés.

Je vais commencer par mon prénom. Constance. Celui qui figure sur mon certificat de naissance et que je n'ai découvert qu'à l'âge de dix-huit ans. Avant cela, je croyais que c'était Clare. Ma mère m'appelait ainsi parce qu'elle disait que j'étais transparente et qu'elle voyait très clair en moi. Si elle était de bonne humeur (ce qui, avec moi, n'arrivait pas souvent), c'était Clearie. Mes sœurs ont adopté Clare. Elles continuent de m'appeler Clare. Mes dossiers scolaires sont au nom de Clare. Dans les hospices où j'ai travaillé, j'étais « infirmière Clare ». Mon permis de conduire est attribué à Clare. C'est donc sous ce nom que vous me connaîtrez dans ce récit.

Ma mère, Carmen, a quitté la Jamaïque pour l'Angleterre à l'adolescence, au début des années 1950. Elle avait reçu une bonne éducation catholique. Elle a connu mon père dans la paroisse de Portland et elle l'a retrouvé ici. George avait dix ans de plus qu'elle. Quand elle a eu dix-huit ans, il l'a mise enceinte et ils se sont mariés. Elle a eu un garçon, Wilson, qui est décédé à l'âge de quatre mois. Ma mère gardait une photo où elle tient son petit cadavre dans ses bras. J'étais leur quatrième enfant, élevée et éduquée en Angleterre. Je suis une Anglaise noire, point barre.

Voici donc ma famille :

George, mon papa. Plutôt petit pour un homme. Sa grand-mère était blanche, ce qui faisait de lui un métis. Une peau très lisse qui n'a pas pris une ride avec l'âge. George s'est toujours habillé avec classe. Il était très fier de sa moustache impeccable.

Carmen, ma mère. George l'appelait Carmel. Une silhouette très fine et une beauté saisissante. Elle ressemblait plus à une star de cinéma qu'à une mère. La peau café au lait.

Pauline, ma sœur aînée, née le 6 octobre 1954. On la surnommait Quat'z-yeux à cause de ses lunettes – deux culs de bouteille perchés là-haut au bout de ses deux jambes. Ses traits d'écureuil disparaissaient sous des verres si épais qu'on ne voyait pas à travers. La peau sombre, mince, un mètre soixante-dix à l'âge adulte. Les cheveux courts. Sournoise et secrète, elle fourrait son nez partout. Pauline n'a toujours veillé que sur ses intérêts.

Patsy, mon autre sœur aînée, dite Mijaurée, née le 8 mars 1956. Une couleur de peau assez claire, plus jaune que noire. Sa taille adulte : un mètre cinquante-deux. Une silhouette très frêle et des fesses bien rebondies. Elle chaussait du trente-six et demi. Les cheveux courts et épais, elle avait une poitrine opulente et des yeux globuleux.

Ensuite, c'est mon tour : Clare ou Clearie, née le 18 mai 1957. Un mètre soixante en fin de croissance, ni grosse ni maigre, et qui n'a commencé que très tard à s'intéresser à son apparence. On disait que j'étais laide. C'est tout, juste laide. Ah, et aussi très sûre d'elle… vue de l'extérieur.

Après viennent nos frères, Carlton – dit Carl – et Martin, ou plutôt « mes fils » quand ma mère les avait à la bonne. De vrais fils à leur maman, qui n'ont jamais appris à cuisiner, à faire le ménage ni les courses. Ils ont eu la vie assez facile… jusqu'à ce que leurs derrières soient devenus assez gros pour recevoir une fessée. Ils sont nés en 1959 et 1961.

Christine, alias Nez en Bouton, Bouton ou Beauté, née le 27 novembre 1962. C'était la plus claire de nous tous – une belle couleur jaune. Un mètre quarante, toujours un peu en surpoids, intelligente, mais qui évitait soigneusement de prendre le moindre risque.

Denise, notre sœur adoptive, qui a débarqué de la maternité le même jour que Christine. On l'appelait Blackie à cause de la couleur de sa peau. Ses traits n'avaient rien de commun avec ceux de la famille Briscoe. Elle était mince avec des jambes courtes et un postérieur qui la suivait partout. Denise était aussi très différente de nous autres, les Briscoe : elle était gentille et généreuse.

Eastman, mon beau-père, qui n'a jamais épousé ma mère. Natif de la Barbade, gros et stupide, il a eu quatre enfants avec elle :

Cynthia, ma demi-sœur. Naturellement potelée, on l'a mise au régime dès le jour de sa naissance ou presque. Bébé, elle était incapable de s'asseoir. Un mètre soixante-cinq à l'âge adulte et de bonne corpulence. Cynthia avait le gros nez plat de son père.

Norma, une autre demi-sœur. La plus brillante des enfants Eastman. Grande, mince et capable de faire son chemin. Je m'entendais bien avec elle. J'étais amie avec elle.

Winston, mon demi-frère. Un mètre quatre-vingts, costaud. Des pieds comme des péniches. Ressemblait en tous points à son père.

Georgina, mon autre demi-sœur, dite Gina. Fille brillante, séduisante, qui aurait pu réussir si le succès n'exigeait pas tant d'efforts.

Pour finir, je dois ajouter Bem, notre pensionnaire. Un vieil homme que mes parents avaient connu à la Jamaïque. Il a été témoin de tout ce que m'a infligé ma mère et de ses bagarres avec George. Il a été un bon ami pour moi, ce qui, au bout du compte, a provoqué sa perte.

Il y avait aussi ma seule véritable amie, qui s'appelait Mary. Sauf que Mary n'existait pas. Elle était inventée. Elle a fréquenté pendant cinq ans les pages de mon journal intime, un cahier ivoire avec des bords marron. Mary savait tout ce que je savais et j'étais la seule à connaître Mary. À la fin, Mary a disparu. Je crois que ma mère l'a supprimée.

L'argent était une constante source de tension entre mes parents. Dans sa jeunesse, mon père était devenu riche en gagnant au loto sportif. À deux reprises. La deuxième fois, Littlewoods Pools lui a offert une immense copie du chèque original que ma mère gardait au-dessus de la cheminée pour lui rappeler combien il avait touché et à combien elle avait droit. George a investi son argent avec sagesse dans l'immobilier. Il a acheté une dizaine de maisons dans Camberwell, quartier du sud de Londres, près d'Elephant and Castle. Les propriétés de George se trouvaient toutes aux abords de Walworth Road. Dans le coin, on le surnommait George les Baraques. Pendant mon enfance, nous n'avons cessé de déménager de l'une à l'autre, elles jouent donc un rôle important dans mon histoire. Je me souviens de certaines adresses :

4 Councillor Street
5 Myatt Road
7 et 16 Patmos Road
41 Offley Road
215 Camberwell New Road
6 Burnett Street
19 Sutherland Square

George vivait des loyers qu'il percevait. Après avoir gagné au loto, il n'a plus jamais travaillé. La première chose qu'il a faite, quand il a touché le gros lot, a été de s'offrir une belle voiture. Une Ford Capri gris métallisé flambant neuve. Il passait le plus clair de son temps à se balader à son volant en fumant cigarette sur cigarette. Il en changeait tous les ans. Toujours des Ford Capri gris métallisé.

Après la naissance de Patsy, il a quitté ma mère, mais cela ne l'empêchait pas de revenir de temps en temps. Je n'ai aucun souvenir de lui passant la nuit à la maison ou bien prenant son petit déjeuner avec nous. Ma mère en avait toujours après son argent. Elle cherchait à le convaincre de lui acheter une maison à son nom. Ce qu'il refusait de faire. Cependant, à titre de contribution aux dépenses du foyer, il lui octroyait le montant de quelques loyers. Ce n'était jamais assez pour elle. Dans les premiers temps qui ont suivi leur séparation, elle le persuadait parfois de coucher avec elle. Dès qu'il s'endormait, elle lui faisait les poches, prélevant de grosses liasses de billets. C'est sans doute au cours d'une de ces nuits qu'elle est tombée enceinte de moi.

Mes sœurs n'avaient pas du tout droit au même traitement que moi. Elles n'étaient pas la cible de remarques déplaisantes, elles ne recevaient ni coups de poing ni coups de ceinture, elles ne se faisaient pas pincer les tétons. On leur achetait des vêtements neufs alors que je devais me contenter de ceux qu'elles avaient déjà portés. Ma mère en conservait des tonnes, de ces vieilleries, dans des sacs en plastique que je n'avais pas le droit d'ouvrir. Quand je n'avais plus rien à me mettre, c'était elle qui fouillait là-dedans et me jetait une robe en disant : « Tiens, Clare, regarde si elle te va. » Elle était toujours trop grande mais, au bout de quelques mois, ça ne se voyait plus trop.

Ma mère possédait, elle, beaucoup de jolies choses. Elle appréciait les motifs colorés et avait un faible pour les fleurs, surtout les roses. Elle avait des tenues exquises pour chaque occasion. Parfois, en la regardant en cachette se changer, je la voyais troquer le cardigan qu'elle portait à la maison contre sa robe rose cendré préférée. Moi aussi, j'avais envie de belles robes, mais j'étais trop laide pour porter autre chose que les rebuts de mes sœurs.

Au bout d'un certain temps, l'attitude de ma mère envers moi a fini par me rendre très nerveuse. J'ai toujours fait pipi au lit, d'aussi loin que je me souvienne. Cela la mettait en rage et elle s'acharnait sur moi, bien décidée à me « corriger ». Quand j'ai eu cinq ans, notre médecin de famille m'a envoyée chez un spécialiste de l'énurésie. Ça a été la première d'une très longue série de consultations. À l'époque, j'avais une chemise de nuit en coton que j'aimais beaucoup et qui me tombait jusqu'aux chevilles. J'avais l'habitude de dormir roulée en boule, les jambes contre la poitrine, la chemise coincée sous les chevilles. Une nuit, je me suis réveillée avec l'impression de me noyer. J'étais trempée de la tête aux pieds. Mon oreiller et ma couverture étaient eux aussi tout mouillés. J'avais eu deux accidents graves pendant mon sommeil. C'est là que tout a commencé.

Mon incontinence nocturne me valait toutes sortes de punitions. Parfois, on m'obligeait à dormir sur un matelas nu – pas de draps, juste une alèse en plastique – parce que ma mère en avait marre que je mouille ma literie. On lui avait donné des tas de livres sur la question et sur le contrôle de la vessie. Dès l'âge de cinq ans, j'ai eu droit à mon premier système d'alarme. C'était, paraît-il, particulièrement efficace. Il se présentait sous la forme d'une boîte émettant un bruit apprécié des enfants, placée au chevet du lit et reliée à un petit tapis muni de capteurs inséré sous le drap du dessous. En cas d'accident, la boîte déclenchait une alarme qui était censée me réveiller. Petit à petit, je devais donc apprendre à me retenir et à me lever avant que l'alarme sonne.

Le « bruit apprécié des enfants » ressemblait à une sirène de voiture de pompiers. La première fois qu'il a retenti, je me suis réveillée terrorisée et je me suis cachée sous le lit. Je croyais que la maison était en feu.

Ma mère s'est ruée dans la chambre mais ne m'a pas vue. Elle a pensé que j'étais aux toilettes. Si seulement... Elle a arrêté l'alarme et est retournée se coucher. Je suis sortie de ma cachette, sachant à peine où j'étais.

Toute petite déjà, j'étais certaine que mon incontinence n'était pas due à la paresse. Le médecin disait que la cause pouvait être l'anxiété. Selon lui, grâce à ce système, je guérirais en cinq ou six mois.

C'est le contraire qui s'est passé : mes problèmes se sont aggravés. Nous avons alors entamé, ma mère et moi, une tournée des spécialistes. On m'a attribué un système d'alerte ultraperfectionné avec une alarme beaucoup moins terrifiante, à deux tonalités, et des lumières clignotantes dont le but était de m'avertir avant que le lit soit trop mouillé. La plupart du temps, je ne me réveillais même pas. Ce qui excédait ma mère. Rien de ce qu'elle faisait ne m'aidait. Au début, je dormais en chemise de nuit, une de celles qui avaient appartenu à Pauline, mais au bout d'un moment elle a décidé que c'était un luxe inutile. Le plus souvent, je me couchais avec juste une culotte.

Cette méthode ne donnant pas les résultats escomptés, elle a adopté une autre stratégie : elle venait dans ma chambre, le soir, me flanquer une raclée afin de bien me faire comprendre ce qui se passerait si je faisais pipi. Elle attendait que je sois couchée pour surgir, arracher ma couverture et me traîner hors du lit. Quand j'avais une chemise de nuit, elle me tenait par le col pour m'empêcher de m'enfuir, puis elle me frappait à coups de chaussure.

« Qu'est-ce que tu vas faire ? demandait-elle.

— Ne pas mouiller mon lit !

— Menteuse ! Qu'est-ce que tu vas faire ?

— Je vais mouiller mon lit, disais-je.

— C'est bien ce que je pensais. Tu vois ? Tu n'es qu'une menteuse. »

Elle me giflait le visage avec sa chaussure, me pinçait la poitrine et, quand je protestais, elle m'accusait encore de mentir et me frappait à nouveau à la tête. Elle n'arrêtait pas de répéter la même question et je répétais ma réponse tandis qu'elle s'acharnait sur mes cuisses, sur mes mollets et sur mes bras. J'essayais bien de me protéger, mais les coups étaient plus douloureux sur les mains que sur les cuisses. Mes jambes étaient en partie protégées par la chemise de nuit et, parfois, j'arrivais à me rouler en boule.

Après certaines de ces séances, elle se retrouvait avec ma chemise de nuit à la main, me l'ayant littéralement arrachée du corps. Il lui arrivait aussi d'emporter ma couverture. Si elle était vraiment de mauvaise humeur ou bien si je l'avais vraiment énervée, elle prenait les deux. Mes sœurs étaient prévenues : si elles m'aidaient ou si elles me prêtaient une chemise de nuit, elles auraient droit à une correction, elles aussi. Elles se faisaient donc très discrètes.

Quand j'avais sept ans, ces raclées étaient fréquentes et régulières. Si l'alarme ne me réveillait pas toujours, ma mère, elle, l'entendait à chaque fois et elle se ruait aussitôt dans ma chambre. Parfois, elle m'enlevait ma chemise de nuit trempée, me donnait une fessée et m'abandonnait, nue et frissonnante. Mon humiliation était complète. Non seulement j'étais incapable de me retenir, mais la simple présence de ma mère et/ou la raclée du soir me flanquaient une telle frousse que parfois ma vessie se vidait devant elle, ce qui était, bien sûr, considéré comme un acte de rébellion. À d'autres moments, je me forçais à rester éveillée, mais l'épuisement finissait toujours par gagner. Au bout de quelques heures, je m'endormais, je n'entendais pas l'alarme et le cycle reprenait.

2

La famille s'agrandit

1962

En 1962, nous vivions au 4 Councillor Street. Mon père et ma mère étaient encore ensemble, si on peut dire… Ils passaient le plus clair de leur temps à se crier dessus, à se disputer et à se battre. La pire étant, de loin, ma mère. Elle ne cessait de le harceler et elle ne perdait jamais une bagarre.

Un samedi matin de juillet, il est venu à la maison avec deux gros poulets achetés à Petticoat Lane. Lorsqu'il a émergé de sa camionnette blanche, il portait une volaille sur l'épaule et tenait l'autre par les pattes, toutes deux plumées et vidées. Il a frappé à la porte avant de se servir de sa clé. Nous, les enfants, nous avons dévalé l'escalier pour l'accueillir puis avons remonté les trois étages derrière lui. Le premier poulet est tombé de son épaule sur la table de la cuisine, bientôt suivi par le deuxième. En redescendant les marches, il a demandé :

— Comment vont mes filles chéries ?

Comme ma mère restait en haut, il a crié :

— Bonjour, Carmel !

Il n'a pas eu de réponse.

Au moment où il a repassé la porte, il a failli recevoir un poulet sur la tête. Ma mère l'avait jeté par la fenêtre. Levant les yeux, j'ai vu le deuxième poulet voler à son tour. Mon père a fait un écart et le volatile s'est écrasé sur le trottoir. Ce bombardement a eu le don d'énerver mon père : au lieu de remonter dans sa camionnette, il s'est rué dans la maison.

Ma mère l'attendait.

— Viens, viens, a-t-elle dit. Tu veux mourir ? C'est ça que tu veux ? Vas-y, je t'attends.

George lui a demandé d'arrêter de faire l'idiote, d'aller ramasser les poulets – ils avaient coûté cher – et de cesser de le menacer. Elle a dégainé la paire de ciseaux qu'elle avait à la ceinture.

— Tu veux mourir ? Espèce de salopard, tu veux mourir ?

— Qu'est-ce que tu vas faire, la vieille ? Me poignarder ?

— T'arrives ici avec tes deux poulets morts. Qu'est-ce que tu veux que j'en fasse, de tes poulets ?

— Calme-toi, la vieille, a dit mon père avant de se mettre à fredonner : la di da, la di da, ti ti ti.

C'était le moyen qu'il avait trouvé de la faire enrager. Elle lui a redemandé ce qu'il voulait qu'elle fasse avec deux cadavres de poulets et, comme il continuait à l'ignorer et à chanter, elle s'est jetée sur lui.

— La di, crève ! a-t-elle crié.

Il est tombé en arrière, sur moi. Quand j'ai voulu l'aider à se relever, je me suis rendu compte que son ventre était couvert de sang, et ma robe aussi.

— Tu veux crever ? C'est aujourd'hui que tu veux crever ? a-t-elle répété en brandissant à nouveau les ciseaux.

— Appelle une ambulance, Clearie, m'a dit mon père.

Ma mère hurlait et l'injuriait.

— Tu apportes deux poulets chez moi et tu chantes ? Tu veux crever ?

George gardait la main sur son ventre pendant que je rampais pour me libérer. Puis j'ai couru chercher de l'aide. J'ai fait le tour du pâté de maisons à toute allure. Je ne savais pas quoi faire. Quand je suis revenue à mon point de départ, mes sœurs étaient là avec la police et une ambulance. L'ambulance a emporté mon père et la police a emmené ma mère avec les deux poulets. Quand elle est rentrée, quelques heures plus tard, elle a rempli un seau d'eau chaude pour essuyer le sang sur le parquet en nous disant d'aller nous coucher.

Plus tard, nous avons appris que mon père n'avait pas voulu mêler la justice à cette histoire et qu'il avait refusé de porter plainte, même après avoir passé deux semaines en soins intensifs au St Giles's Hospital. Nous n'avons pas eu l'autorisation de lui rendre visite. Quand il est sorti, il avait du mal à se déplacer mais, le dimanche suivant, il a envoyé un de ses amis nous apporter de la nourriture. Toutes les semaines, mon père faisait les courses pour nous. Même si mes parents étaient censés vivre ensemble, il se montrait de plus en plus rarement à la maison et, à chaque fois qu'il passait nous voir, ma mère l'attendait.

Il n'a commencé à revenir qu'à partir de septembre. Préférant garder ses distances avec ma mère, il restait dehors. Du coup, elle nous rejoignait sur le seuil pour se disputer avec lui ou alors elle nous ordonnait de rentrer, à mes sœurs et à moi, et elle lui claquait la porte au nez. À partir de novembre, les choses sont plus ou moins redevenues comme avant : il entrait à nouveau dans la maison. Les disputes et les bagarres ont repris.

Estimant que son mari ne lui donnait pas assez d'argent, elle a instauré des mesures d'économie. La principale consistait à nous rationner sur la nourriture. Elle a pris l'habitude de fermer le garde-manger à clé, clé qu'elle gardait dans son soutien-gorge. Un jour, mes sœurs et moi avions faim et je lui ai demandé si nous pouvions avoir des biscuits. Elle m'a répondu que j'avais un père et que, si je voulais des biscuits, je n'avais qu'à lui en réclamer. Là-dessus, elle m'a bousculée pour sortir de la pièce et nous n'avons pas eu nos biscuits. Plus tard, cette semaine-là, alors que nous prenions notre petit déjeuner, j'ai grimpé sur ma chaise et je me suis servi des corn flakes. Mes sœurs avaient déjà eu leur part. Sans le faire exprès, j'ai renversé un peu de lait sur ma chemise de nuit. Ma mère m'a arraché mon bol et en a jeté le contenu dans l'évier.

— Si tu veux des corn flakes, demande à ton père.

Redoutant qu'il ne leur arrive la même chose, Pauline et Patsy s'accrochaient fermement à leurs bols. Elle n'y a pas touché. J'étais révoltée. Ce n'était pas juste qu'elles aient droit à leurs corn flakes et pas moi. Elles les ont avalés à toute vitesse.

Les disputes entre George et Carmen ne cessaient d'empirer, d'autant qu'il faisait en sorte de ne plus laisser son portefeuille en évidence. Elle passait son temps à le chercher et George passait le sien à trouver de nouvelles cachettes. Je l'ai surpris une fois en train de dissimuler une liasse de billets à l'intérieur d'un transistor. À plat ventre derrière le canapé du salon, je le voyais par la porte ouverte de la chambre. Il a complètement dévissé l'arrière du poste avant de le remonter. Ensuite, il a glissé d'autres billets dans ses chaussures, les recouvrant avec ses chaussettes.

C'était justement après un violent conflit au sujet de l'argent qu'il avait quitté la maison pour de bon. Je m'étais, là aussi, glissée derrière le canapé – c'était ma cachette préférée. Je m'y faufilais en rampant et personne ne songeait à venir m'y chercher. Ce jour-là, mon père était à la maison, il avait caché des billets dans ses chaussures et s'était endormi. Ma mère les lui a volés pendant son sommeil et, dès qu'il s'est réveillé, ils se sont disputés. Cette fois-là, il devait en avoir assez. Il l'a giflée. Elle lui a rendu sa gifle. Poussant un juron, il l'a bousculée. Elle est tombée sur le lit mais s'est redressée aussitôt, prête à en découdre. Il l'a poussée une deuxième fois, plus fort, l'expédiant de l'autre côté du matelas. Elle a atterri à moitié par terre, tout près d'un cintre en fer qui traînait là. Elle s'est relevée en l'injuriant. Il a eu le tort de lui tourner le dos pour quitter la chambre et elle l'a frappé par-derrière. Le crochet du cintre lui a transpercé la joue juste sous la mâchoire. Puis elle a tiré dessus et le visage de mon père s'est étiré comme une bulle de chewing-gum. Il lui a saisi la main et le cintre en lui disant que, si elle voulait mourir, elle n'avait qu'à continuer. Elle a dû comprendre qu'il était sérieux. Elle a encore un peu tiré avant de s'arrêter en voyant le sang qui suintait. Elle l'a poussé pour sortir de la pièce et je me suis renfoncée dans le petit espace entre le canapé et le mur.

Mon père a fait tourner le cintre pour l'extraire de ses chairs. Au moment où il y est enfin parvenu, le sang s'est mis à gicler, lui couvrant le visage et la moustache. Il a plaqué une grande serviette sur la plaie et il a quitté la maison. Nous ne l'avons pas revu avant très longtemps. Normalement, après une dispute, il ne se montrait pas pendant plusieurs semaines, mais cette fois, ça a été beaucoup plus long. Quand il est enfin revenu, ma mère a commencé par l'ignorer mais, comme nous étions toutes très heureuses de le voir, elle a préféré s'absenter quand il se trouvait là. Elle a fini par se calmer et, au bout d'une semaine ou deux, tout a recommencé comme avant. C'est sans doute au cours de cette période qu'elle est tombée enceinte de notre plus jeune sœur naturelle, Christine.

Malgré sa grossesse, ma mère était toujours aussi agressive et belliqueuse. Au moindre prétexte, elle s'en prenait à mon père. Il ne passait pratiquement plus. Des semaines s'écoulaient sans que nous le voyions. L'attitude de notre mère devenait pénible. Étant la plus jeune, j'étais toujours une gêne pour elle et pour mes sœurs. J'étais d'ailleurs souvent une gêne pour moi-même. L'un de mes plus anciens souvenirs, c'est ma mère me bousculant délibérément pour me faire renverser mon verre puis me giflant à cause de ma maladresse. Beaucoup des choses qu'elle faisait à l'époque n'avaient aucune signification pour moi. C'était juste le comportement d'une mère qui n'était pas gentille.

En novembre 1962, elle est soudain partie à l'hôpital. On nous a dit qu'elle allait avoir un bébé et qu'elle serait donc absente un moment. Un locataire est venu s'installer dans la maison pour s'occuper de nous. Il s'appelait Bem. Mon père, ma mère et lui venaient tous du même coin de la Jamaïque. Bem était vieux et souffrait de problèmes d'équilibre. Il avait énormément de mal à se déplacer. En fait, il ne marchait pas : il traînait les pieds. Il traînait les pieds, s'arrêtait et repartait en traînant les pieds. Il devait sans cesse se retenir, par exemple à la rampe, pour ne pas tomber. Il avait aussi la tremblote – il se mettait à trembler dès qu'il tentait de soulever le moindre objet. En raison de son état, le pauvre Bem demeurait cloîtré à la maison, il lui était impossible de sortir. Je l'aimais bien. Il était gentil et attentionné. Il vivait tout en haut, dans la chambre du fond, où il passait le plus clair de son temps. Il la quittait parfois pour venir s'asseoir dans le salon et discuter avec ma mère du bon vieux temps dans les Caraïbes. J'ai fini par très bien le connaître et je crois qu'il est juste de dire que nous avons eu une relation spéciale.

Un jour, mon père est venu nous annoncer que nous avions une petite sœur nommée Christine ; elle pesait trois kilos et demi. Notre mère rentrerait d'ici à six jours. Pauline avait huit ans à l'époque et était censée diriger la maison. Ma mère avait demandé à un couple de ses amis, George et Rose, de s'assurer que tout se passait bien. Georgie Porgie et Scottish Rose – c'étaient leurs surnoms –

débarquèrent le lendemain. Lui était très grand et chauve, tandis que Rose était une blonde platine frisée. Lors de cette première visite, elle avait des cure-pipes enroulés dans les cheveux de devant et un foulard noué sur la nuque. Georgie Porgie et Rose étaient très drôles et, au bout d'un moment, Georgie m'a proposé de m'asseoir près de lui. Il nous a raconté des histoires qui nous ont fait beaucoup rire. Il m'a alors demandé de m'asseoir sur ses genoux. Je ne m'étais jamais assise sur les genoux de ma mère… Jamais. Georgie Porgie était vraiment très gentil. Je me suis donc assise à cheval sur ses cuisses et il a mis son bras autour de ma taille. Rose a demandé à Georgie Porgie s'il voulait du thé. Il a dit oui et elle a quitté la pièce.

— Est-ce que tu sais ce que fait Georgie Porgie ? m'a-t-il alors demandé en me chatouillant dans le creux du genou.

— Non.

— Georgie Porgie fait des bisous sucrés qui font crier les filles.

Nous avons toutes trouvé ça très drôle et nous nous sommes mises à chanter : « Les bisous sucrés de Georgie Porgie font crier les filles. »

Il a déplacé sa main sur mon ventre et il m'a serrée contre lui, contre son entrejambe.

— Ça te plaît ? m'a-t-il demandé.

Bem est entré dans la pièce et Georgie Porgie m'a dit d'aller m'asseoir ailleurs.

— Va jouer avec tes sœurs.

Bem s'est traîné jusqu'à une chaise près de la fenêtre. Rose est revenue en demandant où était le lait. Je suis allée le chercher. Après le thé, ils nous ont annoncé qu'ils reviendraient le lendemain et tous les autres jours jusqu'au retour de ma mère. Bem a dit que ce n'était pas nécessaire. Qu'il pouvait se débrouiller.

Quand il est repassé ce soir-là, mon père était de très mauvaise humeur. Il fumait une cigarette, en tenant une autre à la main qu'il tapait contre son paquet. Il a parlé avec Bem en haut avant de redescendre au salon et de l'arpenter de long en large. Il a annoncé qu'il m'emmènerait avec lui le lendemain. Nous sommes donc allés ensemble à l'hôpital de Lambeth.

Installée dans une chambre pour quatre, ma mère avait très bonne mine. À côté de son lit se trouvait notre sœur. Petite Christine dormait, enveloppée dans une couverture. Elle avait beaucoup de cheveux noirs très raides et les yeux fermés. Son minuscule nez en bouton semblait bizarre, comme si on l'avait écrasé. Ma mère a dit qu'elle rentrerait dans quatre jours et mon père lui a demandé si elle voulait qu'il lui apporte quelque chose. J'ai remarqué qu'il y avait beaucoup de fruits sur sa table de chevet.

La femme dans le lit voisin semblait désemparée. Elle n'arrêtait pas de nous fixer, mon père et moi, et quand je lui souriais, elle détournait les yeux, faisant semblant de ne pas me voir. Elle avait la peau beaucoup plus sombre que ma mère. J'étais noire mais elle était noir foncé. Elle avait l'air assez effrayante sous les draps blancs; elle aurait pu me donner des cauchemars. Ma mère avait un joli teint brun et elle était très belle. Je me suis demandé pourquoi ils avaient autorisé cette femme si laide à partager la même chambre. Le berceau près de son lit était vide et elle n'avait ni fleurs ni fruits sur sa table. C'était une fausse mère. Elle était là parce qu'elle désirait un bébé et parce qu'elle voulait qu'on ait de la peine pour elle. J'ai remarqué une petite valise verte au pied de son lit et une paire de pantoufles neuves.

À un moment donné, ma mère a dit :

— George, je te présente Mme Williams.

— Bonjour.

— Bonjour.

— Où est votre bébé ? a demandé mon père.

Elle a dit qu'elle n'en avait pas. Nous sommes partis quand la religieuse est venue annoncer que les « heureuses mères » avaient besoin de repos. Mme Williams n'avait pas l'air heureuse, mais elle avait effectivement l'air d'avoir besoin de repos.

De retour à la maison, j'ai parlé de la petite Christine à mes sœurs. Mon père a promis de toutes nous emmener la voir le lendemain. Le matin suivant, j'étais très contente. C'était si bien à la maison quand ma mère n'était pas là. Au petit déjeuner, j'ai pris des corn flakes et du lait. Ensuite, je suis allée dans la chambre de ma mère, je me suis assise sur le canapé et personne ne m'a dit de m'en aller. J'ai même mangé quelques biscuits. Bem était très gentil avec moi.

Mon père est arrivé et il a demandé qui voulait voir ma mère. Bem a suggéré que j'y retourne seule et c'est ce qui s'est passé. Je suis montée à l'arrière de la Capri et nous sommes partis à l'hôpital.

Ce jour-là, ma mère était installée dans un fauteuil. Son lit était fait. Mon père lui a donné du lait et des fruits qu'il avait apportés et elle a déclaré qu'elle avait quelque chose à lui annoncer. Elle s'était trompée en lui disant qu'elle avait eu une petite fille car, en fait, elle avait eu des jumelles. Là-dessus, elle a poussé un grand berceau vers lui. Dedans, il y avait deux bébés. L'un était très noir de peau et l'autre était celui que j'avais vu la veille, avec le nez en bouton. C'était ma sœur, sauf que maintenant j'avais deux sœurs.

Mon père lui a demandé de répéter. Puis il s'est penché sur le berceau. La différence entre les deux nourrissons était flagrante. L'un ressemblait beaucoup à ma mère et l'autre était hideux. Mon père a dit que le bébé de gauche n'était pas le sien et que, si elle avait vraiment eu des jumeaux, pourquoi n'en avait-elle pas parlé plus tôt ? Ce n'était pas le genre de chose qu'on pouvait oublier ! Ensuite, ils se sont disputés parce qu'il lui a demandé d'enlever le bébé noir du berceau. Elle a refusé. À cet instant, la religieuse est entrée et a dit à mon père de ne pas déranger l'heureuse mère et que, s'il ne baissait pas la voix, elle serait forcée de lui demander de partir.

Plus calmement, mais toujours en colère, mon père a insisté : il ne voulait pas entendre parler de ce deuxième bébé et, comme ma mère refusait de changer d'avis, il a quitté la chambre. Je l'ai suivi. Pendant le trajet de retour, il n'a pas prononcé un seul mot. Quand il a arrêté la voiture, j'ai foncé annoncer la nouvelle à mes sœurs. Ce qui a provoqué beaucoup d'excitation. Nous avions désormais deux sœurs et non plus une seule. Après ce soir-là, mon père n'est plus revenu à la maison tant que ma mère est restée à l'hôpital.

Georgie Porgie est passé avec Rosie. À nouveau, il nous a raconté des histoires et m'a demandé de m'asseoir sur ses genoux. Je chantais les chansons de Georgie Porgie pendant qu'il me serrait contre lui et me chatouillait sous les bras. Quand j'en ai eu assez de ses chatouilles, il a demandé à une de mes sœurs de me remplacer. Mais aucune d'elles ne l'a fait, car Bem nous a dit d'aller jouer ailleurs. Georgie Porgie s'est plaint : Bem lui gâchait tout son plaisir. Bem a dit que, jusqu'au retour de Carmen, c'était lui qui décidait. Nous avons donc toutes quitté la pièce, et Rose et Georgie Porgie ont quitté la maison.

Quelques jours plus tard, nous sommes tous allés à l'hôpital. Ma mère avait les deux nourrissons avec elle, près de son lit. Le noir et le marron. L'autre femme n'avait toujours pas la moindre fleur ni la moindre carte de vœux sur sa table de chevet. Mon père, lui, tenait à résoudre l'énigme du bébé mystère. Il a dit à ma mère que cet enfant n'était pas le sien et qu'il ne le ramènerait pas à la maison avec nous. Il a pressé le bouton d'appel. Lorsque l'infirmière est arrivée, il lui a demandé le nombre de bébés auxquels ma mère avait donné naissance. L'infirmière a dû aller vérifier et, quand elle est revenue, elle a déclaré :

— Un.

Là-dessus, elle est retournée travailler.

Mon père a exigé une explication. Ma mère a commencé par dire que l'infirmière ne savait pas de quoi elle parlait : elle n'avait pas participé à l'accouchement, elle n'avait pas vu le registre des naissances. Comment pouvait-elle savoir combien de bébés ma mère avait eus ? Mon père n'avait-il jamais entendu parler des jumeaux non identiques ? Quant à moi, je trouvais ça plutôt excitant d'avoir deux nouvelles sœurs – une vraie et une autre un peu moins. Quelle importance si ma mère n'avait donné naissance qu'à l'une des deux ?

La femme noire dans l'autre lit se cachait derrière les rideaux. Soudain, elle a dit :

— C'est le mien. Le bébé, c'est le mien.

— Comment ça, le « mien » ? demanda mon père.

Mme Williams a écarté le rideau.

— Le bébé, c'est le mien, a-t-elle répété.

Alors, ma mère a expliqué que sa voisine ne voulait pas de son enfant et qu'elle nous l'avait donné. Je n'en croyais pas mes oreilles. Comment pouvait-on donner son enfant ? Je ne comprenais pas. Plus récemment, George m'a expliqué que Mme Williams était très heureuse avec son mari, un soldat. Il avait dû s'absenter pendant plusieurs semaines et ignorait qu'elle était tombée enceinte à la suite d'une brève relation avec un autre homme. Celui-ci avait tenté de persuader Mme Williams de garder le bébé et de vivre avec lui, mais elle avait refusé parce qu'elle voulait rester avec son mari. Elle n'avait pas l'intention de lui révéler l'existence de l'enfant : le donner était le seul moyen de préserver son secret. Ma mère avait proposé de la débarrasser du bébé et, ensemble, elles avaient décidé de persuader mon père qu'il avait eu des jumelles.

Il était furieux que les heureuses mères aient tenté de le tromper ainsi. Sans compter que le bébé

Williams était vraiment laid. Il a dit à ma mère qu'elle ne pourrait ramener qu'une seule petite à la maison et qu'elle aurait des problèmes si elle s'appropriait l'enfant d'une autre. Il a affirmé que toute cette histoire était de la folie.

Ma mère a répondu que le bébé rentrerait avec elle et que, puisque mon père ne vivait pratiquement plus avec nous, il n'avait pas son mot à dire.

Peu après, elle est revenue à la maison. En taxi et avec les deux bébés dans les bras, un à gauche, l'autre à droite. Une femme de l'hôpital l'accompagnait. Elle lui portait sa valise. Et c'est ainsi que les jumelles ont rejoint notre belle famille. J'avais cinq ans à l'époque et nous étions désormais sept enfants : Pauline, Patsy, Clare, Carl, Martin et les « jumelles ».

Ma mère les a donc appelées Christine et Denise. Elles partageaient le même petit lit, où elles dormaient tête-bêche. Les services sociaux sont passés et la sage-femme lui rendait visite tous les jours pour surveiller son état. Ils s'inquiétaient de savoir si elle pourrait faire face, mais elle avait déjà cinq enfants. Deux de plus ne changeaient pas grand-chose.

Mon père ne voulait pas entendre parler de Denise. Il fallait la rendre à ses vrais parents, ce que ma mère n'a jamais fait. Les jumelles s'entendaient à merveille. Elles aussi ont eu droit à leurs surnoms. Pour Christine, Beauté – ou Bouton, à cause de son nez –, et pour Denise, Blackie, à cause de la couleur de sa peau.

Environ une semaine après l'arrivée des jumelles à la maison, Mme Williams est passée chez nous.

Elle n'a pas touché son enfant. Elle voulait que ma mère adopte Denise le plus tôt possible et n'était venue que pour signer les papiers adéquats. Ma mère était d'accord. Mme Williams lui a donné vingt-cinq shillings et son accord pour le transfert d'allocations familiales auxquelles ma mère avait désormais droit. Après cela, je n'ai revu Mme Williams que quand Denise a eu quinze ans.

À présent qu'elle avait des jumelles, ma mère a reporté toute sa frustration et sa colère sur nous, les grandes. Ne pouvant plus s'en prendre à mon père, elle nous criait dessus, me frappait dans le dos dès que je passais près d'elle. Elle me giflait et me pinçait la poitrine sans arrêt. Je n'ai jamais compris pourquoi elle voulait des enfants. Pas une seule fois, je n'ai pensé qu'elle nous aimait, mes frères, mes sœurs et moi. Les raisons pour lesquelles elle nous a faits si nombreux demeurent un mystère. Nous devions bien servir à quelque chose, mais à quoi, je l'ignore. Elle avait accepté de recueillir le bébé d'une autre alors qu'elle ne nous avait jamais témoigné la moindre affection. Cela n'avait pas de sens. Les choses ont empiré.

J'avais six ans et les corrections étaient plus fréquentes que jamais. Mon alarme ne me réveillait toujours pas et mon lit mouillé me valait de nouvelles raclées à l'aide d'une chaussure, d'une ceinture ou d'une canne. Je devenais très nerveuse et inquiète dès que ma mère se trouvait à proximité. Mon incontinence était incontrôlable. La nuit, j'étais souvent réveillée par une main glissée sous mes draps, palpant le lit à la recherche d'une trace d'humidité. S'il était mouillé, on m'en sortait par le fond de la culotte. S'il était sec, j'étais prévenue des conséquences si je faisais pipi. Un matin, alors que je rêvais dans mon lit, je n'ai pas entendu ma mère entrer. J'étais couchée sur le dos à penser à des choses agréables, quand un coup de poing dans le ventre m'a coupé le souffle. Elle n'a pas dit un mot. Elle est juste restée là à me regarder. Je lui ai rendu son regard. Ensuite, elle a quitté la chambre et je suis retournée à mes rêves, mais en gardant les yeux ouverts.

En 1963, nous avons déménagé du 5 Myatt Road au 6 Burnett Street. La maison appartenant à ma mère, ce changement d'adresse lui donnait davantage de libertés : mon père ne pouvait plus débarquer quand l'envie lui en prenait, il n'était plus chez lui. J'ignore comment ma mère est parvenue à faire cette acquisition. Nous occupions tout le dernier étage et une pièce à l'étage intermédiaire. Le reste de la maison était réservé aux locataires : notre tante, Ina Buckley, et ses enfants, et le couple que nous connaissions déjà, Georgie Porgie et Rose. Ma mère m'a mise toute seule au grenier. Ce n'était pas le genre de chambre qu'on aurait voulu garder très longtemps. Quand il faisait vraiment mauvais, la pluie coulait à l'intérieur, ce qui, parfois, déclenchait mon alarme et me réveillait. Je n'étais plus la seule à mouiller mon lit. J'aimais bien Burnett Street.

De l'autre côté de la rue, juste en face de nous, se dressait une cité de logements sociaux : un gros bloc d'appartements, haut de quatre étages. Il y avait des tas d'enfants, mais nous avions rarement le droit de jouer dans la rue. Nous ne jouions pas beaucoup non plus dans la maison : il y avait toujours trop à faire. Notre seul espace de jeu, c'était le jardin à l'arrière.

Georgie Porgie et Rose étaient toujours aussi aimables. Georgie était très drôle et il prenait toujours le temps de s'amuser avec nous quand il nous croisait dans l'escalier ou bien quand il venait dans notre partie de la maison pour bavarder avec ma mère. Il se montrait particulièrement gentil avec moi. Notre père nous rendait souvent visite mais ne restait jamais la nuit. Ma mère, quant à elle, s'absentait quelques soirs par semaine, parce qu'elle avait un emploi à temps partiel, nous a-t-on dit. Elle rapportait des tas de gâteaux qu'elle nous donnait si nous avions été sages. Georgie Porgie et Rose veillaient sur nous. Ils étaient devenus nos baby-sitters.

Un jour, au bout de six mois environ, alors que nous étions en train de jouer dans le jardin, Pauline et Patsy ont trouvé un papillon blessé. Nous étions tous bouleversés. Georgie Porgie, qui nous surveillait avec Rose, nous a rejoints pour regarder la pauvre créature par-dessus nos épaules.

— C'est vous qui avez fait du mal à ce papillon ? a-t-il demandé.

— Bien sûr que non.

— Nous voulons le soigner, Georgie Porgie.

— Bonne fille, a-t-il dit en posant la main sur mon épaule. Bonne fille, a-t-il répété, cette fois en me tapotant le derrière.

Nous avons tenté de faire quelque chose pour le papillon avant de reprendre nos jeux. Au bout d'un moment, Georgie Porgie est parti tout au fond du jardin. Il en est revenu avec une grosse chenille marron toute poilue qui s'étalait sur son index tendu. Au début, elle bougeait très lentement, mais, finalement, elle s'est étirée de façon à recouvrir tout le doigt. Ensuite, elle a levé la tête, comme pour regarder autour d'elle. Nous nous sommes à nouveau rassemblés, mais en gardant nos distances. Moi, surtout.

Georgie Porgie m'a appelée.

— Clearie, Clare, reviens ici. Viens voir la chenille. Elle ne te fera pas de mal. Sois une bonne fille et caresse-la.

J'ai refusé.

— Non, c'est une bestiole. J'aime pas les bestioles.

— Non, ce n'est pas une bestiole. Bientôt ce sera un très joli papillon. Viens la toucher.

Il s'est avancé vers moi en me disant de ne pas m'inquiéter, après quoi il a promis de reposer la chenille là où il l'avait trouvée. Il est retourné au fond du jardin puis est revenu vers nous. Il a montré sa main ouverte.

— Vous voyez ? Plus de chenille.

Nous avons repris nos jeux. Au bout d'un moment, Georgie Porgie est retourné au fond du jardin.

— La chenille n'est plus là, a-t-il annoncé en revenant.

— Où est-elle ? ai-je demandé.

— Je crois qu'elle se sentait très seule là-bas et qu'elle est venue nous rejoindre.

— Où est-elle ? ai-je encore demandé en regardant autour de moi.

— Je ne sais pas. Il va falloir la chercher.

— Tu es idiot, Georgie Porgie. Comment a-t-elle pu revenir ? Les chenilles ne vont pas si vite. Regarde, Georgie Porgie, je suis une chenille, et je fonce sur toi.

J'ai couru droit sur lui et je l'ai heurté. Mes sœurs se tordaient de rire.

— Eh bien, a-t-il dit, elle doit bien être ici quelque part. Je vais la chercher.

Il a regardé dans les cheveux de Pauline.

— Non, pas là.

Il l'a faite se retourner pour inspecter son dos.

— Non, pas là.

Il a soulevé sa robe pour regarder ses jambes.

— Non, pas là non plus. Patsy, à ton tour. Est-ce que tu as la chenille ?

— Non, a répondu Patsy la Mijaurée avant de courir se réfugier dans la maison.

— Alors, c'est toi, Clare.

Il s'est dirigé vers moi.

— Je crois voir quelque chose. Ne bouge pas, Clare.

— Enlève-la-moi, Georgie Porgie. Vite !

Il a dit :

— Tends tes bras lentement.

J'ai tendu mes bras et il les a palpés.

— Non, elle n'est pas là.

Puis il a inspecté mes cheveux.

— Non, je ne la trouve pas.

— Est-ce que tu la vois ? ai-je demandé avec angoisse.

— Chhhh, je regarde encore. Elle n'est pas en haut… C'est qu'elle doit être en bas.

Il s'est penché pour tâter mes chaussures. Il a ensuite remonté le long de mes jambes vers mes fesses.

— Tu l'as, dis, Georgie Porgie ?

— Non ! Je cherche toujours.

Sa main a glissé à l'intérieur de ma cuisse pour toucher mon minou.

— Non, je ne la vois pas. Elle doit se cacher. Laisse-moi recommencer en haut. Retourne-toi. Ah ! La voilà !

La chenille géante se trouvait sur ma nuque.

— Enlève-la, enlève-la, enlève-la, Georgie Porgie ! ai-je hurlé. Vite, vite, Georgie Porgie !

— Calme-toi, Clearie. Georgie Porgie va t'en débarrasser.

— Vite, Georgie Porgie !

— Ah, te voilà, vilaine chenille. On te cherchait partout sur cette pauvre Clare. Je savais bien qu'on finirait par te trouver. Vilaine chenille. Je vais te reposer par terre et tu resteras bien tranquille, hein ? Tu ne grimperas plus sur Clare. C'est compris ?

J'étais pétrifiée, terrifiée par la chenille. À cet instant, Rose est sortie pour nous demander ce que signifiait tout ce raffut. Elle m'a dit de me calmer. Georgie Porgie a expliqué qu'une vilaine chenille avait grimpé sur ma nuque mais qu'il l'avait enlevée. Il a remué son index en direction de Rose.

— Tu vois ? Une vilaine chenille.

— Rentre avec moi, mon cœur, m'a dit Rose. Allons prendre une bonne tasse de thé. Ça te fera du bien.

Je suis rentrée avec elle.

3

Un nouveau « père »

1964

Le jour où j'ai vu Eastman pour la première fois, je n'ai pas eu une très haute opinion de lui. C'était un *smallie,* gros et laid, aux épaules larges et aux jambes torses. Dans les Caraïbes, les habitants des grandes îles appellent ceux des petites îles les *smallies,* les petits. Pour les Jamaïcains, tous les autres sont des *smallies.* Eastman venait de la Barbade mais, pour nous, il restait quand même un *smallie.* Il travaillait dans une blanchisserie au coin de Myatt Road, près de notre ancienne maison. Au début, c'était le petit ami de ma tante. Quand Ina, qui était en réalité la cousine de ma mère, vivait avec nous au 6 Burnett Street, il lui rendait visite à peu près une fois par semaine. J'ai pris conscience de la présence d'Eastman quand ma mère a commencé à se joindre à eux. Au début, ça ne semblait pas très important mais, très vite, à chaque fois qu'Eastman rencontrait Ina, ma mère était là elle aussi.

Au bout d'un moment, c'est ma mère qu'il venait voir. Il s'asseyait dans la cuisine et il était évident qu'ils sortaient ensemble. Ils s'entendaient bien. Il avait toujours un exemplaire du *Sun* avec lui, alors imaginez ma surprise quand, plus tard, j'ai découvert qu'il ne savait pas lire. Il arrivait toujours le soir, un peu avant l'heure de notre coucher, et elle lui préparait un bon repas qu'elle gardait au chaud dans le four – des portions immenses dans un plat en pyrex, avec beaucoup, beaucoup de viande, des tomates et des carottes. Une seule de ces parts aurait suffi à nourrir toute la famille pendant plusieurs jours. Il passait de plus en plus de temps dans la cuisine avec elle. Ma mère était toujours soucieuse avant qu'il arrive. Elle l'attendait et faisait tout pour qu'il n'ait pas à se plaindre. Cette prévenance était assez incroyable quand on connaissait la façon dont elle martyrisait mon père : elle lui criait dessus, elle le frappait, elle l'avait même poignardé… et voilà qu'elle devenait idiote devant ce géant.

Avant chaque visite d'Eastman, nous étions prévenus de ne pas les déranger. Nous devions aller au lit de bonne heure et la maison devait être impeccable. Il venait beaucoup trop souvent, à mon goût. Je me demandais ce qu'en dirait mon père si jamais il l'apprenait. Eastman, quant à lui, ne s'est jamais soucié de nous. Il n'a pas tardé à se montrer au moins deux fois par semaine et, très vite, il a été là tout le temps. Bem ne lui adressait quasiment pas la parole. Il quittait rarement sa chambre quand Eastman se trouvait dans la maison.

Au bout de six mois, Eastman s'est mis à apparaître aux premières heures du matin. Il était là, à mon réveil, à prendre son petit déjeuner dans la cuisine. Nous n'avions pas le droit d'y entrer tant qu'il s'y trouvait. Nous devions attendre qu'il ait fini de manger. Il ne se montrait jamais très gentil avec nous, les enfants. Un jour, lors d'une de ses visites, ma mère nous a dit d'aller au lit. J'étais couchée quand on a frappé à ma porte. Je n'ai pas répondu et je me suis cachée sous les couvertures. J'avais un petit lit de quatre-vingt-dix centimètres de large, placé au milieu de la pièce. Eastman est entré et m'a demandé comment j'allais. Je n'ai pas réagi. Je l'ai entendu tirer une chaise et s'asseoir.

— Je sais que tu es là-dessous, a-t-il dit.

J'ai vite sorti la tête et je me suis mise à rire. Il a ri lui aussi avant d'approcher sa chaise. Il a commencé à parler de façon générale, à propos du fait d'être gentille, d'aller au lit de bonne heure et de ne donner aucune raison à ma mère de se mettre en colère. Je l'écoutais mais je ne répondais pas. J'étais couchée sur le dos. Il était assis à ma gauche. Il a dit que je devais essayer d'être plus gentille avec ma mère. Elle n'était pas méchante, c'était juste que, parfois, elle s'emportait.

Très vite, je n'ai plus eu envie de l'écouter. J'ai voulu prendre ma poupée au pied du lit. J'ai tendu la main vers Dollie, mais elle est tombée et j'ai perdu l'équilibre en voulant la saisir. Les couvertures ont glissé, exposant en partie mes cuisses – je n'avais pas eu le droit de mettre une chemise de nuit. Je me suis retrouvée à moitié par terre, les mains sur le sol, et à moitié sur le lit, mes jambes sous les draps et mes fesses à découvert. J'ai cherché à regrimper sur le matelas et je suis retombée sur le dos, révélant cette fois mon minou. Quand j'ai voulu me couvrir, Eastman m'a attrapée par l'entrejambe.

— Quelle jolie petite chatte.

J'ai réussi à saisir la couverture, que j'ai coincée sous mon menton. Il s'est mis à rire. Je le fixais, sans dire un mot. Je voyais très bien ce qu'il avait en tête.

— Je te conseille de rien raconter à ta mère, si tu veux pas prendre une autre raclée et que tout le monde sache que tu es une sale menteuse.

Il est sorti et je l'ai entendu descendre l'escalier. Quand il a été assez loin, je me suis relevée pour m'enrouler dans la couverture : elle était assez grande pour faire trois tours.

Le lendemain matin, au petit déjeuner, Eastman n'a rien dit. Contrairement à nous, il ne prenait pas des corn flakes, des œufs ou des toasts, mais un mélange de riz grillé et d'œufs. Je crois qu'il se sentait très à l'aise chez nous... jusqu'au jour où, sans prévenir, mon père est passé nous voir. La sonnette a retenti et, croyant que personne d'autre ne l'avait entendue, je suis allée ouvrir.

— Comment vas-tu, Clearie ? m'a-t-il demandé en entrant.

Je l'ai suivi et c'est là qu'il est tombé sur Eastman qui prenait son petit déjeuner dans la cuisine.

Il s'est mis à l'injurier, lui conseillant de façon pas très sympathique de laisser tomber son repas. Puis il lui a envoyé son poing dans la figure. Ils ont échangé des coups jusqu'à ce que ma mère réalise ce qui se passait et s'y mette elle aussi, essayant de frapper mon père.

Georgie Porgie et Rose ont surgi de leur chambre et nous ont rejoints dans la cuisine. Tout le monde criait aux deux hommes de se calmer, mais ils n'écoutaient pas. À la fin, je crois qu'ils ont abandonné d'épuisement. Ma mère a dit à mon père de ne pas revenir. Il est parti et nous ne l'avons plus jamais revu au 6 Burnett Street. Après cet incident, Eastman n'a plus remis les pieds chez nous pendant un bout de temps.

Ina Buckley a quitté la maison peu après cette bagarre. C'était elle qui l'avait invité chez nous et qui l'avait présenté à ma mère. Mon père n'était pas très content d'elle. Elle a jugé préférable d'aller vivre ailleurs.

Georgie Porgie et Rose sont partis eux aussi passer un certain temps en Écosse. Ils se sont mis d'accord avec ma mère pour récupérer leur chambre à leur retour, à condition de continuer à payer leur loyer pendant leur absence. Celui-ci était assez raisonnable et ma mère se montrait plutôt conciliante envers eux. Elle les traitait en amis et elle les invitait souvent à prendre une tasse de thé, ce qui lui permettait par la même occasion de glaner quelques renseignements sur les autres locataires de la maison. Parfois, quand ils venaient régler leur loyer, ils restaient un moment pour boire une Guinness ou un punch au rhum. Georgie Porgie était toujours prêt à aider ma mère, à faire telle ou telle course pour elle, et elle estimait que c'était par pure gentillesse car, après tout, elle ne le dédommageait pas. Un vendredi, alors qu'ils prenaient un thé ensemble, elle a dit qu'elle ne se sentait pas très bien. Georgie Porgie a proposé d'aller cueillir quelques feuilles de menthe et j'ai voulu l'aider. Nous sommes sortis ensemble dans le jardin, où plusieurs rangées de plants se dressaient jusqu'à près d'un mètre de hauteur.

— Commence par ce bout, a dit Georgie Porgie, et moi je commencerai par là. Essaie de prendre les plus grandes feuilles ou, mieux encore, cueille les tiges entières avec les feuilles dessus.

Je me suis mise au travail. Je ne prenais que les feuilles de devant, préférant éviter les plantes les plus grandes, celles qui se trouvaient derrière, près du mur du jardin.

— Allons, Clare, cueille les grandes aussi, m'a demandé Georgie Porgie.

— Je ne veux pas.

— Pourquoi ?

— Parce qu'il y a des bestioles et elles vont me grimper sur les jambes.

— Ne sois pas idiote, il n'y a pas de bestioles.

— Georgie Porgie, l'autre jour, la chenille est apparue comme par magie sur ma nuque. Elle n'était nulle part et tout à coup elle était dans mon cou. C'était de la magie, Georgie Porgie.

— Ah oui, la chenille. Tu as raison, Clare, je l'avais complètement oubliée. Eh bien, tu en as, une mémoire. On ferait bien de faire attention aux bestioles, dans ce cas… mais je ne pense pas que tu aies quoi que ce soit à craindre de la chenille.

— Pourquoi ?

— Parce que je sais où elle est.

— Où est-elle ?

— En ce moment, elle dort, mais si tu es très, très gentille, je te la montrerai.

— On peut la réveiller, dis, Georgie Porgie ? On peut la réveiller ?

— Oui, mais ça ne va pas être facile. Elle est très fatiguée. Si tu veux la réveiller, il faudra la caresser très doucement pour ne pas lui faire peur. Tu sais bien que les chenilles n'aiment pas la lumière. C'est pour ça qu'elle se cache et il lui faut un endroit bien chaud.

— Oui, Georgie Porgie. Je peux la voir maintenant ?

Il a enlevé la ceinture de son pantalon qu'il a posée dans l'herbe avant de dégrafer son premier bouton.

— Georgie Porgie, qu'est-ce que tu fais ?

— Je cherche la vilaine chenille, a-t-il dit en continuant à déboutonner sa braguette. Réveille-toi, chenille endormie. Clare veut te voir.

— Pourquoi la chenille est-elle dans ton pantalon, Georgie Porgie ?

— Parce qu'elle dort bien au chaud.

— Georgie Porgie, je ne crois pas que ce soit une bonne idée de réveiller la chenille.

— Ah, mais moi, je trouve que c'est une très bonne idée. Mets ta main là-dedans, Clare, et tu vas sentir la petite chenille bien chaude.

Il a ouvert sa braguette et une masse de poils est apparue, comme sur le dos de la chenille velue qui s'était glissée sur ma nuque.

— Je n'aime pas les chenilles, ai-je déclaré en lui tournant le dos pour ramasser les feuilles de menthe que j'avais cueillies pour ma mère.

J'ai couru dans la maison. Georgie Porgie s'est éclipsé peu après.

En novembre 1964, nous avons déménagé à Sutherland Square. J'y repense souvent. Ma mère a procédé par étapes. D'abord, elle a emmené Christine et Denise, Rose veillant sur nous cette nuit-là.

Le lendemain, elle a pris les garçons. Le troisième jour, ça a été le tour de Pauline et Patsy. Il ne restait plus que moi. Ma mère est venue récupérer son manteau et son sac. En partant, elle a dit qu'elle ne reviendrait pas. Elle a claqué la porte en m'enfermant à l'intérieur. Je ne me souviens pas de la présence de Rose à ce moment-là.

Je suis restée assise par terre, adossée au battant toute la nuit. Il faisait de plus en plus sombre. Ensuite, la seule chose que je me rappelle, c'est la clé tournant dans la serrure le lendemain matin. Je n'ai pas eu le temps de m'éloigner. Sentant une résistance, ma mère a passé la tête par l'ouverture et m'a vue. Alors, elle a poussé très fort, m'écrasant contre le mur. Sans m'accorder un seul regard, elle a monté l'escalier. Elle ne m'a pas adressé la parole de la journée. Plus tard, elle m'a demandé si j'étais prête et nous avons pris le bus pour Sutherland Square.

Elle avait acheté cette nouvelle maison avec l'argent qu'elle avait volé à mon père. Au début, Bem n'a pas été invité à nous accompagner. Lors de leurs disputes, mes parents lui demandaient toujours de prendre parti. Ce que, sagement, il refusait de faire. Finalement, s'estimant trahie de façon abominable, ma mère lui avait demandé de partir. George était passé le chercher et il avait vécu un moment dans une de ses autres maisons, mais il a fini par nous rejoindre à Sutherland Square un peu plus tard. Georgie Porgie et Rose sont restés à Burnett Street. Maintenant que nous ne vivions plus ni avec eux ni avec Bem, ma mère était déchaînée. Elle me criait dessus tout le temps et me frappait au moindre prétexte. Elle avait de plus en plus mauvais caractère. Néanmoins, le 19 Sutherland Square était une vaste maison de trois étages avec un joli jardin. Il y avait des tas de pièces dans lesquelles jouer. Ma chambre se trouvait au deuxième.

La plus belle pièce était le salon en façade et nous n'étions autorisés à y entrer que sur invitation : c'était le domaine exclusif de ma mère. Un rideau le séparait du reste du rez-de-chaussée et de la salle de bains.

Quand nous avons emménagé, Eastman est venu lui aussi. Alors qu'auparavant il ne participait guère à la vie de la maison, il se comportait désormais en propriétaire des lieux. Il jouait les surveillants, dénonçant toutes nos incartades à notre mère. C'était sans doute pour lui un moyen de se faire bien voir. Nous avons tous fini par le détester, et ce, de plus en plus. Nous ne perdions jamais une occasion de lui rappeler qu'il n'était pas notre père.

Il travaillait à l'Advance Laundry dans Frederick's Crescent. Il partait tôt le matin et revenait tard le soir. Ma mère nous interdisait la cuisine quand il y prenait ses repas, faisant toujours en sorte qu'il mange avant nous. Elle lui préparait un copieux petit déjeuner et une pleine thermos de thé à emporter. À son retour, son dîner était prêt – des portions gigantesques dans un plat en pyrex orange et blanc qui était gardé au chaud dans le four. Sa présence impliquait que nous devions toutes préparer beaucoup plus de nourriture, peler plus de pommes de terre, laver davantage de riz et fabriquer des quantités astronomiques de raviolis.

Au bout de quelques mois, il a commencé à se plaindre ouvertement du coût de la vie avec nous. Il ne voyait pas pourquoi il gaspillerait un argent durement gagné à nourrir des gosses qui n'étaient pas les siens. Tenant à le satisfaire, ma mère a aussitôt pris des mesures. Elle a divisé le placard de la cuisine. La partie gauche était réservée à Eastman. Personne n'avait le droit d'y toucher sans sa permission, qu'il ne donnait jamais, pas même si le reste de la maisonnée n'avait plus rien à se mettre sous la dent. Il y avait là, sur la gauche, des boîtes de lait concentré, d'immenses paquets de sucre et de thé, des miches de pain, du jambon, des biscuits, des fruits en conserve, tout cela rien que pour Eastman. Parfois, quand il n'y avait plus rien de notre côté, il ouvrait le placard, en sortait quelques biscuits et les mâchaient devant nous. Les deux parties étaient séparées par une ligne imaginaire. De notre côté, on ne trouvait que du riz et des petits pois, mais aucun biscuit. Ma mère les gardait dans sa chambre à coucher. Elle y conservait toutes les friandises – bonbons, gâteaux ou chips – sous clé. Clé qui était attachée à la bretelle de son soutien-gorge.

Elle craignait encore que ces efforts ne suffisent pas, mais Eastman a cessé de râler, ayant senti, je crois, qu'elle avait pris toutes les dispositions nécessaires pour nous empêcher d'avoir accès à sa nourriture. Il pouvait aller à son travail, le ventre rempli de riz aux œufs, en sachant que les affreux petits Briscoe n'allaient pas engloutir les fruits de son labeur. Cet arrangement convenait aussi à ma mère : en nous rationnant, nous lui coûtions moins cher.

Aux repas, Eastman était toujours servi en premier dans son propre plat en pyrex. Nous avions droit aux restes, que nous nous partagions. Ma mère et Eastman mangeaient ensemble, les enfants Briscoe devant attendre qu'ils aient fini. Carmen savait s'y prendre. Tant qu'elle ne s'occupait que de lui, Eastman était ravi. Aucun d'entre nous n'était heureux et le fait qu'il ait droit à un traitement de faveur n'améliorait pas les choses.

Vers sept ans et demi, je rêvais souvent qu'on m'achetait une robe. Rien de spécial mais juste, pour une fois, une robe neuve et pas celle d'une autre. En coton, par exemple, avec de jolis boutons et des fleurs vertes sur un fond blanc ou peut-être bleu. Le bleu était ma couleur préférée. Et j'aurais bien aimé aussi une nouvelle paire de chaussures. Peu m'importait qu'on les ait déjà portées, du moment qu'elles étaient à ma taille. Et, si possible, avec un petit talon, mais pas trop haut – je ne voulais pas tomber et me briser le cou. Je n'avais rien contre des chaussures à lacets, à condition qu'elles soient jolies, avec un ruban noir par exemple. Et pour finir, je m'imaginais avec une barrette dans les cheveux, rose ou argentée, et un joli cardigan. Rose, de préférence, ou alors vert ou bien bleu.

Je rêvais aussi de me faire percer les oreilles, mais, avec ma mère, il n'en était pas question. Et si je me faisais refaire la bouche ? Récemment, j'avais lu dans des magazines que des médecins pratiquaient des opérations qui pouvaient vous donner une nouvelle bouche et un nouveau nez. Si j'étais plus jolie, ma mère se montrerait peut-être plus gentille avec moi. Et si je m'enfuyais, une autre famille accepterait peut-être de m'adopter. Les gens n'aiment pas les enfants laids – c'est une réalité. « Tu es laide. » C'est ce qu'elle disait. Qui pourrait bien vouloir de moi ?

Vers cette époque, la situation a encore empiré. Ma mère, constatant l'inefficacité des mauvais traitements qu'elle m'infligeait, a décidé de changer de tactique. La première de ces nouvelles mesures fut mise en application un samedi. Nous étions tous assis autour de la table, attendant le dîner, quand elle m'a enlevé mon assiette. Ensuite, elle a servi tous les autres. Et rien pour moi. Il y avait des pommes de terre rôties, du poulet, des carottes, des patates douces, des oignons et de la sauce. Lorsque j'ai demandé où était mon dîner, elle a répondu que je mangeais trop vite et que c'était pour ça que je mouillais mon lit. Là-dessus, elle a pris mon jus d'orange, qu'elle a bu d'un trait avant de reposer le verre vide devant moi.

— Ce soir, tu es au régime sec, a-t-elle annoncé.

Personne n'a rien dit. Et moi non plus. Je ne voulais pas recevoir une nouvelle correction.

— De la menthe, a-t-elle ajouté. Il me faut un thé à la menthe.

Posant la main sur sa poitrine, près de l'endroit où elle gardait sa clé, elle a roté bruyamment. Tout le monde à table restait silencieux.

— Va me chercher de la menthe, m'a-t-elle ordonné.

Je suis allée cueillir une dizaine de feuilles dans le jardin. Quand je suis revenue, ils étaient tous en train de manger. Ils ont fini de dîner et ont quitté la table l'un après l'autre. J'étais restée là, avec l'espoir que mes sœurs me donneraient un peu de leur part, mais ma mère les surveillait. Aucune d'entre elles n'a osé la défier.

Quand je me suis levée à mon tour, elle m'a intimé l'ordre de débarrasser la table et de faire la vaisselle. J'ai protesté, après tout je n'avais rien mangé, mais elle m'a flanqué un coup dans le dos en me disant de me taire. J'ai donc lavé toutes les assiettes, puis je les ai rincées, séchées et rangées. Après cela, je suis finalement allée dans ma chambre. Il était près de 9 heures. Je croyais être enfin tranquille quand elle a surgi. Je n'avais pas le droit de dormir avec une chemise de nuit que j'allais mouiller. Elle me l'a enlevée de force, puis elle s'est mise à crier :

— Pauline, Patsy, Carl ! Venez vite ! Venez voir votre sœur. Elle est toute nue. Venez voir.

Pauline et Patsy sont descendues. Elles se sont arrêtées sur le seuil. J'étais blottie dans un coin, me cachant de mon mieux avec mes mains que ma mère tentait d'écarter. Mes sœurs ne sont pas restées longtemps. Ayant montré qu'elles avaient obéi, elles pouvaient disparaître. Alors, ma mère m'a bourré le ventre et le haut des cuisses de coups de poing.

— Quand vas-tu arrêter ? Quand vas-tu arrêter ?

Une gifle et un autre coup à l'épaule.

— Quand ? Quand ?

J'essayais de m'éloigner le plus possible.

— Je ne sais pas. Bientôt. Ce soir. Ce soir, je vais arrêter. Ce soir.

— Menteuse. Tu es une menteuse. Tu imagines les quantités d'eau qu'il faut pour laver tout ça ? Et les quantités de lessive pour nettoyer tes draps qui puent ?

— Non.

— T'en sais rien, hein ? Tout ce que tu sais, c'est faire pipi au lit. C'est tout ce que tu sais, hein ? Vas-y… Dis-le. Qu'est-ce que tu sais faire ? Pipi au lit. Pipi au lit. Eh bien, crois-moi, tu ne vas plus mouiller mon lit.

Elle continuait à me frapper et, quand j'ai voulu me protéger en levant les mains, elle m'a attrapée par le minou et elle a serré très fort.

— « Je ne ferai plus jamais pipi dans ton lit. » Vas-y ! Répète !

Elle me tirait contre elle. Je ne résistais même pas. Cela faisait trop mal. J'étais sur la pointe des pieds car elle était bien plus grande que moi. Sans me lâcher, elle m'a ensuite traînée vers le lit et, soudain, elle a planté ses ongles dans mes chairs. Par réflexe, j'ai voulu saisir ses mains et elle en a profité pour m'attraper un sein. C'était ce que je redoutais. La douleur était atroce. Elle a saisi mon autre sein puis elle a pincé mes tétons si fort qu'ils étaient tout plats entre ses doigts. J'étais là, sur la pointe des pieds, tandis qu'elle me tordait les chairs. Et elle continuait à me demander :

— Quand vas-tu cesser de faire pipi dans mon lit ? Quand ? Quand ?

Je ne répondais pas. J'en étais incapable à cause de la souffrance. Elle a augmenté la pression.

— Quand ? Quand ? Réponds-moi, Clare.

Elle m'a enfin lâchée pour tourner sa rage contre le lit. Elle l'a carrément renversé sur le flanc puis elle a arraché le matelas du cadre et s'est mise à le traîner vers la porte, s'efforçant de le faire passer par l'ouverture. Espèce de folle, ai-je pensé. Qu'est-ce que j'en avais à faire de son matelas ? Je la haïssais. Elle a réussi à le faire sortir et à l'emporter avec elle.

Enfin tranquille. J'ai récupéré ma chemise de nuit, dont je me suis couverte avant de dresser un lit de fortune en empilant de vieux vêtements par terre. Cela étant fait, je me suis couchée et j'ai éteint la lumière. Ma sœur Pauline a passé la tête par la porte.

— Tu vas bien, Clare ? a-t-elle murmuré.

— Oui, je vais bien.

— Tu ne devrais pas lui répondre, tu sais.

J'avais mal à la tête, mes seins étaient en feu et la douleur entre mes jambes était à peine tolérable, mais j'avais survécu. Pauline est retournée dans sa chambre. Quat'z-yeux avait toujours besoin de savoir ce qui s'était passé.

Le lendemain a mal démarré. En dépit du fait que je n'avais rien bu avant de me coucher, j'avais encore mouillé mon « lit » et l'urine avait même imbibé la moquette. Ma mère a surgi dans ma chambre de bon matin.

— Ça sent la pisse.

Elle a soulevé la couverture pour la renifler, avant de ramasser certains des vêtements sur lesquels j'étais couchée et les flairer eux aussi.

— Tu pues, a-t-elle dit en tirant brutalement sur le bord de la couverture.

J'ai roulé au pied de ma pile de vêtements. Elle est partie en les emportant, ainsi que ma couverture. Je me retrouvais donc sans couverture et à court d'habits, mais l'été approchait et mon père nous achetait toujours quelques affaires à cette période de l'année.

C'est vers cette époque qu'Eastman s'est mis à nous espionner.

Un soir, j'étais dans ma chambre en train d'enlever mon drap que j'avais mouillé la veille quand j'ai entendu les marches craquer. Il est apparu à la porte.

— Carmen, viens vite.

Elle est arrivée en un rien de temps.

— Regarde, Carmen, regarde comme elle a pissé au lit.

Ma mère m'a attrapée par la poitrine et m'a tirée contre elle, tout en me demandant pourquoi j'avais fait ça. J'ai dit que je ne savais pas et elle m'a frappée à la tête. Après son départ, j'ai recommencé à m'occuper de mon drap pendant qu'Eastman continuait à m'observer depuis le couloir.

— Qu'est-ce que tu regardes ? ai-je demandé. Pourquoi ne vas-tu pas espionner quelqu'un d'autre ?

— Qu'est-ce que tu dis ? Qu'est-ce que tu dis, petite garce ? Qu'est-ce que tu dis ?

Il est entré et m'a frappée dans le dos. Je suis tombée sur le lit et il est parti.

— Idiot.

Il hantait la maison, se plaignant sans arrêt de tout ce que nous mangions ou bien racontant des histoires à dormir debout pour nous attirer des ennuis. À mesure que Noël approchait, il se renfrognait. Il s'est mis à ronchonner à cause de la dépense. Il parlait tout seul. Dès qu'on passait à proximité, on l'entendait marmonner : « Eastman, t'es un sacré crétin. Tu vas dépenser tous tes sous pour des mioches qui sont même pas les tiens. Ah non, ça risque pas ! Pas question ! Regarde combien de bouches faut que tu nourrisses. Six mioches qui crèvent de faim et pas un seul à toi. Allez voir vot'père ! Dites-lui que c'est pas un crétin qui vit ici. » À d'autres moments, il ajoutait : « Comptez pas sur moi pour vous offrir de la dinde. »

Une chose était claire : si notre père ne nous achetait pas le repas de Noël, nous ne mangerions pas.

4

Noël

1965

Le jour de Noël est enfin arrivé. Notre mère nous a réveillés d'assez bonne heure, car elle voulait que la maison soit impeccable. Puis elle est retournée se coucher pendant que je me mettais au ménage. C'était Noël, un jour de joie donc, avec un bon repas et des cadeaux. J'ai commencé par l'escalier, le couloir et ma chambre, avant de m'occuper du salon que j'ai fait à fond, passant l'aspirateur sous la table en verre, autour du placard à porcelaines, avant d'écarter le canapé du mur. À fond. Ensuite, la cuisine. C'était la pagaille, mais je n'en aurais pas pour longtemps à tout ranger. Mes sœurs s'occupaient de leur propre chambre et de la salle de bains. Pauline et Patsy m'ont bientôt rejointe. À nous trois, nous avons lavé, essuyé et rangé toutes les assiettes sales avant de donner un coup de serpillière. Nous avons sorti tous les ingrédients du repas ainsi que les épices nécessaires. Ensuite, ça a été l'heure du petit déjeuner : des corn flakes, du lait, un peu de sucre et une tranche de pain grillé.

J'ai remarqué que tous les biscuits que nous avait achetés mon père avaient disparu. La dinde, elle, était toujours là, tout comme les pommes de terre, les carottes et le riz, mais nos biscuits, des Jammy Dodgers fourrés à la confiture et des crackers, s'étaient évaporés. Ce n'était pas si important parce que, aujourd'hui, nous aurions droit au repas de Noël. Nous avons regardé *Lassie chien fidèle* à la télévision. J'ai trouvé Liz Taylor vraiment merveilleuse. Puis nous avons vu *Le vent garde son secret*. Ah, si seulement j'avais eu une grange où Jésus serait venu me trouver, j'aurais pu lui demander si un jour je serais heureuse.

Finalement, ma mère nous a appelées, Pauline, Patsy et moi. Le moment était venu de préparer le repas. Sur la table se trouvait la dinde d'Eastman, toute maigre et pelée. Nous avons mis notre propre dinde à côté ; elle était énorme et on aurait dit qu'elle venait tout juste de donner naissance à ce petit oiseau. Nous devions les plumer. Après le départ de ma mère, je me suis emparée d'une petite spatule en bois.

— Qui a été une vilaine petite dinde ? ai-je dit en flanquant un coup sur celle d'Eastman. Vilaine, petite vilaine, ah, ah, tu n'as plus personne pour te protéger. Et maintenant, pour te punir, on va te manger.

Nous avions une très grande quantité de nourriture. J'ai pelé les pommes de terre pendant que Patsy s'occupait du riz. Il fallait enlever tous les mauvais grains, le rincer pour le débarrasser du surplus d'amidon puis le laisser reposer. Les choux de Bruxelles ont été nettoyés. Les tartelettes de Noël étaient prêtes à être réchauffées. Et Eastman ne se montrait plus, maintenant que notre père nous avait apporté toutes ces bonnes choses ; ça lui avait coupé l'herbe sous le pied. Nous n'avons pas touché à sa dinde. S'il la voulait, il n'avait qu'à la préparer lui-même. Une fois que la nôtre s'est retrouvée au four, je suis montée pour savoir quand nous pourrions ouvrir nos cadeaux.

Mon père est arrivé peu après. Il en avait pour tous, sauf pour Denise : à ses yeux, elle n'existait pas. Il a frappé à la porte et a posé son gros sac par terre. Eastman est allé ouvrir, non sans s'être muni d'un manche à balai. Ma mère était à ses côtés. J'étais assise sur une marche au premier étage avec mes sœurs.

— Qu'est-ce que tu veux ? Ici, personne n'a envie de te voir, a lancé Eastman, agressif.

— Rends-toi service, d'accord, va poser ton gros derrière ailleurs.

— Personne n'a envie de te voir. Maintenant, dégage… Dégage de cette porte.

— Toi, tu parles beaucoup trop, a dit George.

— Eastman, est intervenue ma mère, ne perds pas ton temps avec lui. Eastman, viens.

— Dégage de ma porte, dégage… Dégage !

Voyant Eastman lever son bâton, mon père l'a saisi par le col et l'a repoussé dans la maison. Ma mère a essayé de lui faire lâcher prise. Ils se battaient tous les trois dans l'entrée. Mon père a donné à Eastman deux coups rapides en plein visage pendant que ma mère lui flanquait des coups de pied et essayait de lui sauter sur le dos. Il s'est penché en avant et elle est passée par-dessus sa tête pour atterrir sur Eastman.

Les dédaignant, mon père est retourné à la porte et, là, il nous a regardées et a crié :

— Venez chercher vos cadeaux !

Nous avons dévalé l'escalier avant de nous figer sur place quand ma mère a hurlé :

— Ne bougez plus !

Tandis qu'elle se relevait, Eastman était toujours par terre en train de chercher son manche à balai qui avait volé à l'autre bout du vestibule.

— Ne bougez pas ! a-t-elle à nouveau crié.

— Venez chercher vos cadeaux, a répété mon père.

Eastman s'est mis à hurler :

— Attends, c'est moi qui vais venir ! Attends, où est ce bâton ? Bon, pas grave, bouge pas. J'reviens tout de suite.

Il a disparu au fond de la maison, à la recherche d'une arme quelconque. Ma mère, elle, est ressortie du salon avec un clou immense qui devait bien faire vingt centimètres. Eastman est revenu avec une planche d'un mètre de long.

Mon père était toujours à la porte.

— Venez prendre vos cadeaux.

— J'vous ai dit de pas bouger ! a hurlé ma mère en levant le clou au-dessus de sa tête, comme un poignard.

Il était tout rouillé.

Eastman et elle avançaient lentement vers mon père.

Celui-ci a plongé la main dans le sac qui était à ses pieds. Il en a sorti un gros cadeau emballé et l'a lancé dans l'entrée.

— Pauline, c'est pour toi, ma chérie. Ah, ça, c'est le tien, a-t-il dit en jetant le suivant, un grand paquet oblong, aux pieds de ma mère.

Il s'est mis à chantonner en fouillant à nouveau dans son sac.

— Patsy, tu n'as pas cru que je t'avais oubliée, hein ? Comment oublierais-je ma petite fille ?

Un autre cadeau a volé dans la poitrine d'Eastman pendant que ma mère et lui battaient en retraite.

Saisissant l'occasion, nous avons dévalé les dernières marches pour prendre nos cadeaux et remonter à toute vitesse. Mon père fouinait encore dans son sac quand Eastman s'est à nouveau approché avec sa planche.

— Sois pas idiot, a dit mon père. Va boire un coup avec la vieille pour fêter Noël.

Eastman a levé la planche pour le frapper, mais mon père a simplement repoussé la porte, le forçant à reculer. Mes frères, Carl et Martin, n'étaient pas là, ils devaient se cacher. Mon père a lancé les derniers cadeaux dans le couloir.

— Joyeux Noël, les enfants ! a-t-il crié avant de retourner vers sa voiture.

Nous avons toutes couru à la fenêtre pour le regarder partir.

Ma mère et Eastman sont restés en bas et nous avons récupéré nos cadeaux. Papa nous avait à tous acheté des chaussures et des vêtements neufs. Et aussi des jouets en bois, des jeux de construction, un train électrique, une trousse pour chacun et des bonbons.

Tout le reste de la matinée, nous avons soigneusement évité Eastman et ma mère, profitant de nos cadeaux. Se sentant sûrement délaissée, elle a fini par passer la tête par la porte. Nous nous sommes tous figés.

— Quand vous aurez fini, venez me voir, a-t-elle dit.

Puis elle a refermé et nous avons entendu ses pas s'éloigner.

Vers midi, je suis descendue avec Pauline, Patsy et Carl. De toute ma vie, je ne me souvenais pas d'une seule fois où, comme dans n'importe quelle famille, nous avions ouvert nos cadeaux tous ensemble. Ça n'arrivait pas chez nous. Ma mère était assise dans le fauteuil, son chariot à provisions entre ses jambes ouvertes. Elle a appelé Pauline.

— Viens, P, a-t-elle dit en lui tendant un paquet.

— Merci, maman.

— Tiens, Patsy.

— Merci, maman.

— Viens, Clare.

Je me suis approchée.

— Tiens, pour toi... Prends-le.

Je suis retournée à ma place avec mon cadeau.

— Oh, Clare, tu en as un autre.

Elle m'a tendu un machin emballé. Je l'ai pris.

— Merci, maman.

Une fois que tout le monde a été servi, nous nous sommes tous assis en rond. Pauline a été ravie. Elle avait reçu une nouvelle machine à coudre. Patsy en avait une elle aussi, identique. Mon paquet était un peu mou. Je l'ai ouvert.

— Oh, merci, maman.

C'était ma poupée noire. Je n'avais plus revu Dollie depuis Burnett Street.

— Qu'est-ce que tu as? a voulu savoir Pauline. Fais voir.

— C'est Dollie.

— C'était pas ton cadeau de l'an dernier ?

— Oui, et de l'année d'avant aussi.

J'ai ouvert le deuxième : c'était ma toupie. On avait dû me l'offrir pour la première fois à cinq ans.

— Merci, maman.

Tous les autres ont eu de vrais cadeaux. Mais, au moins, j'avais récupéré Dollie et la toupie ne me dérangeait pas trop. Le problème avec Dollie, c'était sa robe, un joli vichy jaune avec un col en dentelle et une culotte blanche. Après toutes ces années, elle était un peu sale, mais un bon lavage et elle serait comme neuve.

Ensuite, nous sommes tous restés au salon pour regarder la télé. Au dîner, Eastman n'a pas décroché un mot, car tout ce que nous avalions avait été acheté et payé par notre père ; il pouvait difficilement se plaindre. Il a préféré se remplir la panse. Quant à moi, j'ai beaucoup trop mangé et bu et je suis allée me coucher avec Dollie, ma toupie et les cadeaux de mon père. Ce soir plus que tout autre, je voulais éviter de mouiller mon lit. J'ai prié le Seigneur pour qu'Il m'aide et j'ai fait le signe de croix.

Le lendemain, c'est mon alarme qui m'a réveillée. Quand j'ai ouvert les yeux, j'ai vu ma mère qui enlevait une de ses chaussures. Puis elle a relevé ma chemise de nuit sur ma tête et s'est mise à me frapper les fesses à coups de semelle. Ça piquait.

— Sale petite garce. Il est grand temps que tu arrêtes de mouiller ton lit.

Elle m'a encore tapé sur la main et sur le bras. Puis, soudain, elle s'est arrêtée pour retirer le drap mouillé, ce qui a coupé l'alarme. Elle l'a emporté ainsi que ma couverture et ma chemise de nuit. J'en ai trouvé une autre dans mon armoire et j'ai refait mon lit avec des vieux vêtements. Puis je me suis recouchée et j'ai attendu. J'entendais ma mère qui ouvrait et refermait des tiroirs dans la cuisine. Mieux valait rester là.

Plus tard, je me suis décidée à aller voir mes sœurs. Elles n'essayaient même plus d'intervenir quand je me faisais corriger, leur présence ne faisant qu'aggraver les choses. Ce lendemain de fête s'est passé à peu près normalement ; nous avons eu du porridge et des toasts pour le petit déjeuner, puis nous avons fait le ménage et regardé la télévision. Ma mère et Eastman ont passé l'essentiel de la journée dans le salon. À deux reprises, j'ai surpris Eastman qui nous surveillait par l'entrebâillement de la porte tandis que nous jouions avec les cadeaux de mon père. Il adorait ça, rôder dans la maison pour nous espionner : nous le surnommions le « cafard ». Nous avons fini la dinde, les pommes de terre et les carottes. Et puis, il restait encore beaucoup de fruits... achetés par mon père, bien sûr.

Le soir, ma mère est venue dans ma chambre avec un sac en plastique noir. Ça m'a rendue nerveuse.

— Tu es prête à te coucher ? a-t-elle demandé.

Le sac était fermé par deux doubles nœuds. Elle l'a ouvert pour en sortir un autre sac. Nouvelle série de nœuds. Au total, il y avait trois sacs. À l'intérieur du dernier se trouvaient mon drap, ma couverture et ma chemise de nuit de la veille… tous mouillés et puant l'urine.

— Alors, tu es prête à te coucher ?

— Oui.

Elle a entièrement défait mon lit pour le refaire avec le drap sur lequel s'étalait une grande tache jaune. L'alarme s'est déclenchée automatiquement. Ma mère l'a débranchée. Puis elle a coincé soigneusement le drap sous le matelas, ajoutant mon oreiller et ma couverture.

— Mets ta chemise de nuit, a-t-elle dit en me tendant celle qui était trempée et sentait horriblement.

Je l'ai regardée dans les yeux.

— Mets-la, a-t-elle répété avant de me bousculer.

Je me suis donc déshabillée pour l'enfiler, essayant d'éviter le contact avec les zones mouillées, ce qui était impossible.

Quand j'ai eu terminé, elle a ouvert le lit.

— Entre.

Encore une fois, j'ai obéi et elle m'a bordée en remontant la couverture jusqu'au menton.

— Voilà ! Bonne nuit, Clare. Et crois-moi, tu n'as pas intérêt à refaire ce lit !

J'ai laissé passer un temps raisonnable avant de changer le drap et la couverture de position de façon que la partie mouillée se trouve vers les pieds. Ma chemise de nuit était humide sous ma poitrine, alors je l'ai remontée avant d'y faire un nœud. Puis je me suis allongée du côté sec. Ma mère est repassée deux fois. Je faisais semblant de dormir. Après sa dernière visite, je suis allée aux toilettes. Au moment où je suis parvenue sur le palier, Eastman s'est mis à crier :

— Carmen, Carmen, viens voir ! La pisseuse se promène.

Elle est arrivée en courant.

— Retourne dans ta chambre.

Je n'avais pas le choix, je suis remontée me coucher. Par la porte entrouverte, j'entendais les marches craquer. Le voyeur était toujours là, à m'espionner. Soudain, nous nous sommes vus, lui dans l'escalier et moi sous la couverture. Alors, je me suis mise debout sur mon lit et, délibérément, j'ai fait pipi devant lui. Il me regardait et je le fixais droit dans les yeux, mais il n'a pas appelé ma mère. Il a juste attendu que je finisse avant de filer comme le cafard qu'il était.

5

Laide

1966

Un soir, en rentrant, Eastman est allé dans la cuisine. Il n'a pas tardé à se mettre à brailler.

— Carmen, Carmen, viens vite ! T'entends pas quand je t'appelle ?

— Deux secondes, j'arrive.

Elle a couru le rejoindre.

— Regarde, Carmen.

Le couvercle du plat en pyrex a tinté contre la cuisinière.

— Regarde, c'est toi qui as laissé ce plat comme ça ? Dis-moi que c'est pas toi, Carmen. Regarde-moi bien. J'suis un homme adulte. Tu crois que j'peux me nourrir avec un pique-nique comme ça ?

— Non, a répondu ma mère. Passe-moi la fourchette.

Après un bref silence, elle a déclaré que deux pommes de terre, plusieurs raviolis et une demi-patate douce avaient disparu.

— Ces maudites Briscoe m'ont volé mon repas.

— Attends, Eastman. Laisse-moi régler ça.

Quand ma mère est apparue sur le seuil de ma chambre, une ceinture à la main, j'étais allongée par terre, mes devoirs étalés autour de moi.

— C'est toi qui as touché aux raviolis d'Eastman ?

— Non.

— C'est toi qui as touché à ses pommes de terre ?

— Non.

— C'est toi qui as touché à sa patate douce ?

— Je n'avais aucune raison de toucher à sa patate douce.

Elle a quitté ma chambre et a fermé la porte. Je l'ai entendue monter. J'étais certaine que personne n'avouerait. Je savais où étaient passés les raviolis puisqu'ils étaient dans mon ventre, mais je ne me souvenais pas d'avoir goûté aux pommes de terre. De toute façon, il en restait largement assez dans ce plat et Eastman avait besoin de perdre du poids.

— Ne bouge pas. Reste là devant moi, que je te regarde comme il faut.

Debout devant ma mère, les bras le long du corps, je venais de lui montrer ma photographie de classe. Si elle la voulait, il lui suffisait de mettre la somme demandée dans l'enveloppe marron fournie et elle aurait la grande photo et les cinq petites copies qui l'accompagnaient. Si elle ne la voulait pas, j'avais pour instruction de rendre le tout dans les trois jours.

— Laisse-moi te regarder.

Elle a sorti le cliché de sa pochette transparente pour le mettre à côté de ma tête.

—Reste tranquille, laisse-moi voir. Pauline, Pauline, viens ici. Regarde bien et dis-moi ce que tu vois ?

Pauline est venue se placer derrière ma mère.

—C'est Clare, maman. Qu'est-ce que je dois voir ?

—Regarde bien, P. Regarde vraiment.

Pauline m'a fixée, puis elle a étudié la photo que ma mère tenait toujours à côté de mon visage.

—C'est Clare, maman.

—Non, tu ne vois pas ce que je vois. Eastman, viens me dire ce que tu vois.

Il était à l'évier. Il est arrivé en secouant ses mains trempées avant de les sécher à l'aide d'un torchon à vaisselle.

—Ah, mais qu'est-ce qu'elle est vilaine !

Je n'ai pas bronché, restant là immobile, les bras toujours le long du corps. Je ne voulais surtout pas bouger, esquisser le moindre geste qu'elle pourrait prendre pour une provocation. Eastman s'est frotté les yeux.

—Donne-moi ça.

Il lui a enlevé le cliché des mains pour se le fourrer sous le nez.

—J'ai qu'une chose à dire, elle est pire que moche. Carmen, t'as déjà vu une gosse aussi vilaine ?

Il lui a rendu la photo et elle s'est déchaînée.

—Par Jésus-Christ, et c'est moi qui ai donné naissance à ça ? Dieu qu'elle est vilaine. Qu'elle est laide. Si elle n'était pas sortie de mon ventre, Seigneur, j'aurais juré qu'elle n'est pas de moi. Jésus, pourquoi m'as-tu donné une truie ? Regarde ce nez ! Je sais pas d'où il vient, mais c'est sûrement pas de moi. Si j'avais eu un nez pareil, je me le serais coupé.

— Carmen, tu oublies les lèvres. On dirait du caoutchouc. Tu vois, sur la photo ? Si j'avais des lèvres comme ça, j'aurais jamais voulu qu'on me prenne en photo. Et, en plus, elle veut que tu l'achètes ! Clare, où t'as chopé tous ces boutons ? On dirait une vieille patate pourrie.

— Ah oui, Eastman, je vois ce que tu veux dire. Et c'est pas juste la bouche, c'est le nez aussi. Où t'as récolté un nez pareil ?

Ma mère a posé le doigt sur mon nez et a poussé si fort que j'en ai trébuché.

— Ne t'en va pas quand je te parle. Reviens ici.

Elle m'a tirée vers elle.

— Et tu veux acheter cette photo, c'est bien ça, Clare ?

— On peut la rendre. Je peux la rapporter à l'école demain matin. Tu n'es pas forcée de la prendre.

— Mais, Clare, tu es si laide. Tu t'es regardée ces derniers temps ? Non ? Eh bien, tiens.

Elle a retourné le cliché face à moi. C'est vrai que j'étais laide. Ma tête était trop grosse, mes lèvres trop larges, j'étais couverte de boutons et mon nez était trop épaté. En plus, je ne souriais pas.

— Ça fait des années que je te dis que tu es laide. Des années. Est-ce que tu m'écoutes ? Non. Tu ne m'écoutes jamais. Tu n'en fais qu'à ta tête. Tu rapportes ces photos hideuses à la maison et tu me demandes de payer pour les garder. Tu crois vraiment que je devrais acheter une horreur pareille ? Dis-moi, Clare, crois-tu vraiment que je doive mettre de l'argent dans cette enveloppe pour avoir ça chez moi ?

Elle a fouillé dans l'enveloppe pour en sortir les petites copies, qu'elle s'est mise à compter.

— Un, deux, trois, quatre, cinq.

Puis elle a éclaté de rire avant de les jeter sur la table.

— Dis-moi la vérité, Clare, tu crois vraiment que je devrais payer pour ça ?

Tout le monde s'est mis à rire. C'était vraiment drôle. Ce n'était pas comme si elle me maltraitait ou me frappait.

— Non, je ne pense pas que tu devrais payer pour les avoir.

— Pourquoi ? a demandé ma mère.

— Parce que je ne veux pas que tu gaspilles de l'argent.

— Et ?

— Parce que je suis laide.

J'ai rangé les épreuves dans leur enveloppe. C'était vraiment idiot de ma part de penser qu'elle les voudrait. Elle n'avait jamais acheté une seule de mes photos de classe et il n'y avait aucune raison pour que cela change, mais je n'avais pas osé donner cette excuse à ma maîtresse quand elle m'avait dit de les emporter chez moi. Quand je les lui ai rendues le lendemain, elle s'est étonnée :

— Déjà, Clare ?

— Oui, madame. Maman trouve qu'elles sont trop sombres et qu'elles ne me mettent pas vraiment en valeur.

Ce jour-là, j'ai fait une partie de netball[1]. J'ai été choisie la première pour jouer au centre et nous avons battu l'équipe adverse. De retour à la maison, j'ai enfilé une vieille tenue et j'ai fait la lessive, mis le linge à sécher, balayé l'escalier, avant de m'occuper de mes devoirs. Tout ça en évitant ma mère.

Tôt ce soir-là, je suis descendue. C'était mon tour de cuisiner. Un poulet attendait sur la table. Ma mère l'avait acheté au marché d'East Street. Il avait été plumé, mais de façon assez grossière, et il fallait donc le passer à la flamme du brûleur. Ce que j'ai fait avant de l'assaisonner. Après avoir pelé les pommes de terre, je les ai mises dans une casserole avec de l'eau et du sel pour qu'elles soient prêtes à cuire. J'ai fait de même avec les carottes. Je m'en sortais très bien jusqu'à ce qu'elle arrive, regarde par-dessus mon épaule et me demande si j'avais fini avec le poulet.

— Oui.

— Tu as fini de préparer le poulet? a-t-elle répété.

— Oui.

Je commençais à me sentir mal à l'aise.

— Regarde-le bien.

Je l'ai examiné très attentivement, sans voir ce qui n'allait pas. Il m'avait tout l'air d'un beau poulet, prêt à cuire.

— Regarde encore.

Elle m'a saisie par le cou pour m'obliger à l'étudier de plus près.

---

1. Sport collectif féminin inspiré du basket-ball. (*Toutes les notes sont du traducteur.*)

— Dis-moi : que vois-tu ?

— Je ne vois rien.

— Quoi ?

J'ai encore vérifié. Et c'est alors que je les ai vues : trois minuscules plumes blanches en haut du dos et encore cinq autres en bas. Oh mon Dieu, comment avais-je pu les rater ?

J'ai aussitôt voulu les arracher.

— Je ne sais pas comment elles sont arrivées là, ai-je dit, angoissée. Je ne les ai pas vues.

Les plumes ne voulaient pas venir. Elles glissaient entre mes doigts. J'ai pris un couteau mais lui aussi glissait et les plumes récalcitrantes étaient toujours là. J'ai à nouveau essayé avec mes doigts.

— Tu ne les as pas vues ! Tu ne les as pas vues ! Eh bien, moi, je les vois. Regarde, en voilà une. Tu la vois, maintenant ?

Elle avait arraché une plume, qu'elle m'a collée sur la joue. Elle était humide et poisseuse.

— Tu la vois maintenant ?

Me tirant par l'oreille, elle m'a ramenée vers la table de la cuisine.

— Viens, viens avec moi. Si tu n'arrives pas à les voir, il faut que je te montre comment faire.

Elle m'a obligée à m'asseoir avant de s'installer face à moi, de l'autre côté de la table recouverte d'une nappe en toile cirée, sur laquelle se trouvait le petit couteau très coupant que j'avais utilisé un peu plus tôt pour peler les pommes de terre.

— Tu le vois, n'est-ce pas ? a demandé ma mère. Je veux dire, ce n'est pas trop dur à voir, n'est-ce pas ?

Elle s'était emparée du couteau.

— Tu le vois ? Tu n'es pas aveugle, n'est-ce pas ? Seigneur Jésus, Clare est aveugle, Clare est aveugle. Tu le vois ? Dis-moi, Clare, qu'est-ce que j'ai dans la main ?

— Un couteau. Tu as un couteau.

— Oui, je sais que j'ai un couteau, mais est-ce que tu le vois ? Est-ce que tu le vois ?

Sa voix était très aiguë.

— Oui, je vois le couteau. Tu le tiens dans ta main.

— Ah, donc tu vois le couteau. Bien. Et est-ce que tu peux le sentir ?

Vive comme l'éclair, elle m'a saisi la main pour la plaquer sur la table, mais j'ai résisté. Elle m'a ordonné de la poser et j'ai encore refusé. Alors, elle a tiré très fort avant de planter son coude sur ma paume. Je ne pouvais plus bouger. J'étais prise au piège et un peu désorientée par ce qui était en train de se passer. Soudain, s'emparant d'une bouteille de lait vide, elle l'a violemment abattue sur mes doigts.

— Et ça, tu l'as senti ? Ah… Bien. Oui, tu l'as senti. Maintenant repose ta main ici.

Elle montrait la table. Elle avait dû me libérer pour me frapper. Je me tenais la main, que je n'arrivais plus à plier. Les larmes me montaient aux yeux.

— Garde tes larmes pour quand tu seras adulte. Là, tu auras de vraies raisons de pleurer.

Elle m'a à nouveau ordonné de poser la main sur la table. Je lui ai demandé pourquoi et elle a répondu :

— Fais-le, c'est tout.

Au cas où j'aurais tenté de bouger, elle m'avait immobilisée en plantant ses talons sur mes chaussures.

— Pose tes mains. Ne m'oblige pas à me lever.

J'ai posé mes deux mains, paumes vers le haut, en guettant la bouteille. Mais elle ne s'y intéressait plus.

— Bien, où en étions-nous ? Ah oui...

Elle a repris le couteau.

— Tu n'as pas vu les plumes de ce poulet. Eh bien, on va faire en sorte que ça ne se reproduise pas.

Elle jouait avec le couteau, tranchant le vide en de petits gestes rapides. Je n'y prêtais pas particulièrement attention. C'était ma mère. Elle faisait souvent ce genre de choses avec des couteaux. Non, je me méfiais plutôt de la bouteille et de ses talons pointus. Et c'est alors qu'elle a posé la pointe de la lame sur mon poignet.

— Le poulet ! Dis-moi si tu vas encore oublier de lui enlever ses plumes ?

— Non.

Elle a appuyé un peu plus fort, jusqu'à ce qu'une goutte de sang apparaisse.

— Et pourquoi ne vas-tu pas oublier ?

— Je ne vais pas oublier parce que je ne vais pas oublier.

Elle a tiré le couteau en travers de mon bras. Une traînée rouge a jailli dans le sillage de l'acier. Le sang a coulé.

— Regarde ce que tu fais ! s'est-elle écriée avec dégoût. Tu mets du sang partout sur ma nappe. Tu as intérêt à nettoyer, et à bien nettoyer, avant de retoucher à mon poulet.

Et là-dessus, elle est partie. Les taches de sang maculaient la nappe. Mon poignet me piquait et, à chaque fois que j'ouvrais ou fermais le poing, du sang giclait. J'ai passé mon bras sous l'eau froide. Le sang mêlé à l'eau avait une jolie couleur rose et le tout tourbillonnait dans l'évier, emportant les petites plumes arrachées au poulet. Je suis descendue prendre du papier toilette, dans lequel je me suis enveloppé le bras. De retour dans la cuisine, j'ai brûlé les plumes restantes avant de les retirer à la pointe du couteau – le couteau que je venais de laver. Au dîner, nous avons eu du poulet sans plumes, des pommes de terre, des carottes et des petits pois.

Nous, les enfants Briscoe, avons dû attendre qu'Eastman et ma mère aient terminé pour avoir le droit d'entrer dans la cuisine et de manger à notre tour. Nous devions débarrasser leur table avant de mettre la nôtre. Pauline m'a demandé ce que j'avais au bras.

—Rien, ai-je répondu.

—Alors, à quoi ça sert, tout ce papier toilette ?

—Je me suis coupée.

—Comment ?

—Je ne sais pas. C'est arrivé, c'est tout.

—Et c'est arrivé comment ?

Ma mère a surgi.

—Tu devrais faire plus attention, a-t-elle dit. La prochaine fois, tu pourrais te brûler.

J'ai mouillé mon lit cette nuit-là et ça a traversé jusqu'à la moquette. La tache n'était pas trop visible sur le motif multicolore, mais l'odeur était très forte. Je me suis levée tôt – il devait être à peu près 6 heures – pour ouvrir la fenêtre afin de chasser la puanteur. J'ai ensuite rangé les affaires mouillées tout au fond de mon armoire avant de refaire mon lit de fortune avec une nouvelle pile de vêtements, cette fois juste sous la fenêtre. Ma mère, si elle pénétrait dans la chambre, viendrait vers le lit. Il y avait peu de chances qu'elle voie la moquette. L'odeur était la seule chose qui pouvait me trahir.

Bien sûr, elle n'a pas tardé à surgir. Elle ne m'a rien demandé à propos de la fenêtre ouverte. Elle a juste saisi le bord de la couverture et s'est mise à tirer. Je me suis enfuie dans un coin de la chambre. Elle est partie en emportant la couverture, qui traînait par terre derrière elle.

Le lendemain, j'avais toujours très mal au bras, là où elle m'avait coupée. Je me suis préparée en vitesse – une toilette rapide et mon cartable – et je me suis passée de petit déjeuner, pour éviter ma mère. Mes sœurs et moi sommes allées à pied jusqu'à l'arrêt de bus. Nous n'avons pas parlé des événements de la veille. Nous ne le faisions jamais. À l'école, j'ai passé une bonne journée, il y a eu des saucisses, du pâté en croûte, des chips, du pudding et du gâteau à l'orange accompagné de crème anglaise. Mes professeurs m'ont grondée. Je pouvais faire beaucoup mieux et il fallait fournir davantage d'efforts. Génial.

En rentrant cet après-midi-là, je me suis dit que je ferais mieux de quitter cette maison et de me trouver un travail et une chambre quelque part. J'en avais assez des raclées, de ne jamais porter de vêtements décents et de ne pas avoir le droit de manger à ma faim. Un peu plus tard ce jour-là, ma mère et moi sommes allées voir un expert de l'énurésie. Il a dit que j'étais une enfant nerveuse. Y avait-il une raison particulière pouvant expliquer cette nervosité ? Ma mère a répondu : « Non. » Le résultat de ce rendez-vous, c'est que je me suis vu attribuer un nouveau système d'alarme encore plus perfectionné. Je savais que cela ne changerait rien.

Le lendemain à l'école, nous avons eu instruction religieuse. Notre maîtresse nous a parlé de Dieu, du petit Jésus et du paradis. Nous étions tous catholiques, nous a-t-elle expliqué, des catholiques romains, et c'était pour cela que nous avions tous une place qui nous attendait au ciel. Tout ce que nous avions à faire, c'était obéir aux dix commandements et mener une vie de bon catholique. À la différence des autres religions, seule la nôtre nous garantit une place au paradis. Ceux qui ont commis de petits péchés, et qui ne sont donc pas tout à fait dignes d'y monter tout droit, doivent d'abord passer un peu de temps dans le Jardin de la Paix. Après la mort, c'est au purgatoire qu'on va pour se débarrasser de nos péchés – pas les gros, bien sûr, parce que personne n'est censé en commettre, juste les petits de tous les jours. Le jardin est entouré d'un mur très, très haut pour empêcher les autres d'entrer, ceux qui ne sont pas catholiques romains.

Ensuite, elle nous a parlé de la vie de Dieu, comment Il avait tout abandonné, comment Il avait même sacrifié Son seul fils pour faire de ce monde un monde meilleur.

Tu dois honorer ton père et ta mère.

Tu ne tueras point.

Tu ne prendras pas la vie d'autrui, pas même la vie d'une fourmi, car elles aussi ont le droit de vivre.

Mais, madame, et si c'est notre propre vie ? ai-je demandé. On a le droit de faire ce qu'on veut de sa propre vie, n'est-ce pas, sans pour autant s'attirer des ennuis ?

Elle a répondu que seul Dieu pouvait donner la vie et que seul Lui pouvait la reprendre. C'était un péché mortel que de s'ôter la vie ou même de prendre celle d'une fourmi. Vous imaginez ? La vie d'une fourmi ! C'était très risqué de contrarier les projets de Dieu. Si jamais on touchait à la moindre de Ses petites créatures, on était à jamais privé de paradis. Cette leçon m'embêtait un peu. Si Dieu donnait la vie, Il ne verrait sûrement aucun inconvénient à ce qu'on la Lui rende ?

— Non, a insisté ma maîtresse, seul Dieu peut décider de ce qu'Il veut. Tu n'iras jamais au paradis si tu te laisses entraîner sur la mauvaise voie.

— Mais, madame, et si la vie ici est si dure qu'on préfère rendre à Dieu son cadeau ? Il ne va quand même pas se vexer, n'est-ce pas ? Dieu est gentil, n'est-ce pas, madame ? Je connais des gens qui sont déjà au paradis… Mon frère Winston, par exemple. Je suis sûre que j'aurais une vie meilleure là-bas avec lui que celle que j'ai ici maintenant. Si on n'a plus envie de rester sur cette terre et qu'on préfère aller au paradis, Dieu ne va quand même pas refuser sous prétexte qu'on veut y aller un peu plus tôt que prévu.

— Clare Briscoe, tiens ta langue. Que Dieu te pardonne. Tu es une enfant ingrate et ignorante.

— Mais, madame, et si la vie sur terre n'est pas celle qu'on espère et que ce n'est vraiment pas drôle de vivre ici-bas ? Vous avez dit que le paradis est un endroit heureux. Je veux bien attendre mon tour dans ce purgatoire, et même longtemps s'il le faut. Mais après, au paradis, je porterais de jolies robes, de belles chaussures neuves et je serais si heureuse, madame, que…

— Clare Briscoe, présente-toi tout de suite chez le directeur. Explique-lui que tu n'as aucun respect pour le Seigneur. Allez, sors de ma classe.

Je suis restée un moment devant la porte du directeur, puis j'en ai eu assez et je suis allée à mon cours suivant. Au paradis, puisque tout était parfait, je ne mouillerais pas mon lit. J'aurais une bonne couverture bien chaude. Au paradis, on n'avait pas besoin de mamans. La plupart des enfants qui sont là-bas n'ont pas de maman puisqu'ils sont partis avant elles. Winston n'avait pas sa maman. Je savais bien qu'il était au paradis, et si j'y allais moi aussi, j'aurais le temps de mieux le connaître. Et si j'amenais Dollie et ma toupie, il aimerait sûrement jouer avec moi. Il aurait la toupie et moi Dollie. Ça me paraissait équitable. Sauf qu'il y avait un problème : et si Dieu se mettait en colère contre moi parce que j'avais décidé de monter au paradis un peu trop tôt ? Mais on ne l'appelle pas le bon Dieu pour rien, non ? Il ne me fermerait pas les portes du paradis juste parce qu'Il est un peu fâché contre moi.

Étais-je prête à courir le risque ? Oui. Je ne voulais plus être ici. D'ailleurs, si je partais, personne ne me regretterait. Il fallait juste faire très vite, avant que l'on s'aperçoive de mon départ. Non, je ne veux plus être ici, me disais-je. Je n'aime pas ma maison. Je n'aime pas ma mère. Je n'aime pas mes frères et sœurs. Mieux vaut que je m'en aille. Et peut-être que si je priais beaucoup, peut-être alors que Dieu me pardonnerait et me laisserait entrer. J'ai donc pris la décision d'aller plus souvent à l'église.

Le vendredi, je me suis assise au premier rang à celle du Sacré-Cœur. Je voulais que Dieu me voie et qu'Il se rappelle de moi quand je me présenterais au paradis. Après le service, je suis retournée à l'école et ma maîtresse m'a dit que j'étais feignante et que mes devoirs étaient bâclés. Elle n'avait aucune idée de tout le ménage que je devais faire à la maison.

Cet après-midi-là, nous avons à nouveau eu instruction religieuse. L'enseignante m'a prise à l'écart pour me demander si j'avais quelque chose à lui dire.

— Non.

— Pourquoi ne veux-tu pas de la vie que Dieu t'a donnée, Clare ? Donne-moi une seule bonne raison.

— Madame, je ne veux pas de Son cadeau. Non, je n'en veux pas.

— Clare Briscoe, tu n'as pas les pieds sur terre.

J'avais les pieds sur terre, au contraire. J'ai essayé de lui expliquer que c'était justement à cause de ça que je préférais être avec les anges. Elle a répondu que je ferais bien de me faire examiner la tête.

À déjeuner, la chef a fait des merveilles : chili con carne avec du riz, tarte au citron meringuée avec de la crème.

6

Des chaussures neuves

1967-1968

Un jour, à l'heure du thé, je faisais mes devoirs dans ma chambre quand on a frappé à la porte de la maison. Je n'y ai pas prêté attention jusqu'à ce que la sonnette retentisse. Je me suis décidée à aller ouvrir, mais une fois dans l'escalier, je me suis rendu compte que ma mère m'avait devancée.

— Est-ce que Clare peut sortir jouer ?

— Oh, ma chérie, a répondu ma mère, je crois que Clearie est occupée.

C'était bien la première fois que quelqu'un passait me voir. Je n'avais pas reconnu la voix mais, en descendant quelques marches, j'ai vu que c'était Mary – je ne connaissais pas son nom de famille. Elle m'avait bousculée dans la cour de l'école sous prétexte que je lui bouchais le passage. Je l'avais poussée à mon tour. Elle m'avait frappée et je lui avais rendu son coup. Depuis, nous ne nous parlions plus. Nous ne nous aimions pas trop.

— Tu peux venir jouer ? m'a-t-elle demandé en me voyant.

Bien sûr que je peux sortir jouer, me suis-je dit… mais pas avec toi. Et elle ne pouvait pas ignorer que je n'avais aucune envie de jouer avec elle. La taper, oui. Jouer, non.

— Non. Je suis occupée. Trop de devoirs.

Je lui ai tourné le dos pour remonter.

— Et si tu entrais un moment ? a proposé ma mère. Je ne savais pas que Clearie avait des amies. Je ne me souviens pas qu'une amie soit jamais passée la voir. Tu veux jouer avec Clare ?

— Oui.

— Tu es une de ses amies ?

— Oui.

— Entre, entre. Je suis sûre que tu as envie de savoir comment elle vit. Tu n'as jamais vu sa chambre à coucher ?

— Non.

J'ai lancé un regard noir à Mary.

— Mais ce n'est pas grave, a-t-elle repris. On se verra demain à l'école, Clare.

Elle a fait mine de partir.

— Mais non, entre, ma chérie, a dit ma mère. Entre voir ton amie. Tu peux bien rester quelques minutes.

Voilà comment Mary a franchi le seuil de notre maison : avec l'aide de ma mère qui la tenait fermement par le bras.

— Tu as envie de voir la chambre de ton amie, n'est-ce pas ? Alors, viens.

Mary a suivi ma mère dans l'escalier. Je me tenais en haut, sur le palier.

— Je ne suis pas sûre que Mary ait envie de rester, ai-je avancé.

— Monte, ma chérie, a continué ma mère comme si elle ne m'avait pas entendue.

Elles sont montées toutes les deux, Mary sur les talons de ma mère. J'ai couru dans ma chambre pour essayer de ranger un peu. J'étais en train de ramasser des affaires par terre quand elles sont entrées.

— Voilà sa chambre, a déclaré ma mère en poussant Mary devant elle. Dis-moi, est-ce que la tienne ressemble à ça ?

Mary a parcouru la pièce des yeux et son regard s'est arrêté sur mon système d'alarme. Le gros boîtier se trouvait sur le sol près de mon lit.

— Qu'est-ce que c'est ? a-t-elle demandé.

J'ai fixé ma mère.

— Oh, ça, c'est son alarme, a-t-elle répondu. Elle ne t'a pas dit qu'elle fait encore pipi au lit à son âge ?

Elle a flanqué un coup de pied dans la boîte et les lumières se sont mises à clignoter.

— Tu vois ? C'est un peu comme un feu à un carrefour, a-t-elle expliqué. À ceci près qu'au lieu de te faire renverser par une voiture, c'est la noyade que tu risques.

— Tu fais encore pipi au lit, Clare ? a demandé Mary en battant en retraite vers la porte.

— Seulement de temps en temps. Pas toi ?

— Disons plutôt tout le temps et plutôt deux fois par nuit, est intervenue ma mère.

Mary me regardait comme si un Martien avait atterri sur ma tête. Puis, prise d'une crise de fou rire, elle s'est donnée une claque sur les cuisses. Elle était pliée en deux. Quand elle a fini par se redresser, elle avait toujours des hoquets. Ma mère a dû lui taper dans le dos.

— Tu fais encore pipi au lit ?

Des larmes ruisselaient sur ses grosses joues et son nez coulait.

— Merde, j'y crois pas. Tu fais encore pipi au lit ?

— Qu'est-ce que tu ne crois pas, mon enfant ? a dit ma mère. Nous avons tout essayé, tout, et elle continue. Laisse-moi te montrer quelque chose.

Elle a quitté la pièce.

— Attends que je raconte ça à Ann, a alors lancé Mary en se mettant la main devant la bouche pour étouffer un nouveau rire.

L'idée que toute l'école allait être au courant était pire qu'humiliante.

— Je ne fais pas pipi au lit. Avant oui, mais plus maintenant... En tout cas, plus très souvent.

Ma mère est revenue avec un verre contenant environ 5 cl d'eau.

— Regarde, a-t-elle dit avant de retirer mes couvertures pour révéler mon alèse spéciale.

Elle a versé l'eau et aussitôt l'alarme s'est déchaînée. Les lumières s'allumaient et s'éteignaient. Le vacarme était assez fort pour que Mary se fige sur place. Elle ouvrait des yeux horrifiés.

— Attends que je le raconte aux autres. Attends que je leur raconte.

— Et ce n'est pas tout, a ajouté ma mère. Regarde ça.

Elle m'a écartée pour s'agenouiller et fouiller sous le lit.

— Tiens, sens.

Elle tendait une chemise de nuit vers Mary qui, prenant peur, a voulu reculer. Dans sa précipitation, elle a trébuché et est tombée en arrière. Malgré cela, elle a continué à fuir en rampant, les mains posées derrière elle. Un peu comme si elle rampait à l'envers.

— N'aie pas peur, ça ne va pas te mordre, a dit ma mère. Avec une odeur pareille, tu risques juste de t'évanouir.

C'en était trop pour Mary.

— Il faut que j'y aille, madame Briscoe. J'ai été ravie de vous rencontrer. Clare, à demain.

Elle a détalé dans l'escalier.

— Laisse-moi te raccompagner, mon enfant, a lancé ma mère. Et repasse nous voir quand tu veux.

Mary était déjà dehors. Par la fenêtre, je la voyais courir. Elle ne s'est arrêtée qu'une fois à bonne distance. Ma mère partie, j'ai refait mon lit et rangé mes affaires mouillées avant de reprendre mes devoirs.

Le lendemain, à la récréation, j'ai cherché Mary mais sans la trouver. De toute manière, je ne sais pas ce que j'aurais bien pu lui dire. Après cela, on nous a rendu nos devoirs de compréhension anglaise. Mon appréciation : *Très bien*. Puis nous avons fait un super match de rounders[1]. Au déjeuner, nous avons eu des spaghettis bolognaise – trop de spaghettis et pas assez de sauce – suivis d'une tarte à la confiture avec de la crème. J'ai tout mangé et je suis sortie jouer. Dans la cour, je suis tombée sur Mary et ses amies.

---

1. Sport collectif pratiqué depuis le XVIe siècle à l'origine du base-ball.

— Je sais quelque chose et pas vous, je sais quelque chose et pas vous, a-t-elle commencé à brailler en me montrant du doigt.

— Raconte-nous, a dit une de ses copines.

— Je sais quelque chose et pas vous, je sais quelque chose et pas vous.

Elle est venue se planter devant moi.

— Qu'est-ce que tu me donnes pour ne rien raconter ?

Je les ai ignorées, elle et ses amies, et j'ai continué à marcher. Alors, elle m'a frappée dans le dos. Je me suis retournée. Toutes ses amies criaient :

— Vas-y, Mary, vas-y, cogne-la.

Elle m'a regardée avant d'annoncer :

— Si tu me frappes, je dis tout ce que je sais.

— Et qu'est-ce que tu sais au juste, Mary ? ai-je demandé.

— T'as oublié ce que ta mère m'a montré ?

— Eh bien, vas-y, dis-leur, Mary. Dis-leur.

— Raconte, Mary, raconte, cria la foule.

Elle s'est retournée et je l'ai frappée dans le dos sans voir que la surveillante approchait. Mary a poussé un cri en se tenant la tête.

— C'est elle, c'est elle qui l'a frappée, ont affirmé les filles en me désignant.

— Oui, je l'ai vue faire, a répondu la surveillante. Clare, présente-toi devant ta maîtresse tout de suite.

Je suis allée voir ma maîtresse. Quand je l'ai trouvée, elle avait déjà reçu un rapport de la surveillante de récréation. J'avais apparemment frappé Mary alors qu'elle avait le dos tourné. Mary n'avait absolument rien fait pour justifier un tel comportement et était assez secouée par cette attaque-surprise. Dans ces circonstances, ma maîtresse a estimé que je devais recevoir la règle. Elle m'a frappée une fois sur la paume.

— Ne recommence pas, cela ne te ressemble vraiment pas, Clare. Va, maintenant.

C'est ce que j'ai fait.

Pour l'anniversaire de mon frère, le 31 janvier, ma mère lui a acheté un avion télécommandé. Ils jouaient dans le salon et elle lui montrait comment le manœuvrer quand je suis entrée dans la pièce. Soudain, elle a fait tourner l'engin, le dirigeant droit vers moi. Il m'a frôlé et une des ailes m'a tranché la joue gauche. L'avion a repris de la hauteur, s'est éloigné puis a viré pour revenir sur moi. Ma mère l'a fait piquer et, encore une fois, il m'a coupée pratiquement au même endroit. Le sang coulait des deux plaies. Mon frère s'est mis à rire : il trouvait ça très drôle.

— Va-t'en, dit ma mère. On n'a pas besoin de toi ici.

Je suis repartie, terrorisée par les vrombissements qui emplissaient la pièce. Je suis remontée m'examiner le visage. Les deux blessures étaient profondes, la chair à vif. J'ai pressé un linge sur ma joue pour arrêter l'hémorragie et je suis redescendue chercher de l'aide. Quand ma sœur Pauline m'a vue, elle est vite allée prendre des pansements et m'a aidée à me soigner.

Les choses se sont un peu calmées. J'évitais ma mère et son petit copain autant qu'il m'était possible, mais les disputes restaient fréquentes. Un jour, Eastman ayant menacé de m'infliger de graves châtiments corporels, Pauline a décidé de prévenir mon père. George est arrivé tard à la maison un soir. Il m'a dit de prendre quelques affaires et de monter dans la voiture. Ensuite, il m'a emmenée chez une certaine Miss Lindsey. Je suis restée là-bas une semaine. Elle a été très gentille avec moi, j'avais même ma propre chambre. Tous les jours en rentrant de l'école, j'avais droit à un vrai repas. Elle me disait que ce n'était pas grave si je mouillais mon lit et, de fait, ça n'est arrivé qu'une seule fois pendant mon séjour dans son appartement. Elle s'est contentée de changer les draps. J'ai demandé pardon mais elle m'a dit que c'était inutile, que je n'avais pas à m'excuser. J'aimais bien être chez elle. Mes sœurs me manquaient mais j'étais plus heureuse ici.

Une semaine plus tard, j'étais de retour à la maison. Sur l'insistance de ma mère, parce que Miss Lindsey lui avait demandé la part d'allocations familiales qu'elle recevait pour moi. Ma mère voulait bien que Miss Lindsey me garde mais pas qu'elle touche les allocations et, si cela ne lui plaisait pas, elle n'avait qu'à me renvoyer chez moi. Mon père m'a ramenée à la maison un dimanche. Il m'a déposée devant la porte, a attendu que je la franchisse puis il est parti.

À l'été 1968, ma dernière année de primaire à Saint-Joseph s'est achevée. C'était une école agréable et accueillante que nous avions toutes appréciée, mes sœurs et moi. C'était maintenant mon tour de la quitter. Pauline et Patsy étaient toutes les deux au collège du Sacré-Cœur sur Camberwell New Road. Il bénéficiait d'une excellente réputation parmi les catholiques du quartier car ses élèves avaient l'obligation d'aller à l'église le jeudi, le vendredi et le dimanche. Elles devaient aussi porter des gants blancs et un béret en permanence. C'était l'endroit idéal pour former de bons catholiques, mais pas forcément très intelligents.

J'ai demandé à ma maîtresse à Saint-Joseph s'il me serait possible d'aller à l'université après toute une scolarité au Sacré-Cœur. J'ignore d'où m'était venue cette idée, mais mes maîtresses disaient toujours que seuls les gens très intelligents allaient à l'université. « Ma pauvre chérie, en fait, pour aller au Sacré-Cœur, il faut avoir raté son examen d'entrée en sixième. » Je n'avais jamais entendu parler de cet examen d'entrée en sixième. À vrai dire, j'aurais aimé aller à Notre-Dame, un bon collège, catholique lui aussi. Toutes mes amies avaient posé leur candidature là-bas. J'ai demandé à ma mère où elle comptait m'envoyer.

— Comme tes sœurs. Au Sacré-Cœur.

— Je ne veux pas aller au Sacré-Cœur.

— Tiens donc ? Et où voudrais-tu aller ?

— À Notre-Dame, comme toutes mes amies.

— Pourquoi ne veux-tu pas aller au Sacré-Cœur avec tes sœurs ? Tu nous as toujours fait un foin de tous les diables quand, soi-disant, on te séparait d'elles. Pourquoi changer d'avis maintenant ?

J'ai expliqué que je n'avais pas changé d'avis mais que toutes mes amies avaient demandé Notre-Dame et, comme j'étais aussi intelligente qu'elles, j'avais donc une bonne chance d'être prise.

— Mais, Clare, c'est un lycée avec examen d'entrée. Là-bas, on ne prend que les élèves brillantes. Tu n'as rien d'une élève brillante. Si tes sœurs n'y sont pas allées, il n'y a aucune chance pour que tu y entres. Tu es stupide. Qu'est-ce qui te fait croire que le Sacré-Cœur est assez bon pour tes sœurs, mais pas pour toi ?

Mais mes sœurs n'avaient pas vraiment choisi le Sacré-Cœur, ai-je objecté. Elles n'avaient même pas envisagé une autre solution, c'était la première fois que le sujet était abordé dans la famille. Ma mère m'a dit d'aller me faire voir ailleurs et d'arrêter de faire l'idiote. Je l'ai implorée de réfléchir à Notre-Dame. Et puis, si je n'y étais pas admise, j'aurais toujours la ressource de me rabattre sur le Sacré-Cœur.

— Tu te crois meilleure que tout le monde, c'est ça, hein ? Et qu'est-ce que tu vas leur raconter pour ton problème ? À ton avis, combien de collégiennes font encore pipi au lit ? Tu crois qu'ils vont supporter ton odeur ? Tu sais que tu pues, hein, tu le sais ? Et pas juste de temps en temps mais sans arrêt. Viens ici.

J'ai obéi. Elle a pris ma chemise entre ses doigts, comme avec des pincettes, et elle a fait mine de me renifler avant de me lâcher.

— Tu vois ce que je veux dire ? Tu pues la pisse ! Tu t'es sentie ces derniers temps ? Tiens, vas-y... Essaie !

Elle a voulu remonter la chemise vers mon nez mais, comme c'était impossible, elle m'a prise par la nuque pour m'obliger à baisser la tête.

— Sens. Et dis-moi ce que tu sens.

Silence.

— La pisse – tu sens la pisse. Sens encore. Faudrait pas que tu te fasses des illusions, pas vrai ?

J'ai senti ma chemise. Ce n'était pas si terrible. Un peu nauséabond peut-être mais pas de quoi en faire une maladie.

— Oui, ça sent, ai-je répondu, mais d'ici la rentrée je ne mouillerai plus mon lit. J'ai encore un peu de temps devant moi. Je suis sûre qu'en septembre ça ne m'arrivera plus.

— Tu as onze ans, Clare, et tu fais toujours pipi au lit. Si tu ne te réveillais pas au milieu de la nuit, tu te noierais. J'ai jamais entendu parler d'une enfant qui se pisse dessus jusqu'au cou. Tu as un trou, pas un zizi. Si tu avais un zizi, je te l'attacherais, mais tu as un trou. Bah, si jamais il faut en arriver là, je pourrais peut-être te le boucher.

— Est-ce qu'on peut, s'il te plaît, essayer Notre-Dame ? J'aimerais rester avec mes amies.

— Et moi, j'aimerais que tu comprennes que le monde ne tourne pas autour de toi, Clare Briscoe. Tu iras au Sacré-Cœur comme tes sœurs. C'est assez bien pour elles et ce sera assez bien pour toi.

Et voilà, c'était terminé. Il n'a plus jamais été question de Notre-Dame. Je n'ai pas posé ma candidature et je n'ai pas passé l'examen spécial. Toutes mes amies, à l'exception d'Anne Cody, y allaient. C'étaient des camarades d'école que je ne voyais pas à la maison. Pendant tout mon parcours scolaire, jamais aucune amie ne m'a rendu visite chez moi. La seule qui est venue sans y être invitée, c'était Mary et ce n'était pas mon amie.

J'étais désespérée. Ma mère ne parlait plus de Notre-Dame et j'étais trop triste pour aborder le sujet. Au bout du compte, je devais m'estimer heureuse qu'on m'ait offert une place au Sacré-Cœur.

Le dernier jour de classe à l'école Saint-Joseph, nous étions toutes joyeuses et tristes en même temps. Certaines d'entre nous s'engageaient sur le chemin qu'elles avaient envie de suivre, d'autres devaient prendre une voie qu'on leur imposait. Nous nous sommes toutes promis de rester en contact et de nous écrire, mais nous savions déjà que ces bonnes intentions resteraient lettre morte.

Le premier week-end a passé assez vite. Le lundi suivant, mes deux sœurs et moi sommes allées chercher nos tickets-repas. Chaque été, c'était pareil. Un centre était ouvert spécialement pendant la durée des congés scolaires pour tous ceux qui avaient droit à la cantine gratuite. Il suffisait de se présenter aux horaires annoncés pour manger en échange d'un de ces tickets. Cela signifiait que les enfants comme nous étaient assurés d'avoir au moins un vrai repas par jour, même pendant les vacances. Notre mère était ravie que quelqu'un d'autre se charge de notre alimentation.

Nous avons aussi reçu un deuxième carnet de tickets, pour nos uniformes scolaires cette fois. Le jour venu, ma mère nous a emmenées, Pauline,

Patsy et moi, dans le magasin conseillé par le collège. C'était un grand jour car c'était la première fois que j'allais revêtir l'uniforme du Sacré-Cœur : un blazer noir, une chemise blanche, une jupe plissée grise, un pull gris, une cravate, des socquettes blanches et un maillot en nylon et des tennis grises pour l'éducation physique. Pas mal. J'étais tout excitée. C'est le seul souvenir que j'ai de ma mère m'accompagnant pour acheter des vêtements.

À peine entrée dans la boutique, elle a demandé à la vendeuse un nouveau blazer pour Patsy. À mes yeux, c'était une perte de temps, puisque le sien datait de l'année précédente. Les carnets de tickets nous permettaient de changer nos tenues, et donc son blazer, tous les deux ans. Comme c'était ma première année, j'avais droit à un ensemble neuf. C'était aussi au tour de Pauline de remplacer son blazer, son pull et sa jupe.

Pendant que mes sœurs essayaient leurs nouveaux uniformes, pas une seule fois ma mère ne m'a invitée à en faire autant. Quand je lui ai demandé si moi aussi je pouvais choisir mon blazer, elle m'a répondu que je porterais celui de Pauline ou celui de Patsy : ils n'étaient pas si vieux et ils pouvaient encore servir quelques années. Pour ce qui était de la jupe, celles de mes sœurs n'étant pas à ma taille, j'ai pu en prendre une. Pour la même raison, j'ai aussi eu droit à la chemise blanche, ainsi qu'à un pull gris et à un béret. Nous sommes toutes sorties de là assez satisfaites : bien sûr, je n'avais pas eu mon uniforme complet mais, au moins, j'avais quelques habits neufs.

Deux semaines avant la rentrée, ma mère nous a dit d'appeler notre père car il nous fallait des chaussures neuves. Quelques jours plus tard, il est passé nous donner de l'argent pour que nous les choisissions nous-mêmes. Nous avions soixante livres pour nous trois. Dès qu'elle l'a su, ma mère a proposé de nous les garder jusqu'au jour où nous irions chercher les chaussures. Quand nous lui avons donné les billets, elle a déboutonné son chemisier pour soulever la bretelle gauche de son soutien-gorge. Un mouchoir blanc et bien rempli y était fermement attaché grâce à deux doubles nœuds. Elle les a défaits et nous avons découvert des rouleaux de billets de vingt et dix livres, quelques bijoux et une clé. Notre argent les a rejoints avant qu'elle replace le mouchoir dans sa cachette.

J'avais aussi besoin de crayons, d'une trousse, d'un sac d'école et d'une paire de gants blancs. Pauline m'a donné son vieux cartable légèrement éraflé ; après un coup de cirage, il n'y paraissait plus. J'étais prête à affronter ma nouvelle vie. Il n'y avait plus qu'un dernier détail à régler : les chaussures. J'avais un faible pour les modèles plats unisexe avec une grosse boucle. Ils étaient un peu chers mais très à la mode. J'ai demandé à ma mère si nous pouvions avoir notre argent car nous comptions aller au marché ce jour-là. Elle n'a pas répondu. Croyant qu'elle ne m'avait pas entendue, je lui ai reposé la question. Elle m'a dit de revenir dans une demi-heure quand elle aurait fini de prendre son thé. Trois quarts d'heure plus tard, je suis retournée dans le salon. Elle n'avait pas bougé et je lui ai demandé si nous pouvions avoir nos sous.

Elle m'a dit de la suivre. Nous nous sommes retrouvées dans le vestibule, qui était encombré de vieilleries et d'objets qui ne servaient plus. Elle s'est mise à fouiller dans ce fatras, vidant le contenu de plusieurs sacs sur la moquette. Je devais ranger au fur et à mesure derrière elle. Au bout d'un moment, trois paires de chaussures étaient alignées par terre.

— Viens, a-t-elle dit.

En montant l'escalier, j'ai entendu une porte se refermer et j'ai aussitôt compris que mes sœurs savaient que je n'avais pas pu récupérer notre argent. Elles nous avaient épiées pour connaître l'évolution de la situation.

Dans la cuisine, ma mère a sorti une boîte à chaussures rangée sous l'évier. Elle en a extrait du cirage et un chiffon, avant de poser les trois paires sur une page de journal par terre. Elle m'a demandé lesquelles je préférais. Je n'en aimais aucune : elles étaient toutes complètement démodées. Mais s'il fallait faire un choix, celle du milieu était la moins pire.

— Celle-ci, ai-je décidé.

Ma mère s'est mise à la cirer. Je la guettais, me demandant pourquoi elle se donnait la peine de nettoyer des chaussures aussi vieilles. Pour être honnête, elles brillaient vraiment quand elle a eu fini de cracher et de frotter.

— Tiens, essaie-les.

J'ai enlevé ma chaussette et j'ai tenté de glisser mon pied dans le soulier. Il était trop petit. Mon talon n'entrait pas.

— Allez, pousse un peu, a dit ma mère.

J'ai essayé mais c'était difficile. Finalement, elle m'a enlevé la chaussure pour l'enduire d'huile de friture et m'a demandé de recommencer. Cette fois, mon pied est entré.

— À l'autre, maintenant.

Je me tenais à la chaise pendant qu'elle graissait la deuxième chaussure. J'ai réussi à l'enfiler.

— Ça me paraît pas mal, a déclaré ma mère. Tu n'as qu'à les porter à la maison pour les casser. Voilà. Tu peux y aller.

Il n'était plus question de lui parler de notre argent. Je suis allée retrouver mes sœurs. Les chaussures me comprimaient les pieds de façon atroce. En arrivant dans leur chambre, je n'en pouvais plus, il a fallu que je les enlève. J'ai annoncé à Quat'z-yeux et à Mijaurée que notre mère ne m'avait pas donné nos soixante livres, mais que j'essaierais encore de les lui demander plus tard. Les boutiques au marché fermaient à 13 heures, ce qui ne nous laissait pas beaucoup de temps.

— Regardez ce que maman m'a donné, ai-je dit en montrant mes « nouvelles » chaussures.

— Où as-tu trouvé ça ? a demandé Patsy.

— C'est maman qui me les a données.

— Oh, je les reconnais. C'étaient les miennes. Je ne les porte plus depuis six mois, je crois, ou peut-être un an… Elles sont trop petites. Elles te vont ?

— Non. Elles me serrent trop. Maman m'a dit de les casser.

— Pourquoi veut-elle que tu les casses ? a demandé Pauline.

— Je ne sais pas. Je ne lui ai pas posé la question.

Nous sommes restées un moment dans nos chambres en haut, puis je suis redescendue voir ma mère dans la salle de bains. Elle sortait la lessive.

— On peut avoir notre argent maintenant, maman ? On aimerait aller faire notre shopping.

— Quel argent ?

— Celui que papa nous a donné.

— Quel argent ?

— L'argent pour les chaussures. Il faut qu'on aille au marché avant que ça ferme.

— Pour quoi faire ?

— Pour acheter nos chaussures pour l'école.

— Pour quoi faire ?

— Pour quoi faire quoi ?

— Pourquoi as-tu besoin de chaussures ?

— Parce que je n'en ai pas pour l'école.

— Mais si, tu en as. Je viens de t'en donner une nouvelle paire... Elle ne te plaît pas ?

— Quand m'as-tu donné une nouvelle paire ? ai-je demandé en regardant autour de moi au cas où je n'aurais pas vu une boîte à chaussures neuve.

— Tu les avais aux pieds il y a un moment. Tu as déjà une nouvelle paire... Pourquoi en veux-tu une autre ? Une seule paire ne te suffit pas ? Tu te prends pour qui ?

— Je n'avais pas compris que c'était ma nouvelle paire. Et puis de toute manière, ça ne compte pas. Papa nous a donné soixante livres pour que nous nous achetions des chaussures neuves pour la rentrée.

Ma mère m'a regardée.

— Sors d'ici.

— Je peux avoir notre argent ?

— Je ne vais pas te le répéter. Hors de ma vue.

J'ai tenu bon et j'ai encore demandé ce qui nous était dû. Elle se tenait près de la machine à laver. Le tambour était ouvert. Avant que j'aie le temps de réagir, elle m'a giflée en plein visage avec une chemise trempée. La violence du coup m'a à moitié assommée.

— Tu as des chaussures. Pourquoi en veux-tu d'autres, sale petite garce ? Fous le camp d'ici et trouve-toi quelque chose à faire.

Elle m'a encore frappée mais, cette fois, elle m'a manquée. J'ai filé sans demander mon reste. Après avoir changé ma robe mouillée, je suis allée voir mes sœurs.

— Qu'est-ce qu'elle a dit ? a demandé Pauline.

— Que j'ai déjà des chaussures et que je n'ai pas besoin d'une paire neuve.

— T'as déjà tes chaussures ? se sont-elles toutes les deux étonnées.

J'ai montré la paire qui était restée par terre.

— Elle en a deux autres en bas, ai-je dit. Si elles vous vont, vous les aurez.

Elles m'ont demandé de leur décrire les chaussures mais tout ce dont je me souvenais, c'est qu'elles étaient noires.

— Si elles ne vous vont pas, je pense que vous aurez une nouvelle paire.

Je leur ai suggéré de mettre deux paires de socquettes sous leurs chaussettes. Ce qu'elles ont fait. Ensuite, elles sont descendues voir ma mère pour lui demander si elles pouvaient aller au marché. J'écoutais depuis l'escalier. Ma mère les a invitées toutes les deux à essayer les chaussures qu'elle avait préparées. Pauline a commencé.

— Je n'ai pas l'impression qu'elles me vont.

— Force un peu. Essaie de pousser avec ton pied.

— Non, je n'y arrive pas, a dit Pauline.

Pas d'huile de friture pour Quat'z-yeux, ai-je pensé. Ensuite, ça a été le tour de Patsy. C'était sans espoir : les chaussures étaient trop petites. Ma mère a commencé à se plaindre de devoir encore filer du fric pour des grolles.

— Combien vous faut-il ? a-t-elle demandé.

— Je ne sais pas, a répondu Pauline. Entre treize et quinze livres chacune, ça devrait suffire. Si on trouve moins cher, je te ramènerai la monnaie.

Et voilà comment mes sœurs ont reçu vingt-six livres pour leurs chaussures de rentrée. Je les ai accompagnées au marché et elles ont pris deux très jolies paires, l'une en cuir verni et l'autre avec des lacets argentés. Quant à moi, il était inutile que je demande ma part à ma mère.

Quand le premier jour d'école est arrivé, j'ai été réveillée très tôt par la sonnerie et les lumières de mon alarme. Pas question de me rendormir. J'ai arrêté le vacarme avant de défaire mon lit et de ranger mes draps mouillés. Puis j'ai fait ma toilette. De retour dans ma chambre, après avoir vérifié mes affaires, j'ai enfilé mon uniforme. Ma chemise était encore sous sa cellophane et pliée avec tout un tas d'épingles qu'il a fallu retirer. Mon pull m'allait vraiment bien. J'ai mis ma veste, ma jupe et mes chaussettes avant d'essayer les chaussures, mais elles étaient toujours trop petites et, cette fois, je n'avais pas d'huile. J'ai quand même réussi à les enfiler je ne sais comment. Après avoir noué ma cravate, j'ai attendu que les autres soient réveillés. J'ai aussi ouvert ma fenêtre à cause de l'odeur.

Dès que tout le monde a été debout, ça a été la pagaille dans la maison. Pauline et Patsy n'avaient pas préparé leurs affaires. Pendant qu'elles se démenaient, j'attendais près de mon alarme. Une fois que mes sœurs ont été prêtes, j'ai pris mon cartable et je suis descendue voir ma mère dans la cuisine.

— Je suis prête, maman.

— Prête à quoi ?

— À aller à l'école.

— Eh bien, qu'est-ce que tu attends ? Va-t'en.

— Mais c'est mon premier jour dans ma nouvelle école.

— Et alors ?

— Eh bien, tu nous accompagnes toujours le premier jour. Tu as emmené Pauline, Patsy, Carl et Martin.

— Écoute, tu as deux sœurs qui vont à la même école que toi. Elles n'ont qu'à t'accompagner. Tu ne vois pas que je suis occupée, a-t-elle conclu en me plantant là.

— Allez, viens, Clare, a dit Pauline. On est prêtes.

Nous avons quitté la maison ensemble pour marcher jusqu'à l'arrêt de bus. J'étais très consciente de mon vieux blazer alors que ceux de mes sœurs étaient neufs. Et j'avais déjà très mal aux pieds.

Dans le bus, j'ai envisagé d'enlever mes chaussures mais, n'étant pas certaine de pouvoir les remettre, j'y ai renoncé. Quand nous sommes descendues, je boitais déjà au bout de quelques mètres. Nous avons traversé la rue et des amies de mes sœurs nous ont saluées à l'entrée du collège. On m'a envoyée dans la grande salle d'appel pendant que Pauline et Patsy se mettaient en rang dans la cour.

Timmons, le directeur, est venu accueillir tous les nouveaux élèves et leurs parents. Quand il a prononcé mon nom, je me suis levée.

— Oui, monsieur.

— Avec qui es-tu ?

— Je suis seule, monsieur.

— Où est ta mère ?

— À la maison, monsieur.

— Mais avec qui es-tu venue, Clare ?

— Mes sœurs sont dehors, monsieur. C'est Pauline, la grande, qui s'occupe de nous.

Il m'a fait signe de le rejoindre pour lui serrer la main. Je me suis avancée.

— Qu'est-ce que tu as aux pieds, mon enfant ?

— Mes chaussures sont trop petites, monsieur, mais je vais avoir une nouvelle paire. Mon père a donné des sous à ma mère pour qu'elle m'en achète une.

Je lui ai serré la main et je suis retournée en claudiquant au fond de la salle.

Il y a eu un autre appel et nous avons dû nous mettre en rang devant notre professeur principale. J'étais dans la classe « Alpha », tout comme mes sœurs. Ma professeur principale était une femme très gentille. Elle nous a expliqué le règlement et nous a donné tout un tas de dépliants. Nous avons passé l'essentiel de cette première journée à découvrir l'école. À l'heure de la sortie, elle m'a confié un mot à remettre à ma mère. Il se trouvait dans une enveloppe fermée, il m'était donc impossible de le lire.

J'ai attendu mes sœurs et nous sommes rentrées ensemble. Ma mère préparait le repas. Je me suis changée et j'ai décidé de me mettre sans attendre à mes devoirs. En vidant mon sac, je suis tombée sur la lettre. Je suis descendue voir ma mère.

— C'est pour toi.

Elle l'a lue avant de me regarder.

— Tu leur as dit que je n'ai pas voulu t'acheter de chaussures alors que ton père m'a donné de l'argent ?

— Non. Ce n'est pas ce que j'ai dit.

— Tu leur as dit que j'avais refusé de t'en acheter et que je t'ai envoyée à l'école avec des chaussures trop petites ?

— Non, non.

— Menteuse. Sale petite menteuse.

Soudain, elle a pris une cuillère en bois et m'a flanqué un grand coup sur la tempe. Le choc m'a sonnée.

— Le premier jour dans ta nouvelle école et déjà tu me fais honte.

Dans la semaine qui a suivi, j'ai eu droit à des chaussures qui m'allaient à la perfection. Ma mère a enfoncé deux sacs en plastique remplis de haricots rouges dans ma vieille paire avant de les remplir d'eau. Chaque jour, elle en ajoutait un peu de façon à faire gonfler les haricots. Petit à petit, le cuir s'est détendu. Après un tel traitement, il avait un aspect un peu bizarre, tout boursouflé, mais ça s'est arrangé au bout de quelques semaines. La paire que j'avais portée pour mon premier jour d'école était désormais à ma taille. C'étaient mes « chaussures neuves ».

7

Sorcellerie

1968

Ma mère avait toujours Dieu à la bouche. Un jour, d'étranges messagères célestes sont venues nous visiter. On a frappé à la porte et personne n'a répondu. On a insisté puis la sonnette a retenti, trois fois. Je suis descendue. Prudente, je n'ai ouvert qu'à moitié pour découvrir deux énormes Noires qui portaient des tonnes de maquillage et les plus belles perruques qu'il m'ait été donné de voir. La première était coiffée à la Bette Davis mais avec des boucles façon poupée Barbie, réunies sur la nuque par un gros ruban bleu. Le tout était maintenu par un filet à cheveux lui-même surmonté par un vaste chapeau blanc avec un bord relevé. Ce couvre-chef avait du mal à contenir un tel édifice, du coup la perruque avait tendance à glisser jusqu'aux sourcils. Sous la jupe plissée en polyester couleur vert vomi, le ventre était formidable. Les collants blancs semblaient beiges sur ses jambes noires et sa bouche vermillon donnait l'impression qu'elle venait de sucer un bâton de rouge à lèvres.

— Loué soit le Seigneur, ma douce enfant, a-t-elle dit. Je désire voir la maîtresse de maison.

Je la fixais avec des yeux ronds : je n'avais jamais rien vu de semblable.

L'autre femme, petite et grosse, portait elle aussi une perruque qui tenait à grand-peine. Malgré sa corpulence, elle possédait un visage très mince avec une peau couleur caramel. Elle s'était maquillée les sourcils à la Elizabeth Taylor. Du coup, ils semblaient deux fois plus épais. Le trait de crayon faisait une barre continue au-dessus du nez tandis que, côté tempe, il se redressait telle une virgule vers le haut. Elle était plus élégante que sa compagne, avec une jupe plissée elle aussi, mais en pied-de-poule noir et blanc, et une veste noire. Son chapeau était moins spectaculaire et accroché à sa perruque par une grosse épingle. Comme sa compagne, elle tenait un magazine à la main.

— Loué soit le Seigneur, ma douce enfant. Ta maman est-elle là ? a demandé la grande.

— Qui dois-je annoncer ?

La petite a repoussé une mèche de sa perruque avec un pouce si grassouillet qu'on aurait cru un morceau de caoutchouc.

— Dis à la maîtresse de maison que nous sommes les messagères de Dieu et que nous sommes porteuses de bonnes nouvelles. N'est-ce pas, ma sœur ?

Elle s'est tournée vers la grande qui a baissé la tête en joignant les mains.

— Alléluia, Alléluia ! Oui, ma sœur, c'est la vérité vraie. Amen.

Là-dessus, elles se sont mises à trembler. On aurait dit deux tas de gelée sur une assiette. Puis, la grande a repris :

— Oui, je sens Sa présence. Est-ce que tu La sens, toi aussi, ma sœur ?

— Je sens une présence, ma sœur. Dieu est avec nous aujourd'hui.

Elles ont levé les mains à hauteur d'épaule, paumes vers le ciel. Elles vibraient comme deux séismes ambulants.

— Ah, ma belle enfant, va chercher ta mère.

Depuis le palier au premier étage, ma mère a demandé qui était là.

— Dieu est à votre porte, madame. Venez entendre le message qu'Il veut vous délivrer, a dit la petite.

Je pensais que ma mère serait contente. Elle n'arrêtait pas de nous parler du bon Dieu et de Jésus-Christ, mais elle n'avait pas dû entendre la femme car elle a demandé à nouveau :

— Qui est là ?

J'ai essayé de déchiffrer le titre de leur magazine. Il s'appelait *Witchcraft*[1].

— C'est deux sorcières qui veulent te parler.

Aussitôt, la petite femme s'est signée et la grande a pris une expression très peinée.

— Des sorcières, mon enfant ? Non. Oh Seigneur, Seigneur, viens à notre secours. Viens tout de suite. Et toi, Satan, va-t'en. Le diable rôde, mon enfant. Va, va… Cours chercher ta mère.

Elles tremblaient de plus belle. Puis, tout à coup, elles ont commencé à danser sur le pas de la porte. Elles tournaient sur elles-mêmes, les poings levés au-dessus de leurs têtes en chantant :

---

1. Sorcellerie.

— Seigneur, ô Seigneur…

Du coup, j'ai mieux regardé le magazine. Je m'étais trompée en lisant le titre. C'était *Watchtower*[1].

— Excusez-moi, ai-je dit aux deux femmes avant de crier à ma mère : C'est *Watchtower*, pas *Witchcraft* ! Et Dieu est avec elles.

— *Watchtower ! Watchtower !* s'est exclamée ma mère. Qu'est-ce que les Témoins de Jéhovah viennent foutre chez moi ? Mets-les dehors.

Les deux femmes se sont figées. Soudain, elles n'avaient plus du tout envie de danser. La petite a rajusté sa perruque avant de sortir un mouchoir maculé de rouge à lèvres pour s'éponger le visage, étalant du même coup des traînées rougeâtres sur ses joues et son menton. La grande était adossée au chambranle, tentant de reprendre son souffle.

— Mon enfant, a demandé la petite, c'est bien la maîtresse de maison qui vient de parler ?

— Oui.

— Mon enfant, qu'a-t-elle dit ?

Ma mère recommençait à crier. Je me suis retournée. Elle se tenait en haut des marches, les mains sur les hanches.

— Clare, dis-leur qu'y a pas de Christ dans cette maison. Que je n'ai pas de temps à perdre avec le Christ et que j'en ai rien à foutre, de leur Christ. Est-ce qu'il y a une pancarte sur ma porte : « Le Christ vit ici ? » Maintenant, ferme cette porte, tu m'entends ? Ferme cette porte, bon Dieu !

---

1. Jeu de mots intraduisible. *Watchtower* (« tour de guet ») est le titre du journal des Témoins de Jéhovah.

Je me suis à nouveau tournée vers les visiteuses. La grande était à genoux, peut-être pour prier. Ce qui est sûr, c'est qu'elle transpirait beaucoup. La petite avait, quant à elle, enlevé son chapeau. Sa perruque lui tombait carrément sur le visage maintenant, lui masquant les yeux. Son couvre-chef dans la main droite, elle s'en servait comme d'une raquette de tennis, coup droit, revers, coup droit, pour renvoyer des balles invisibles dans la maison.

— Sauve-moi, Seigneur, sauve-moi. Bénis cette maison et protège-moi des esprits maléfiques qui y demeurent.

Elle offrait un drôle de spectacle à chasser ainsi les démons avec son chapeau.

— Ma sœur, a-t-elle dit à l'autre, viens à mon secours. Lève-toi. Dresse-toi vers le ciel, ma sœur, tel l'Esprit saint.

Elle continuait à smasher avec son couvre-chef tandis que l'autre entreprenait de se relever tant bien que mal.

— Viens, ma sœur, viens à mon secours.

— Je viens, ma sœur, je viens, a répondu la grande.

— Ferme cette foutue porte ! Y a pas de Christ ici.

La petite a regardé son amie.

— Sœur Isis, ne prie pas… Lève-toi. Aide-moi à accomplir la volonté du Seigneur.

Toujours agenouillée, la grande a sorti un mouchoir de la ceinture de sa jupe pour se tamponner le front. Du même coup, elle a pris une empreinte impeccable de ses sourcils qu'elle a reproduite en plusieurs exemplaires sur son visage. Avec sa triple rangée de sourcils, on aurait dit qu'elle sortait d'un film de science-fiction.

Elle a fini par ranger son mouchoir pour déclarer :

— Je viens, ma sœur. Je viens, a-t-elle ajouté en levant les yeux vers le ciel. Seigneur, aujourd'hui, j'ai trouvé ma vocation. Donne-moi la force d'accomplir la tâche que Tu m'as assignée.

Puis, posant les mains par terre, elle a repoussé son postérieur vers le haut… et son chapeau et sa perruque sont tombés à mes pieds.

— Je viens, ma sœur. Je viens.

Elle était enfin debout.

— Ma sœur, a dit la petite, aide-moi. Nous avons une tâche à accomplir.

Elle était toujours en train d'expédier des trucs invisibles dans la maison.

Ma mère, fatiguée d'avoir tant crié et trouvant que je n'avais pas fermé la porte assez vite, s'est mise à brailler :

— Moi aussi, je viens. Ça ouais, je viens.

Elle a dévalé l'escalier. La découvrant, la plus petite des deux femmes a reculé de plusieurs pas tandis que j'ouvrais la porte en grand.

— Arrête-toi, suppôt de Satan, ou alors redoute d'approcher une servante de Dieu. Sœur Isis, viens à mon secours. Soyons dignes de notre Seigneur.

Ma mère, sur le seuil à présent, regardait sœur Isis qui remettait sa perruque en place. La petite avait cessé de jouer au tennis et ses yeux, maintenant levés vers le ciel, roulaient dans leurs orbites.

— Donne-moi la force, doux Jésus, priait Isis. Ne m'abandonne pas maintenant en cette heure de détresse.

Ayant récupéré son chapeau, elle le serrait contre son sein. Son beau ruban s'était dénoué et gisait sur le trottoir, à côté de son mouchoir maculé. Ma mère les contemplait toutes les deux : la grande avec sa perruque de travers et la petite en transe.

— Putain de Jésus-Christ, a dit ma mère. En voilà deux *duppies*[1] qui prétendent accomplir l'œuvre du Seigneur.

En entendant parler de *duppies*, Pauline a dévalé l'escalier et s'est retrouvée en un éclair aux côtés de ma mère.

— Où sont les *duppies*, maman ?

— Regarde, a répondu ma mère. Duppy numéro un et Duppy numéro deux. Je ne sais pas qui fait peur à qui.

La grande a pris le bras de la petite.

— Ma sœur, face à l'adversité, il faut persévérer.

Semblant sortir de sa transe, la petite s'est éventée avec son magazine. Puis elle s'est redressée et, les épaules droites, le ventre en avant, s'est avancée vers ma mère. Elle a fait deux pas avant de s'arrêter brusquement comme si elle venait de heurter un mur invisible.

— Maîtresse de cette maison, nous pouvons te sauver. Accepte Dieu dans ton cœur aujourd'hui. N'aie pas peur même si tu marches dans la Vallée des Ténèbres.

---

1. *Duppy* (au pluriel, *duppies*) en argot jamaïcain signifie « revenant », « fantôme ».

Ma mère les a regardées avant de se tourner vers ma sœur et vers moi.

— Quelle heure est-il ? a-t-elle demandé.

— C'est l'heure du Seigneur, a déclaré la grande.

— 8 h 15, ai-je répondu.

— 8 h 15 ! a répété ma mère. Et vous venez me sauver de si bon matin ? Clare, ferme cette porte.

— Ne résiste pas au Seigneur, a dit la petite, et tu ne marcheras plus jamais dans la Vallée des Ténèbres.

— Accepte Dieu dans ton cœur, a renchéri la grande.

Ma mère repartait vers l'escalier.

— Qu'Il aille se faire voir, votre Dieu ! a-t-elle lancé par-dessus son épaule. Je vais vous dire, si jamais il m'arrive un jour de marcher dans votre vallée, je vous le ferai savoir. Ferme cette porte, Clare. Je ne te le répèterai pas.

J'ai commencé à repousser le battant. Les deux femmes se signaient avec ferveur.

— Mon enfant, m'a demandé la petite. As-tu rencontré Dieu ?

— Je suis catholique.

— Mon enfant, accepte Dieu.

— C'est ce que je fais, je crois, ai-je répondu avant de fermer pour de bon.

Ma mère était retournée dans la cuisine au premier étage. Au deuxième, j'ai trouvé Pauline juste devant ma chambre. Elle s'était mis une taie d'oreiller sur la tête et elle marchait les bras tendus devant elle.

— Je suis une *duppy*, a-t-elle dit, et je viens te retrouver dans la Vallée des Ténèbres.

— Je suis une *duppy*, ai-je répété, et je marche dans la Vallée des Ténèbres.

Les mains sur les hanches, je me suis mise à tortiller du ventre.

— Oui, je viens te chercher, ma sœur.

Elle a éclaté de rire. Soudain, un coup violent a explosé derrière ma tête. Je suis tombée. Instinctivement, j'ai levé les mains pour me protéger et je me suis retournée. Ma mère était là, la cuillère en bois à la main.

— Traite-moi encore de *duppy* et tu vas voir. Maintenant va te préparer pour l'école.

Quat'z-yeux avait disparu.

J'étais choquée et j'avais très mal. Alors, j'ai parlé sans réfléchir :

— Quand j'aurai des enfants, je ne les frapperai jamais.

— Qu'est-ce que tu dis ? Quand tu auras quoi ?

— Je ne frapperai jamais mes enfants.

— Quoi, c'est toi, toi, qui parles de faire des mioches, alors que tu pisses encore au lit ?

Elle s'est esclaffée en se flanquant des coups de cuillère sur les cuisses.

— Eh bien, amène-les, tes mioches. Amène-les. Tu t'imagines peut-être que je rêve d'être grand-mère ? Amène-les, vas-y. Avant que tu me transformes en grand-mère, je les pendrai tous jusqu'au dernier à un réverbère. Ça t'évitera de les frapper, espèce de sale petit parasite. Maintenant, dis-moi, est-ce que tu vas te préparer pour l'école ou est-ce que tu veux rester ici à me faire la causette ?

Elle brandissait sa cuillère, je me suis donc relevée et j'ai filé dans ma chambre. Merci les messagères de Dieu.

Toute ma vie, j'ai été hantée par un rêve récurrent. Il peut surgir n'importe quand, que je sois en train de lire un livre ou bien juste de me reposer. C'est toujours la même situation. J'ai cinq ou six ans et je dois faire à peine un mètre de haut. Je porte une robe ample, un peu comme une blouse, trop grande pour moi, en tissu écossais avec un col Claudine. Elle est légèrement pincée au cou de façon à former de longs plis qui m'arrivent sous le genou. Une rangée de boutons court sur toute sa longueur. La couleur dominante est un jaune moutarde assez fade, strié de bandes verticales et horizontales, ces dernières un peu plus fines. Elles sont en deux tons de vert et elles se croisent à angle droit pour former des rectangles. Il y a aussi des rayures grises qui donnent cette apparence de tissu écossais ou de tartan.

Dans le rêve, je suis toujours au pied d'un escalier, avec un mur dans mon dos. Il y a une, deux, trois, quatre, cinq, six, sept marches, et en haut, une porte sous laquelle filtre en général un rai de lumière. Je suis là et j'attends. J'attends dans la cave. Je ne pleure plus. Soudain, mes pieds quittent le sol et je m'élève jusqu'à une hauteur de deux mètres environ, les bras en croix, tendus de part et d'autre. Je ne sais pas combien de temps je reste ainsi à planer. Au bout d'un moment, je redescends en douceur.

Je suis tout à fait certaine que, dans la vraie vie, je n'ai jamais volé. La sensation de décoller n'est présente que dans mes rêves.

La première fois où je me suis retrouvée enfermée à la cave, ma mère m'avait demandé d'aller y chercher des pommes de terre. Nous les gardions là car il y faisait beaucoup plus frais que partout ailleurs. J'ai ouvert la porte et allumé la lumière avant de m'engager avec prudence sur la volée de marches très abruptes. Le sac se trouvait tout au fond, rangé près d'un tas de vieilleries dont nous ne nous servions plus. J'ai mis une dizaine de pommes de terre dans la marmite que ma mère m'avait donnée et j'ai fait demi-tour. À mi-chemin, j'ai aperçu ses jambes au sommet des marches. Soudain, elle a éteint la lumière et fermé la porte. Je me suis ruée dans l'escalier. Entendant le verrou glisser, je l'ai implorée de me laisser sortir. À ma connaissance, je n'avais rien fait de mal. Je me suis mise à pleurer. Prise de panique, j'ai cogné à la porte et elle a crié :

— Tu as intérêt à la boucler.

Pendant un moment, je suis restée assise là, dos à la porte. J'ai au moins pu rallumer la lumière. Plus tard, j'ai entendu le verrou jouer à nouveau. Je suis sortie, toujours aussi affolée, pour voir ma mère disparaître au bout du couloir. Je l'ai rattrapée et je lui ai demandé pourquoi elle avait fait ça. Elle m'a dit de déguerpir. Ça a été la première des nombreuses fois où elle m'a enfermée à la cave. Au bout d'un moment, à chaque fois qu'elle me demandait d'y descendre, je me faisais accompagner par un de mes frères ou sœurs car, eux, elle ne les enfermait jamais.

Elle faisait environ un mètre de long sur six ou sept centimètres de large. Je l'ai surprise avec, un soir où mon alarme s'était déclenchée. Pour une fois, j'avais réussi à l'arrêter très vite. Après l'avoir débranchée, j'ai attendu, l'oreille aux aguets. Personne ne semblait se diriger vers ma chambre. Soudain, j'ai entendu un bruit curieux, comme si on tirait un objet qui résistait. Je n'ai pas bougé, toujours sur le qui-vive. Quand j'ai été certaine que ma mère ne venait pas, je me suis levée sur la pointe des pieds. J'ai fait deux pas vers la porte avant de m'arrêter. Si elle montait, j'avais encore le temps de retourner sous mes draps pour faire semblant de dormir. Le bruit a cessé. J'étais prête à battre en retraite quand j'ai entendu des pas au premier étage. Quelqu'un entrait dans la cuisine. On ouvrait et refermait des tiroirs. Au bout d'un moment, la personne est redescendue au rez-de-chaussée. Un bref silence, puis les bruits ont repris. C'était quand même très bizarre. J'ai voulu en avoir le cœur net.

J'ai entrouvert ma porte avant de m'approcher à quatre pattes de la rampe. Une fois là, j'ai risqué un coup d'œil. Ma mère semblait avoir un problème avec le tapis de l'escalier. À l'aide d'un instrument métallique en forme de spatule, elle tentait de l'écarter à hauteur de la troisième marche. Elle s'acharnait, mais le tapis ne cédait pas.

Elle a posé sa spatule, s'est massé les mains et est redescendue au pied de l'escalier. Là, elle a saisi les deux bords du tapis et a tiré très fort, de telle sorte qu'il s'est détaché au niveau des quatrième et cinquième marches. Ensuite, elle a inséré sa spatule sous la planche qui formait la troisième marche et a réussi à la desceller. La planche, d'environ un mètre de long sur quinze centimètres de large, était fendue et une petite pression avec son outil a suffi pour la séparer en deux. Elle a utilisé le morceau le plus large pour reformer la marche tandis qu'elle a posé l'autre derrière elle, contre le mur. Quand elle s'en est servie plus tard pour me frapper, je l'ai baptisé la planche à coups. J'hésitais à rentrer dans ma chambre, mais personne n'avait conscience de ma présence. Et puis, je voulais savoir ce qu'elle comptait faire avec ce bout de bois. Elle a remis le tapis en place. Il avait conservé la forme des plis, ce fut donc assez aisé. Quelques petits coups de talon, ici et là, ont achevé le travail.

Cela étant fait, elle s'est mise à monter et à descendre sur la pointe des pieds, pour s'assurer qu'il ne bougeait plus. C'était curieux de voir ma mère, une femme adulte, se promener ainsi sur la pointe des pieds comme une gamine jouant à la marelle.

Au bout d'un moment, elle a récupéré le bout de bois qu'elle avait mis de côté. Elle l'a examiné, avant, tout à coup, de l'abattre sur sa main. Puis, comme si cela ne la satisfaisait pas, elle l'a fait claquer sur ses fesses. J'ai alors compris que tout cela ne présageait rien de bon pour moi.

8

Une bonne petite catholique

1968

Être catholique ne consiste pas simplement à se faire baptiser ou à pouvoir fréquenter une bonne école privée ; c'est surtout une manière de vivre. On a un sentiment d'appartenance. Avant notre première communion, nous tous, les élèves de l'école, avons dû aller pour la première fois à confesse. Le but est de se préparer à entrer dans la vie adulte en avouant ses péchés à un prêtre assis dans une sorte de boîte sombre. Il ne vous voit pas et vous ne le voyez pas, mais on s'entend très bien. C'est toujours une bonne idée de confesser ses péchés, sinon ils deviennent un fardeau trop lourd à porter. Ma première confession s'est très bien passée. Je suis entrée dans notre église, je me suis signée avant de me rendre dans le confessionnal. Je me suis agenouillée et, quand j'ai été sûre que le prêtre m'écoutait, j'ai commencé.

— Bénissez-moi, mon père, parce que j'ai péché.

— Dis-moi, mon enfant, quels péchés as-tu commis ?

— Eh bien, mon père, je fais tout le temps pipi au lit. Et il m'arrive de mentir à ma mère en lui disant que je n'ai pas fait exprès. J'ai aussi frappé ma sœur dans le dos et je lui ai dit des gros mots.

— Quels gros mots ?

— Je l'ai traitée de Cul de Bouteille et de Quat'z-yeux.

— Pourquoi Cul de Bouteille ? a voulu savoir le prêtre.

— Parce qu'elle n'y voit rien et que ses lunettes ressemblent à des fonds de bouteille.

— As-tu d'autres péchés à confesser ?

— Oui, je n'aime pas ma mère et je voudrais m'enfuir, mon père.

— Tu dois honorer ton père et ta mère, mon enfant.

— Mon père, je ne peux pas honorer ma mère. Je sais que c'est un péché et que je désobéis à un des dix commandements mais je ne peux pas honorer ma mère parce qu'elle ne m'honore pas.

— Tu dois essayer d'être plus miséricordieuse, plus charitable. Tu en seras récompensée. Y a-t-il d'autres péchés que tu désires confesser ?

— Oui, mon père. Une nuit, j'ai essayé de me suicider mais je n'y suis pas arrivée.

— Sais-tu que les catholiques n'ont pas le droit de s'ôter la vie ?

— Oui, mon père.

— Et sais-tu que tu risques de te voir privée du bonheur éternel ?

— Oui, mon père.

— Et que le Royaume des Cieux te sera fermé ?

— Oui, mon père.

— Alors, je te pardonne pour tous tes péchés. En pénitence, tu réciteras quatre *Je vous salue Marie*.

— Merci, mon père.

J'ai quitté le confessionnal et je suis allée m'asseoir au premier rang, le plus près possible de Dieu, pour réciter mes quatre *Je vous salue Marie*.

Cela se passait quelques semaines à peine avant ma première communion. J'avais si hâte d'y être. Ce serait la seule et unique fois où je serais tout habillée de blanc, avec une robe, un voile, des chaussures et des gants tout blancs. Nous étions nombreux, garçons et filles confondus, à devoir la faire en même temps. J'avais adoré celle de mes sœurs. On aurait dit qu'elles se mariaient, sauf que leurs robes s'arrêtaient aux genoux au lieu de descendre jusqu'au sol. À l'école, c'était l'événement de l'année et nous nous étions beaucoup entraînés. Nous étions tous impatients d'entrer dans notre vie de catholique adulte. Depuis deux mois, nous allions à la messe tous les dimanches, et à l'église le vendredi depuis toujours. Nous connaissions notre catéchisme par cœur, grâce aux cours spéciaux et obligatoires.

Mes sœurs avaient toutes les deux eu droit à une robe splendide qui était, en fait, la même, Patsy ayant hérité de celle de Quat'z-yeux. Notre mère l'avait conservée avec soin dans une grande housse en plastique. Brodée de soie et de dentelle, elle possédait au moins sept couches de taffetas et de jupons, et on avait encore ajouté de la dentelle à la taille pour qu'elle tombe parfaitement. On aurait dit la robe de bal de Cendrillon. De petites roses pâles étaient cousues sur le corsage. Les manches, courtes et bouffantes, se fermaient par du ruban blanc. Devant, la double rangée de boutons servait juste à décorer et ils étaient du plus beau blanc nacré qu'il m'ait été donné de voir. Ils étaient insérés entre deux lignes brodées de fil de soie brillant.

Le voile valait le détour lui aussi. Il couvrait toute la tête et était maintenu par un joli diadème en argent orné de pierres blanches. Un motif délicat en forme de huit courait tout le long du bord. Les chaussettes blanches se terminaient par une bande de dentelle large de quatre centimètres. Les chaussures à lanières avaient de tout petits talons. Oui, c'était une tenue idéale pour la cérémonie. Les mères pleuraient en voyant leurs filles remonter l'allée. Les pères les couvaient d'un regard fier.

Et maintenant, c'était mon tour. Dans moins d'une semaine, je ferais ma première communion. Les répétitions du défilé à l'école s'étaient très bien passées. Comme toutes les filles de ma classe, j'étais heureuse et excitée. J'ai demandé à ma mère comment je serais habillée : les chaussures de mes sœurs risquaient de ne pas être à la bonne taille et, d'ailleurs, j'ignorais si elles les avaient gardées. Elle m'a répondu d'aller voir ailleurs si elle y était.

Environ quatre jours avant la cérémonie, je suis allée la trouver dans le salon, où elle buvait du thé à la menthe.

— Cette semaine, c'est ma première communion.

— Et alors ?

— Il me faut une robe blanche.

— Et alors ?

— Eh bien, il me faut une robe et puis aussi des chaussettes, des chaussures et un voile. J'ai déjà les gants.

— Et alors ?

— Je me disais que si je préparais ma robe un peu en avance, ce serait plus pratique.

— Et alors ?

— Eh bien, est-ce que je peux essayer la robe pour être sûre qu'elle me va ?

— Pas la peine.

— Et si elle n'est pas à ma taille ?

— Elle est à ta taille.

— Je n'ai pas de voile.

— Moi, j'en ai un.

— Celui de Pauline et Patsy ?

— J'ai un voile, je te dis.

— Maman, je n'ai pas de chaussures.

— Vraiment ?

— Oui, et je n'ai pas de chaussettes, non plus.

— Il doit bien y en avoir qui traînent quelque part. Je suis sûre que tu peux te trouver une paire blanche.

— Mais il me faut une paire neuve.

— Vraiment ?

— Maman, est-ce que je peux essayer ma robe ?

— Va-t'en. Ouste... Dehors.

— Je veux juste essayer ma robe. Pour être sûre qu'elle me va.

— Elle te va. Je te l'ai déjà dit.

— Mais tant que je ne l'aurai pas essayée, je n'en serai pas sûre.

— Elle te va. Maintenant, dehors.

— Quand pourrai-je acheter mes chaussures neuves ?

— Tu commences à me taper sur les nerfs... Va-t'en.

—Est-ce que tu viendras à ma première communion ?

—Ne sois pas idiote.

—Alors, qu'est-ce que je dois faire maintenant ?

—Des tas de choses. Pour commencer, tu peux t'en aller. À t'entendre, on croirait que Dieu en personne va communier avec toi. Avec toi ! Tu es si laide. Tu t'es regardée dans un miroir ces derniers temps ? Regarde ces lèvres. Personne dans ma famille n'a des lèvres pareilles. Dunlop... le pneu qui colle à la route en toutes circonstances. Dieu que tu es laide, avec ta bouche en caoutchouc. Eh bien, j'en ai marre que tu te colles à moi comme ça. Des ventouses pareilles, tu devrais plutôt les utiliser pour déboucher les éviers. Maintenant, hors de ma vue et que je n'aie pas à te le répéter.

Je suis allée raconter à Pauline ce qui s'était passé.

—Ne t'inquiète pas, a dit ma sœur. Elle n'a sûrement pas jeté notre robe de communion. Elle peut encore faire usage et ça lui coûterait une fortune d'en racheter une neuve à chaque fois.

Je n'ai pas insisté. De toute manière, je ne pouvais pas faire grand-chose. Le soir avant de me coucher, je me suis privée de boire mais cela n'a servi à rien. J'ai quand même mouillé mon lit. Peut-être à cause de l'angoisse pour ma communion. L'alarme s'est déclenchée à quatre reprises cette nuit-là, mais je jure devant Dieu que je n'ai pas fait pipi quatre fois. La première, j'étais réveillée et c'est la sonnerie qui m'a fait prendre conscience que j'étais en train d'uriner. J'ai bondi hors du lit, jeté les couvertures par terre et enlevé les draps. Ça n'a pas arrêté le vacarme. Alors, j'ai retiré l'alèse et j'ai cogné sur le boîtier. Silence, enfin. J'ai attendu, le cœur battant. Pas de bruit de pas dans l'escalier. J'avais trop peur de devoir expliquer à ma mère que j'avais mouillé mon lit avant même de m'être endormie.

La maison restait silencieuse. Mes sœurs étaient quelque part en haut, ma mère était en bas et moi j'étais coincée ici. J'ai refait mon lit en repliant le drap de façon à ce que le coin trempé ne touche pas les contacts du système d'alarme. J'en ai fait autant avec l'alèse. Ce n'était pas si mal. Je me suis recouchée.

Le lendemain, j'avais école. Je me suis levée de bonne heure et mes sœurs et moi avons fait le trajet ensemble. Ça ne se passait pas trop mal en classe. Mes professeurs trouvaient que j'avais du potentiel mais que je ne l'exploitais pas assez, sans doute par paresse. J'avais toujours une bonne excuse.

— Oh, madame, je suis désolée pour les devoirs... Je n'ai pas eu le temps. J'ai dû faire la vaisselle, laver les draps, balayer l'escalier et ensuite il fallait peler les pommes de terre...

Toutes sortes de prétextes qui étaient toujours vrais... mais dont elle pensait qu'ils étaient le fruit de mon imagination afin de justifier le fait que je ne rendais jamais mon travail à temps. Clare est certes capable d'inventer de belles histoires où il est souvent question de détergent, de gants de caoutchouc et d'une serpillière, mais elle ferait mieux de se concentrer sur ses devoirs et rien que ses devoirs.

Deux jours avant ma première communion, nous avons fait une dernière répétition. Nous nous sommes rendus en rang par deux et en grande tenue, pour ceux qui l'avaient déjà, depuis l'école jusqu'à l'église voisine. Je n'avais toujours pas vu ma robe, ni aucun des autres accessoires nécessaires. Je suis allée trouver ma mère, encore une fois au salon.

— Tu crois que je pourrais avoir ma robe demain ? J'aimerais bien pouvoir l'essayer au moins un jour avant ma communion.

Sans un mot, elle m'a montré la penderie. À l'intérieur, parmi tous les autres vêtements, se trouvait la housse contenant le voile et une robe. Par terre, il y avait aussi une paire de chaussures blanches, plates, avec des lanières et une boucle, dans lesquelles étaient enfoncés des chaussettes et des gants blancs.

— Je vais les essayer, ai-je dit.

— Non. Tu les essaieras le moment venu.

J'ai remis le tout à sa place avant de remercier ma mère et d'aller faire mes devoirs.

Le lendemain, je suis donc allée chercher ma tenue, que j'ai rapportée dans ma chambre. Ouf, les chaussures étaient à ma taille, tout comme les chaussettes. J'ai retiré la housse. À la différence des chaussures et du voile, je n'ai pas reconnu la robe. Avec ses manches à festons, elle était assez jolie… à un détail près : elle n'était pas blanche du tout. Le tissu était décoloré comme après un passage à la machine avec des vêtements d'une autre teinte.

Les jupons étaient grisâtres, et les roses brodées sur le corsage toutes écrasées et défraîchies. Il y avait une énorme tache circulaire dans le dos comme si quelqu'un s'était assis dans une mare, ou bien avait fait pipi dedans. Les ourlets s'effilochaient.

Je l'ai quand même essayée. Au niveau du corsage, cela allait, mais elle était beaucoup trop longue. Quand j'ai mis le voile, c'était encore pire : contrairement à la robe, il était blanc. Quant aux jupons, ils avaient perdu leur forme : là où ils auraient dû donner un aspect un peu bouffant, ils étaient tout plats. Je suis montée voir mes sœurs. Quand elles m'ont vue, elles en sont restées bouche bée.

— Où tu as eu ça ? a demandé Pauline.

— C'est ma robe de première communiante.

— Mais où l'as-tu trouvée ?

— Dans la garde-robe de maman.

— Et elle, où l'a-t-elle trouvée ?

— Elle ne l'a pas dit.

— Elle a dû la dénicher dans une vente de charité, a fait Pauline. Tu ne vas quand même pas porter ça pour ta première communion ? Demande-lui notre robe.

Gardant la robe et le voile sur moi, je suis descendue dans la chambre de ma mère. J'ai toqué à la porte et, quand elle a répondu, je suis entrée avec le voile toujours baissé.

— Maman, je crois que tu m'as donné la mauvaise robe.

J'ai tourné sur moi-même pour qu'elle s'en rende compte.

— Je ne crois pas, non.

— Ce n'est pas la robe de Pauline et Patsy.

— Qui a dit que c'était celle-là ? C'est ta robe, pas la leur.

— Mais elle est toute tachée. Et elle n'est pas blanche. Regarde.

Ma mère a regardé.

— Elle n'est pas tachée et elle est juste un peu décolorée. Ça ira.

— Pourquoi ne puis-je pas porter la robe de Pauline et Patsy ?

— Parce que ce n'est pas la tienne.

— Mais ce n'est pas une robe neuve. D'où vient-elle ?

— D'une friperie.

— Pourquoi d'une friperie ?

— Parce que tu avais besoin d'une robe.

— Mais il me faut une robe blanche et celle-ci n'est pas blanche.

— Bah, personne ne verra la différence.

— Je ne peux pas y aller avec cette robe.

— C'est la seule que tu as, alors tu n'as pas le choix.

— Où est l'autre robe ?

— Ce n'est pas ta robe.

— Il y a une tache jaune dans le dos, comme si on avait fait pipi dedans.

— Peut-être que la précédente propriétaire avait le même problème que toi. Maintenant, si tu as terminé, j'ai à faire.

Je suis retournée voir mes sœurs, qui m'attendaient.

— Maman l'a achetée dans une friperie. Je dois la porter demain.

Elles n'ont fait aucun commentaire. J'ai enlevé la robe et le voile et je les ai rangés dans mon armoire. Puis je suis allée me coucher. Je ne sais si c'est la peur ou l'excitation, mais l'alarme s'est déclenchée.

Le grand jour, je me suis levée très tôt, j'ai fait ma toilette, je me suis lavé les dents et je me suis peignée. J'ai enfilé ma robe grise, mes chaussettes, mes chaussures, mon voile et mes gants blancs. Mon livre de prière se trouvait déjà dans mon petit sac blanc. Mes sœurs et moi sommes allées à l'école en bus. À notre arrivée, nous nous sommes rendues dans la grande salle de réunion pour attendre les autres communiants. Je me suis assise près de la fenêtre, honteuse de ma tenue. Je m'étais débrouillée pour que le voile en recouvre la plus grande partie.

— Salut, Clare, a dit Anne.

— Salut, Anne, ai-je répondu sans lever les yeux.

— C'est une drôle de robe que tu as là.

— Oui.

— Et c'est une drôle de couleur, aussi.

— Elle est blanche.

— Oui, mais c'est pas le même blanc que la mienne.

Je n'ai pas bronché. Et je n'ai pas bougé non plus. Inutile de me promener et de m'exposer au regard de tous. Finalement, on nous a demandé de nous mettre en rang pour nous rendre à l'église. Nous nous sommes rassemblés par paire et le cortège est parti. J'avais l'impression d'être la Princesse nue – tout le monde m'observait. À l'église, nous avons pris nos places aux premiers rangs. Toutes les mamans et tous les papas étaient présents. Mes sœurs étaient bien là mais pas ma mère. Elle était occupée ailleurs. Durant le service, j'ai plus pensé à mon horrible robe qu'à Dieu. Nous sommes tous retournés à l'école où nous attendaient des sandwichs et du jus d'orange. Tout le monde était heureux : les enfants riaient et se félicitaient les uns les autres et moi, je restais seule dans mon coin.

De retour à la maison, je suis montée me changer dans ma chambre. J'ai remis la robe et le voile dans la housse et je suis allée les rendre.

— Maman, que veux-tu que j'en fasse ?

— Tu n'as qu'à les jeter là.

— Tu ne veux pas que je les range dans la penderie ?

— Non, jette ça là, a-t-elle répété. Je m'en occuperai plus tard.

Me demandant si j'avais bien entendu, j'ai hésité. Alors, elle m'a arraché la robe des mains et l'a jetée par terre.

— J'ai passé une belle journée aujourd'hui, ai-je dit.

— Vraiment ? Ferme la porte en sortant, tu veux bien ?

— J'ai fait ma première communion.

— Sans blague, a-t-elle fait, sarcastique. Maintenant… ouste, du balai.

— C'est dommage que tu n'aies pas pu venir.

— Dehors.

Je suis sortie.

9

J'en appelle à la loi

1969

À cette époque, vers douze ans à peu près, mes rapports avec Eastman étaient abominables. Au cours d'une dispute, il m'a cognée et je lui ai rendu son coup. Alors, il a voulu m'attraper mais je l'ai frappé au ventre avant d'écraser mon talon sur son énorme pied. Quand il s'est mis à me pourchasser, ma mère a jugé bon de l'aider. Ils m'ont retrouvée dans ma chambre. Il m'a donné deux coups de ceinture au visage et un coup de poing. La ceinture avait une grosse boucle en bronze.

Au moment où il la levait pour recommencer, ma mère est intervenue :

— Non, pas au visage, Eastman, pas au visage. Tu veux que la police débarque ? Seigneur Dieu. J'vais me retrouver en prison. Pas au visage, Eastman… Tu comprends ce que j'te dis ? Tu veux aller en taule ? C'est ça que tu veux ? Compte pas sur moi pour t'accompagner.

Elle lui a pris la ceinture des mains et, de dépit, il m'a flanqué un coup de pied dans la jambe. Puis ils sont partis.

L'école, c'était bien. Pas la maison. Un soir en rentrant, j'avais fait le ménage un peu partout et je m'étais à nouveau disputée avec Eastman. Un peu plus tard, comme il passait près de moi dans la cuisine, j'ai marmonné :

— Espèce d'idiot.

Il m'a entendue et m'a cognée dans le dos. Je me suis retournée et j'ai riposté. Alors, il a crié pour appeler ma mère et, quand elle est arrivée, il lui a raconté sa version. Elle ne m'a pas demandé la mienne. Elle m'a boxé les oreilles et les bras.

— Petite garce, quand vas-tu apprendre à te taire ? Ignore-la, Eastman. Elle va t'attirer des ennuis, cette gosse... Laisse-la tranquille.

Là-dessus, elle a quitté la cuisine, nous laissant face à face.

— Oui, j'ai dit. Laisse-moi donc tranquille, espèce d'abruti. Tu es tellement bête que tu ne sais même pas lire.

Il est venu vers moi.

— Quoi ? Quoi ? Qu'est-ce que t'as dit ? Vas-y, répète, la négresse. Tu m'prends pour ton père ? Espèce de raclure de chiottes !

— S'il y a une raclure ici, c'est toi ! Regarde-toi ! Un adulte qui ne sait même pas lire son propre nom. Tu es un abruti et un idiot.

— Tu me traites d'idiot ? a-t-il demandé en retirant sa cigarette de sa bouche. Tu me traites d'idiot ?

— Non, Eastman, je t'ai traité d'idiot et d'abruti.

J'étais face à lui, les deux mains posées sur la table.

— Alors, je suis un idiot, hein ? D'accord, on va voir qui de nous deux est idiot.

Et, là-dessus, il a écrasé sa cigarette allumée sur ma main droite.

— Alors, c'est qui l'idiote maintenant ?

Je lui ai donné un coup de poing et je suis allée trouver ma mère au salon.

— Maman, regarde ce qu'il m'a fait. Il m'a écrasé sa cigarette sur la main.

Je lui ai montré la brûlure. Maintenant, la chair était à vif et saignait.

— Enlève-moi ça de là et dégage, a-t-elle dit.

— Mais il m'a écrasé sa cigarette sur la main !

— Tu entends quand on te parle ? Enlève-moi cette main de sous le nez. Et sors d'ici. T'as encore pissé au lit cette nuit, sale garce ! Hors de ma vue.

Ensuite, elle s'est mise à crier :

— P, P... Viens vite, P.

Pauline est arrivée en courant.

— Oui, maman ?

— Prépare-moi un peu de thé à la menthe, ma chérie, j'ai des brûlures d'estomac.

— Oui, maman.

Pauline est montée faire le thé. J'attendais toujours une réaction de ma mère.

— Eh bien, que vas-tu faire ? Regarde ma main.

Lentement, elle s'est levée, est venue vers moi, m'a poussée dehors et a fermé la porte.

— Alors, c'est qui l'idiote, maintenant ? a fait Eastman, qui attendait dans le couloir. T'imaginais quoi, petite garce ? Que ta mère allait me taper dessus ?

— Eastman, et si tu essayais d'aller lire un livre ?

Quelque temps plus tard, j'ai rapporté l'affaire à mon père et je lui ai montré ma main. Il a dit qu'il allait s'en occuper mais je ne suis pas certaine qu'il ait fait grand-chose. Quand la croûte couvrant la plaie est tombée, elle a laissé une petite cicatrice circulaire plus brillante que la peau autour. C'était un rappel permanent de la présence d'Eastman dans la maison.

Après cet épisode, l'atmosphère est devenue très hostile. Nous nous affrontions en permanence et ma mère prenait toujours parti pour lui. Ça ne servait à rien d'aller lui raconter ce qu'il me faisait. Elle ne voulait jamais rien savoir.

Mon incontinence était incontrôlable et les coups n'arrangeaient rien. Souvent, ma mère conservait mes affaires mouillées dans des sacs en plastique qu'elle fermait avec soin afin qu'elles restent trempées. Elle attendait un ou deux jours avant de s'en servir pour refaire mon lit. Je dormais désormais la fenêtre ouverte pour que mes draps sèchent au moins un tout petit peu pendant la nuit. Parfois, je me glissais en cachette dans sa chambre pour percer des trous dans les sacs plastique avec l'espoir, toujours déçu, que l'humidité s'échappe. La vie continuait.

Un jour, ça a vraiment dégénéré. Eastman et moi, nous étions en train de nous battre devant la fenêtre au rez-de-chaussée quand, me saisissant par le menton, il a défoncé la vitre avec ma tête.

Ma mère s'est figée avant de hurler.

— Seigneur Dieu, Eastman, qu'est-ce que t'as fait ?

Baissant son poing, il a reculé.

—Doux Jésus, qu'a fait Eastman? Bon Dieu, Eastman, qu'est-ce que t'as fait?

Un peu hébétée, j'ai commencé à enlever quelques éclats de verre de mes cheveux. J'avais du sang plein les doigts. Eastman était paniqué. Ma mère l'a traîné hors de la pièce. Pendant qu'elle le réconfortait, j'ai pris mon manteau pour foncer chez mon père. Les deux yeux enflés et le front couvert de sang, j'ai marché de Sutherland Square au 215 Camberwell New Road. Mon père n'était pas là, mais un de ses locataires m'a conduite au 41 Offley Road. Le sang ruisselait sur mon visage et j'avais encore des bouts de verre sur la tête. Dès qu'il m'a vue, George est descendu à la cave chercher sa hache. Il l'a mise dans la voiture en me demandant ce qui s'était passé. Je lui ai raconté qu'Eastman et moi nous étions disputés et qu'il m'avait fait traverser une vitre. Ensuite, je lui ai dit que je me chargerais de régler ça le lendemain et qu'il ne fallait pas qu'il s'en mêle. J'ai dormi chez lui cette nuit-là.

Le matin suivant, je lui ai demandé de me conduire au tribunal de Camberwell Green. Une fois arrivée, je suis montée au premier étage. La pancarte sur la porte vitrée annonçait: *Renseignements.* J'ai appuyé sur une sonnette et une femme est venue.

—Bonjour, que puis-je faire pour toi?

—Mon beau-père n'arrête pas de me brutaliser et je voulais savoir si vous pouvez faire quelque chose.

—Quand t'a-t-il maltraitée pour la dernière fois?

—Hier... C'était hier.

— Oh, bien… Dans ce cas, nous sommes dans les temps. Tu peux engager des poursuites en tant que partie civile. Je vais chercher les formulaires.

Elle a disparu avant de revenir avec les documents appropriés qu'elle m'a aidée à remplir. Je ne me rappelle plus si j'ai payé quelque chose, mais je sais que j'ai signé des tas de papiers. Personne ne m'a demandé où était mon beau-père, ou ma mère.

— Et voilà, a-t-elle dit. Il va recevoir une injonction sous sept jours et vous devrez tous les deux vous présenter devant la cour, à la date qui sera précisée sur la convocation. Là, tu pourras tout raconter au juge d'instance.

J'ai quitté le tribunal et je suis rentrée chez moi. Je n'ai pas dit à mon père ce que j'avais fait.

Les sept jours sont vite passés et la lettre est arrivée. Eastman ne sachant pas lire, c'est ma mère qui l'a ouverte.

— Oh Seigneur Dieu, oh Seigneur Jésus, Eastman. Clare t'envoie devant le tribunal. Pour coups et blessures. Jésus, c'est quoi cette merde ?

— Quoi ? Quoi ? Elle m'envoie au tribunal pour coups et blessures ? Coups et blessures ! Carmen, est-ce que tu m'as vu la blesser ? C'est plutôt elle qui m'a blessé ! Attends, elle m'a écrasé mon cor au pied.

Ils se sont tous les deux précipités dans ma chambre, ma mère agitant la lettre et lui faisant semblant de lire par-dessus son épaule.

— Eastman et toi, vous allez passer au tribunal, a dit ma mère.

— Tu sais, s'est-il écrié, depuis combien de temps je vis dans ce pays ? Et jamais, jamais, je suis allé au tribunal et maintenant faut que j'y aille à cause de toi. Tu m'envoies devant la justice de ce pays.

— Seigneur Dieu, a répété ma mère. Eastman va aller en prison.

— J'irai pas en prison. Et j'irai pas devant ce tribunal. Ça non, a-t-il dit en frissonnant.

— Qu'est-ce que tu vas faire, Eastman ? ai-je demandé. Défoncer une autre fenêtre avec ma tête ? Garde tes excuses pour le juge mais je te jure que si tu me touches encore une fois, je raconterai tout. Alors, vas-y, fais-moi ce que tu veux.

— Salope, a-t-il lancé en s'avançant vers moi.

— Eastman, est intervenue ma mère, ne la touche pas. Tu vas t'attirer des ennuis. Laisse-la.

J'étais trop remontée pour ne pas le provoquer.

— Vas-y, Eastman, vas-y, frappe-moi. Pourquoi tu me frappes pas ? Ça fera juste un petit truc en plus que j'aurai à leur dire.

Ma mère l'a fait sortir de la chambre. Pendant cette période où nous attendions de passer en justice, ni l'un ni l'autre ne m'ont ennuyée.

Un mercredi matin, j'ai revêtu mon uniforme d'école pour me présenter devant la cour. Mon père m'attendait dehors. Il était venu me chercher. Mes sœurs lui avaient dit ce qu'il se passait.

— Tu vas bien, Clare ?

— Oui, je vais bien et je ne veux pas que tu viennes.

Si ma mère commençait à s'imaginer que j'avais fomenté cette histoire avec lui, je risquais de très gros ennuis. Non, tout cela était strictement entre Eastman et moi.

J'attendais dans le couloir devant la salle d'audience quand l'affaire a été appelée.

— Briscoe contre Eastman, a déclaré l'huissier.

Je suis entrée. Eastman est apparu par une autre porte sur la gauche. Ma mère l'accompagnait. Je me suis avancée à la barre des témoins. Le juge était un petit homme corpulent au visage rougeaud, avec une raie interminable dans les cheveux. En tant que plaignante, m'a-t-il dit, c'était à moi de lui parler de cette affaire. J'ai expliqué qui j'étais et qu'Eastman était mon beau-père. J'ai montré la cicatrice de brûlure sur ma main avant de raconter comment, une autre fois, il m'avait cognée à coups de poing et m'avait fait passer la tête à travers une vitre.

— Que voudrais-tu ? a demandé le juge.

— Je voudrais qu'il arrête. Je n'en peux plus, monsieur. Je veux juste qu'il arrête.

— Rien d'autre ?

— Non, monsieur, mais j'aimerais bien aller dans un foyer.

— Une chose à la fois. Monsieur Garfield Saint Clements Eastman… qu'avez-vous à répondre ?

Il a prétendu que, si j'étais passée à travers la fenêtre, c'était par accident.

— Et qu'avez-vous à dire à propos des autres agressions ? a demandé le juge.

— Comment ça, des autres agressions ? Monsieur le juge, je l'ai jamais agressée.

— Monsieur Eastman, voilà ce qui va se passer. Je vais vous contraindre à faire preuve de bonne conduite pendant les douze prochains mois. Ccla signifie que si, pendant cette période, vous posez une seule fois la main sur Mlle Briscoe, je vous envoie en prison. Me suis-je bien fait comprendre ?

— Oui, monsieur le juge.

— Et je fixe à deux cents livres l'indemnité de garantie. Cela vous convient ?

— Ben... j'ai pas d'argent sur moi.

— Ne vous inquiétez pas pour cela. Vous ne perdrez cette somme que si vous commettez une infraction au cours de cette période. Maintenant, rentrez chez vous, Monsieur Garfield Saint Clements Eastman et, rappelez-vous, ne la touchez pas. Vous pourrez disposer tous les deux dès que vous aurez signé le registre.

Nous avons quitté le tribunal, moi seule et ma mère au bras d'Eastman. J'ai retrouvé mon père dehors, il m'attendait dans sa Capri. Je lui ai annoncé la décision du juge.

Plus de coups pendant douze mois ! J'étais libre, enfin. George m'a accompagnée à l'école. Je suis arrivée en retard mais, cette fois, j'avais vraiment une bonne excuse. Au déjeuner, nous avons eu du poisson, des pommes de terre et des petits pois. C'était une journée vraiment excellente.

Si la menace de la prison terrifiait Eastman, ma mère s'inquiétait surtout de ce qu'allaient penser mes tantes Ina et Josephine. Quelle honte s'il s'avérait qu'elle avait permis à son homme de prendre des libertés avec moi. Et pire encore si elles l'apprenaient en lisant le journal local, le *South London Press*.

De mon côté, j'ai tout raconté à Mary.

Un jour ou deux après, mes tantes sont passées nous voir. Avant même d'ouvrir, j'ai reconnu la voix snob de Josephine de l'autre côté de la porte.

— Oh, Seigneur, soupirait-elle, j'ai bien peur que ce soit encore la pagaille dans cette maison.

— Tu ne devrais pas parler ainsi, a dit Ina. Dieu nous envoie à tous des épreuves. Carmen n'a pas choisi les siennes.

— Franchement, elle s'y prend mal. J'espère que nous n'avons pas fait tout ce chemin pour rien.

J'ai renoncé à leur ouvrir. Sans bruit, je suis retournée me cacher au fond du couloir. Elles ont encore frappé et je n'ai pas bougé. Je ne les aimais pas trop. Ina était trop bigote et Josephine s'imaginait que le monde lui appartenait.

— Qui est là ? a demandé Eastman, venant enfin voir de quoi il retournait.

Pas de réponse.

— Qui est là ? Parlez ou vous ne mettrez pas les pieds dans cette maison. Qui est là ? Répondez.

— Oh, Eastman, mon chou, c'est Jo et Ina.

Il a ouvert pendant que ma mère apparaissait sur le seuil du salon.

— C'est vous ? a-t-il dit.

— Bonjour, Eastman. Oui, c'est nous et c'est bien toi, aussi, a répondu Josephine.

— Que Dieu soit avec toi, Eastman, a déclaré Ina. Et toi avec Lui.

Il s'est écarté pour les laisser passer, révélant mes tantes au regard de ma mère.

— Nouvelle perruque, a-t-elle commenté en dévisageant Josephine.

Cette dernière en avait toute une collection et se croyait toujours très élégante. Aujourd'hui, elle était en Greta Garbo.

— Oh, c'est un petit quelque chose que j'ai déniché.

Elle a chassé une mèche d'une pichenette tout en battant des cils : ils étaient faux et couverts de paillettes. Pour le reste, elle portait un chemisier aux couleurs criardes avec une grosse fleur en plastique, des boucles d'oreilles, une jupe plissée blanche et des escarpins dorés à talons aiguilles. Derniers ingrédients de ce cocktail : un immense chapeau de paille et le rouge à lèvres rose assorti aux faux ongles.

— Bonjour, Carmen, comment vas-tu ? a-t-elle demandé.

— Laisse-moi te regarder, a dit ma mère, émerveillée. Entre, toi aussi, Ina. Comment va Dieu ?

— Il règne au paradis, a répondu Ina.

Ina passait trop de temps à l'église, alors qu'elle aurait mieux fait d'être chez elle à s'occuper de ses enfants. Elle préférait vivre dans la maison du Seigneur que dans la sienne. Malgré le fait qu'elle n'avait jamais été mariée, elle avait quatre gosses à qui elle ne permettait pas de venir jouer avec nous car nous étions des pécheurs. Ma mère disait que, question péchés, elle en connaissait un rayon.

— Que Dieu soit avec toi, Carmen, a ajouté Ina.

— C'est vrai ? a fait ma mère en éclatant de rire. Je croyais qu'Il était toujours avec toi.

Ina était une femme imposante avec une peau couleur moutarde et des cheveux coupés court à l'afro. Elle ne portait aucun maquillage, ne se faisait pas les sourcils et n'utilisait pas de rouge à lèvres car nul ne devait falsifier l'œuvre du Seigneur. Comme elle le disait souvent, elle se montrait telle qu'elle était : une enfant naturelle de Dieu.

— Attends, Ina, qu'est-ce que t'as dans ton sac ? a demandé Eastman. Ce serait pas Dieu que t'aurais amené avec toi, des fois ?

— Je vais te pardonner, Eastman, car je sais que tu es idiot, a répondu Ina.

— Oh, Carmen, laisse-moi m'asseoir, je ne supporte plus ces talons, a dit Josephine.

Elle a entrepris de défaire les boucles qui fermaient ses chaussures.

— Où trouves-tu le temps de te faire les ongles des pieds ? s'est enquise ma mère.

— Ma petite Carmen, une fille se doit de toujours être impeccable.

Elle tripotait ses boucles avec des gestes curieusement empruntés, si bien qu'au bout d'un moment, ma mère lui a demandé ce qu'il se passait.

— Je n'arrive pas à les défaire.

— Tu as peur de t'abîmer les ongles ?

— Je les ai collés hier soir et ils sont trop longs. Tu n'aurais pas une lime ? Ce serait trop bête d'en perdre un.

Elle a montré ses mains. Les ongles étaient rose perle et dépassaient ses doigts d'environ trois centimètres.

— Tu veux dire que tu t'es vraiment collé ces machins sur tes vrais ongles ? Tu es folle ?

— Une fille se doit de toujours être impeccable.

— Attends, est intervenu Eastman, et comment tu fais pour le ménage ?

— Méfie-toi des faux dieux, a renchéri Ina.

— Si tu n'arrives pas à enlever tes chaussures, a dit ma mère, tu n'as qu'à les garder.

— Les voies du Seigneur sont impénétrables, a déclaré Ina. Donne-Lui ton cœur. Il accueille tout le monde en Sa demeure, même ceux qui vont pieds nus et sans vernis à ongles. Bénis soient les humbles car le Royaume des Cieux leur est promis.

— Ina, a dit ma mère, viens prendre une tasse de thé.

Ils se sont installés au salon. Dès que la porte a été fermée, je suis remontée en vitesse dans ma chambre. On n'a pas tardé à m'appeler pour saluer nos visiteuses.

— Bonjour, Clare, comment vas-tu ? a demandé Josephine.

— Bien, merci.

— Comment ça va à l'école ?

— Bien, merci, Josephine.

— Mon cœur, comme tu as grandi. Viens… Viens ici que je te regarde.

Je me suis avancée au milieu de la pièce.

— Va préparer du thé, a ordonné ma mère.

— Viens, que je te voie moi aussi… Viens.

Ina m'a tirée vers elle et s'est mise à me toucher partout, me palpant les mollets, me tâtant les bras et me tripotant les poignets.

— Tu sais que les voies du Seigneur sont impénétrables.

— Pas tant que ça, a rétorqué Eastman. On voit bien ce qu'Il a fait de toi : une cinglée.

— Clare, accepte Dieu en toi. Est-Il dans ton cœur ?

— Je ne sais pas si Dieu est dans mon cœur.

— Laisse cette gosse, est intervenue ma mère, si tu veux du thé.

Du menton, elle m'a indiqué le service en fausse nacre orange. J'ai sorti quatre tasses et soucoupes, le pot à lait et la théière. Puis j'ai ouvert les rideaux qui cachaient la pièce du fond. Devant la porte-fenêtre, j'ai récupéré une boîte de lait et un sac de sucre ouvert. Je suis allée dans la cuisine préparer un bon thé bien fort. J'ai disposé le tout sur le plateau en argent destiné aux invités de marque et je suis retournée dans le salon.

— Mon cœur, a dit Ina, est-ce que tu vas à l'église ?

— Bien sûr qu'elle va à l'église, a aboyé ma mère. Quoi… Tu t'imagines que tu es la seule ici à croire en Dieu ?

— C'est une pécheresse, Carmen.

— C'est toi, la pécheresse, Ina. Tu as quatre mioches et pas le moindre père à l'horizon. Quatre ! Nous sommes tous des pécheurs, Ina.

— Aimerais-tu venir dans mon église ? m'a demandé Ina comme si elle ne l'avait pas entendue.

— Oui, bien sûr.

Josephine se mettait du rouge à lèvres, en s'examinant dans un miroir de poche.

— Voilà, c'est mieux, a-t-elle dit. Oh, Carmen, ma fille, j'ai trop mal aux pieds.

— Eh bien, enlève tes chaussures, Josephine. C'est quoi, ton problème ?

J'ai commencé le service.

— Du thé, Ina ?

— Oui, mon enfant. Bénis soient les assoiffés car j'étancherai leur soif.

— Du sucre, Ina ?

— Oui, mon enfant… Trois cuillères.

J'ai donc versé trois cuillères de sucre dans sa tasse avant de la lui donner.

— Merci, mon enfant. Dieu te récompensera au paradis.

— Du sucre, Josephine ?

Elle en voulait. Au moment où je me suis baissée pour la servir, quelque chose a volé près de ma tête et Josephine s'est mise à hurler.

— Oh non, non, qu'est-ce que j'ai fait, qu'est-ce que j'ai fait ?

Ma mère a sursauté et Ina s'est signée.

— Qu'y a-t-il ? se sont-elles exclamées en chœur.

Pliée sur sa chaise, Josephine semblait au plus mal.

— Tu veux qu'on appelle le docteur ? a demandé ma mère.

Ina s'est levée pour lui toucher le front.

— Tu veux du sucre, Josephine ? ai-je répété.

— Oh, Seigneur ! a-t-elle répondu.

— Ne prononce pas Son nom en vain, a dit Ina.

Josephine s'est redressée, un doigt pointé droit devant elle.

— Oh non. Je ne peux pas le croire.

Le doigt avait perdu son faux ongle. Celui-ci avait disparu pendant qu'elle tentait d'enlever sa chaussure.

— Regardez ! a-t-elle hurlé. Pour l'amour de Dieu, que personne ne bouge !

— Je crois qu'il vient de me passer au-dessus de la tête, ai-je dit.

Ma mère, saisissant l'ampleur du problème, a demandé à Josephine de reposer sa tasse en fausse nacre.

— Ne va pas la rayer, a-t-elle ajouté.

— Quoi ?

— Ne raye pas ma tasse. Repose-la.

Elle a voulu la lui enlever des mains.

— Ne bouge pas, a ordonné Josephine. Fais attention à mon ongle !

— Méfie-toi des faux dieux, a dit Ina.

— Tu ne veux pas de sucre ? ai-je demandé à nouveau.

— Ne bougez pas ! a gémi Josephine. Que personne ne bouge !

Je n'ai pas bougé. Elle brandissait toujours son doigt et tenait toujours sa tasse.

— Pose-la, a répété ma mère. Pose-la.

— Carmen, tu as perdu la tête ?

— Je ne veux pas que tu rayes ma tasse avec tes faux ongles.

— Que personne ne bouge. Clare, ma chérie, a dit Josephine en tendant son appendice mutilé dans ma direction, tu crois que tu pourrais le retrouver ?

— Bien sûr, ai-je répondu.

Je me suis agenouillée pour tâter la moquette. Aucun signe de l'ongle.

— Il est peut-être allé derrière le canapé.

J'ai donc rampé derrière le meuble sans cesser de palper le sol. Quand je suis ressortie de l'autre côté, je n'avais toujours pas d'ongle. J'ai continué à inspecter, à quatre pattes, la moquette autour de la table en verre.

— Mesdames, a dit Josephine, levez les jambes, s'il vous plaît.

Ina a regardé Eastman qui a regardé ma mère qui s'est exclamée :

— C'est un monde de malades.

Ils ont donc tous reposé leurs tasses sur la table avant de se rasseoir, les jambes en l'air. J'ai rampé autour de la table et sous leurs pieds. Rien.

Ina s'est mise à prier.

— Méfie-toi des pécheurs, car beaucoup, beaucoup viendront en se réclamant de Moi. Heureux soient les débonnaires...

Ses yeux roulaient dans leurs orbites et, comme les autres, elle avait toujours les pieds en l'air.

— Ina... a commencé ma mère.

— Car ils hériteront la terre.

— ... Tais-toi, a conclu ma mère.

— Bénis soient ceux qui viennent en Mon nom.

— Oh Seigneur, a dit Josephine. Toutes ces jérémiades pour un ongle.

— Bénis soient ceux qui ferment leur gueule car la paix sera sur eux et nous pourrons reposer nos pieds par terre.

Ina était sortie de sa transe et moi j'étais toujours à la recherche de l'ongle perdu.

— Il n'est pas là.

— Mesdames, a dit Josephine, je n'aime pas ça. Vous pouvez reposer vos pieds.

— C'est une maison de folles, s'est écrié Eastman. Un faux ongle et tout le monde se retrouve les jambes en l'air. Josephine, si j'étais toi, j'me débarrasserais de ces trucs.

— Le voilà ! Je l'ai !

J'ai brandi ma trouvaille.

— Oh, merci, merci, a dit Josephine.

Ina me l'a raflée des mains.

— Méfie-toi de ceux qui adorent les faux dieux, a-t-elle déclaré en agitant l'ongle sous le nez de Josephine.

— Ina, ne recommence pas. Donne-moi ça.

— Tu peux encore être sauvée. Dieu accueille tout le monde.

— J'ai pas envie d'être sauvée. Maintenant, donne-moi mon ongle.

— Pécheresse, repens-toi.

— Simplette et Sainte-Nitouche, a commenté ma mère, et dire qu'elles partagent le même Dieu. Ina, rends-lui son ongle. Mais c'est quoi, ton problème à la fin ?

— Carmen, je suis une messagère de Dieu.

— Ouais, moi aussi j'ai un message de la part de Dieu : rends son ongle à Josephine.

— Mon enfant, a dit Ina, en se tournant vers moi, tu sais que tu es la bienvenue dans la maison du Seigneur.

— Je sais.

— Et tu sais que Dieu est très patient.

— Je sais.

— Il t'attendra chaque samedi. Et toi et moi, nous irons ensemble à la rencontre de notre Créateur. Es-tu prête à rencontrer ton Créateur ?

— Eh bien… j'ai rien contre.

— Tu sais que les voies du Seigneur sont impénétrables ?

— Oui.

— Et qu'Il est là pour toi.

— Oui.

— N'as-tu donc rien à Lui demander ?

J'ai réfléchi. Ce serait bien s'Il pouvait m'aider à ne plus faire pipi au lit.

— Si, j'ai quelque chose...

— Eh bien, mon enfant, je te le dis, toi et moi avons rendez-vous avec le Seigneur.

— D'accord.

Ina a posé l'ongle sur la table en verre et Josephine l'a aussitôt ramassé pour le ranger dans son soutien-gorge.

— Alléluia, a-t-elle dit en se tâtant la poitrine. Comme ça, je n'aurai pas à acheter un nouveau jeu entier.

Maintenant qu'elles étaient calmées, j'ai pu remonter dans ma chambre. J'avais des devoirs en retard. J'ai étalé mes livres par terre autour de moi. J'étais enfin tranquille... et j'avais rendez-vous avec Dieu.

10

Jacksonmania

1969

La Jacksonmania avait frappé Londres et partout fleurissaient d'immenses tignasses afro hérissées de peignes africains. À l'école, le bruit courait que les Jackson Five étaient descendus au Hilton, dans le West End. Mon amie, Shirley Williams, et moi avons décidé d'aller voir Michael le lendemain après les cours. Avant cela, il était essentiel de nous procurer une perruque à la Jackson Five. Pendant le déjeuner, Shirley a annoncé qu'elle pouvait me prêter un peu d'argent. En échange, je devais simplement faire toutes ses heures de colle – au cas où elle en aurait – pour le trimestre en cours. Le marché était équitable, j'ai accepté.

C'est la petite amie du frère aîné de Shirley qui s'est chargée de l'achat de la perruque un peu plus tard ce jour-là. Shirley n'en avait pas besoin : elle possédait, naturellement, une belle coiffure bien gonflée et taillée à la perfection. De mon côté, j'avais les cheveux courts et un peu trop raides. Pas question d'aller à l'hôtel comme ça. Le soir, quand je suis rentrée avec mes sœurs, Shirley m'a promis que j'aurais la perruque le lendemain.

À la maison, mes tâches habituelles m'attendaient. Laver le sol de la cuisine, nettoyer la cuisinière, balayer l'escalier et faire mon lit. Tous les trois jours, c'était mon tour de faire la vaisselle, de la sécher et de la ranger. Quand je suis rentrée ce jour-là, ma mère était absente. J'en ai profité pour mettre mes draps mouillés dans la machine. Avec un peu de chance, j'aurais le temps de les laver et de les sécher avant son retour ; sinon, il fallait juste espérer qu'elle ne remarque rien. Je les utilisais depuis deux jours maintenant et j'estimais avoir le droit à un peu de propreté. Mon alarme avait tendance à se déclencher toute seule, simplement parce que la literie était déjà humide. J'ai été soulagée quand le cycle de lavage s'est achevé avant qu'elle rentre. Je les ai fait tourner un moment dans le séchoir avant de remonter faire mon lit en laissant la fenêtre ouverte pour qu'ils finissent de sécher.

Ça ne me dérangeait pas trop de dormir dans des draps humides, tant qu'ils ne sentaient pas… et tant que l'alarme ne se déclenchait pas. Je ne voulais pas qu'on vienne me tirer du lit en pleine nuit pour me flanquer une raclée. Finalement, tout dépendait de moi. Si j'arrêtais de faire pipi, tout irait mieux. Ma mère avait raison : c'était à moi de changer. Personne ne pouvait le faire à ma place, c'était à moi de me retenir et, d'une certaine façon, je récoltais ce que je méritais. Après tout, Pauline ne mouillait pas son lit et Patsy non plus. Elles avaient arrêté alors qu'elles étaient encore toutes petites. J'étais la seule à continuer. Il n'y avait aucune raison pour qu'il en soit ainsi, disait ma mère. Je l'obligeais à faire de grandes dépenses, des dépenses inutiles selon elle, de façon délibérée.

Souvent, me glisser dans mon lit, c'était comme entrer dans un bain froid. Au début, c'était désagréable mais, au bout d'un moment, je m'y faisais. Je m'y faisais depuis de très nombreuses années. Il en avait toujours été ainsi. À vrai dire, peu m'importait que mon lit soit tiède ou froid, j'avais l'habitude. C'était mon lit. Et j'avais beaucoup de chance d'en avoir un, disait-elle.

Peut-être qu'un jour, quand je serais adulte, j'en aurais un plus joli, un lit à baldaquin par exemple avec des rideaux et un matelas bien mou qui ne se mouillerait jamais, quoi qu'il arrive. Abracadabra, et hop l'humidité disparaîtrait comme par magie : peut-être qu'elle passerait à travers le matelas ou alors qu'elle s'évaporerait sans déclencher l'alarme. D'ailleurs, je bannirais les systèmes d'alarme. Aucun enfant ne devrait avoir un engin pareil relié à son lit. Et puis, j'aurais un traversin super doux, deux oreillers et une immense couette dans laquelle je pourrais m'envelopper tout entière... Une housse rose avec des taies assorties, brodées sur les bords. Et plus d'accident en plein milieu de la nuit. Je faisais souvent cette prière : Mon Dieu, faites que ça s'arrête pendant une semaine. Juste une semaine entière sans pipi, sans raclée, sans douleur. Et si, pendant cette semaine, ma mère pouvait arrêter de me détester. Ce n'était pas trop demander, n'est-ce pas ? Une semaine au sec. Je ne demandais pas une guérison permanente. Non, je voulais juste être normale, normale pendant sept jours.

Le lendemain, à l'école, je n'ai vu Shirley qu'en début d'après-midi. Elle m'a donné un sac en plastique.

— On se retrouve à 16 heures.

J'ai aussitôt filé aux toilettes pour ouvrir le sac. À l'intérieur, se trouvait la plus belle perruque qu'on puisse imaginer. Fais gaffe, Michael, j'arrive. Elle était à l'envers. Je l'ai remise à l'endroit et je lui ai redonné un peu de forme avant de l'enfiler. On aurait dit qu'elle était faite pour moi. C'était génial. Je l'ai bien collée derrière les oreilles avant de rajuster les cheveux synthétiques. Au bout du compte, le résultat était superbe. C'était vraiment une très belle perruque.

Quand elle m'a vue, Shirley s'est exclamée :

— Ouah, Clare. T'es trop cool !

Nous nous sommes rendues dans le West End en bus puis nous avons demandé le chemin de l'hôtel où était censé se trouver Michael Jackson. Arrivées sous les fenêtres, nous avons commencé à trépigner et à sauter sur place en hurlant. Nous n'étions pas les seules, à vrai dire, mais Michael ne s'est jamais montré. Au bout d'une heure et demie environ, nous en avons eu assez et nous sommes rentrées. Si je n'avais pas eu ma perruque, j'aurais été très déçue. J'ai décidé que, désormais, je la porterais tout le temps.

À la maison, personne n'a fait le moindre commentaire sur ma nouvelle coiffure. Comme s'il n'y avait aucune différence. Le lendemain à l'école, Shirley et moi, nous n'avons parlé que de Michael Jackson même si, pour être honnête, nous n'étions pas du tout certaines qu'il fût à Londres. Quelques filles ont remarqué que mes cheveux semblaient avoir un peu changé mais, en dehors de cela, mon nouveau look est passé plutôt inaperçu.

À midi, nous avons eu du crumble aux abricots, avec de la glace. Délicieux.

Mes études ne se passaient pas trop mal. J'avais d'assez bonnes notes souvent accompagnées de la mention : *Peut mieux faire.* J'aimais apprendre et les professeurs trouvaient que j'avais du potentiel. Je pourrais réussir, à condition de le vouloir. L'école était le seul endroit où j'étais sûre de ne pas prendre de coups. J'étais très bonne au netball et en athlétisme, ce qui me valait la sympathie générale, même si j'étais plutôt du genre à rester seule dans mon coin. En fait, mon plus grand désir était d'être normale. Dès que je rentrais à la maison, les choses changeaient. Parfois, il suffisait que je passe à portée de main, pour que ma mère me frappe. Sans la moindre raison. Ou, peut-être, comme elle l'a dit un jour, simplement parce que j'existais.

Mes rapports avec Eastman ne se sont jamais remis de notre passage au tribunal d'instance. Je ne l'aimais pas, point barre. À la maison, je l'ignorais et j'essayais de l'éviter le plus possible. Quant à lui, dès qu'il m'apercevait, il maugréait dans sa barbe mais il n'était plus si pressé d'entrer en conflit avec moi. Contrairement à ma mère. J'avais commis l'irréparable en faisant comparaître son homme devant la justice. Elle a pris sur elle de le venger.

Au deuxième trimestre, elle m'a annoncé qu'elle m'avait trouvé un travail le samedi. Bien sûr, il n'était pas question de refuser. Quand je lui ai demandé de quoi il s'agissait, elle m'a dit que je devrais accompagner Eastman de 7 h 30 à 15 h 30. Il avait quitté la laverie et était désormais employé sur un chantier qui possédait sa propre cafétéria pour les ouvriers. C'était là que j'étais embauchée.

Le samedi suivant, l'alarme m'a réveillée de très bonne heure. Je l'ai débranchée avant de retourner les draps. Puis je me suis recouchée un petit moment. J'étais au commencement d'une nouvelle aventure : j'allais connaître d'autres gens, gagner de l'argent pour la première fois de ma vie et j'allais peut-être pouvoir m'acheter des vêtements neufs. Au bout d'une demi-heure de rêvasseries, je me suis levée et j'ai fait ma toilette. J'ai enfilé un tee-shirt à manches longues, un jean et des tennis. Une fois prête, j'ai éteint la lumière dans ma chambre et je suis descendue. Il était 5 h 15.

Eastman était déjà debout, en train de remplir son thermos de thé et de lait concentré. Puis, après avoir enfoncé son chapeau sur son crâne, il est sorti. Je l'ai suivi. Nous avons marché sans échanger le moindre mot pendant environ trois quarts d'heure jusqu'à Vassall Road. On était en train de tout démolir dans ce coin. Le quartier entier semblait couvert de tôle ondulée et de pancartes qui proclamaient le port du casque obligatoire. Nous avons traversé la chaussée pour longer une palissade d'environ deux mètres de haut jusqu'à une porte avec l'inscription : *Frappez fort.* Ce qu'a fait Eastman. Un homme imposant avec un gros visage et une barbe pleine de graisse est venu ouvrir.

— Comment va, Saint E ?

— On se maintient, a répondu Eastman.

J'étais stupéfaite. Jamais Eastman ne m'était apparu comme un saint.

— Et qu'est-ce donc que tu as là ? Comment tu t'appelles, petite ?

— Clare.

— C'est un joli nom, a dit Barbe Grasse. Et que fais-tu debout de si bon matin ?

— Je viens travailler aux cuisines.

— Vraiment ? Explique-moi un peu ça.

— C'est mon travail du samedi.

— Je vois. Dis-moi, Saint E, c'est quoi cette histoire ?

— J'en sais rien, a répondu Eastman. C'est une idée de sa mère.

— Je dois cuire des saucisses, ai-je déclaré à Barbe Grasse.

— Rien d'autre ?

— Si… Faire frire des œufs et préparer du thé.

— Saint E, tu m'expliques ?

Eastman a secoué la tête puis a enlevé son chapeau pour se gratter le crâne avec son énorme paluche.

— J'en sais rien. Sa mère veut qu'elle passe du temps avec moi. Je lui ai dit que c'était pas une bonne idée. Faut pas m'en vouloir.

— Quel âge as-tu ? m'a demandé Barbe Grasse.

— Treize ans.

— Saint E, viens avec moi. Toi, mon cœur, tu vas attendre là-bas.

Il a retiré son casque pour me le poser sur la tête avant de me conduire dans la cuisine où il m'a laissée seule.

La cafétéria était immense, avec du chrome et de l'acier partout. La salle à manger était un peu spartiate : des rangées et des rangées de tables encerclées de sièges boulonnés au sol. Derrière le large comptoir, se trouvaient au moins trois éviers, un énorme réfrigérateur/congélateur sur lequel était indiqué *fermeture sous vide* et un grand garde-manger pour stocker les aliments. Une caisse enregistreuse trônait à une extrémité. La cuisinière possédait au moins huit brûleurs. Elle était un peu sale.

Barbe Grasse est revenu. Il était seul.

— Bon, à ton avis, pourquoi es-tu là ?

— Pour travailler et gagner un peu de sous. Je vais aider à faire les saucisses et le thé.

— Tu sais cuisiner ?

— Oh oui. C'est fastoche.

— Mouais... Tu comprends que ce n'est pas un vrai travail ? Tu es ici parce que ton père et ta mère pensent que c'est une bonne idée.

— C'est pas mon père.

— Ouais, bon... Ils estiment que vous devriez passer un peu de temps ensemble, lui et toi. En plus, ici, tu vas pouvoir rencontrer d'autres gens. Et on va te donner un peu d'argent de poche parce que ton père dit que ça te ferait plaisir.

— C'est pas mon père.

— Qu'est-ce que tu dirais de neuf livres... Non, disons un billet de dix, tout rond, pour nous filer un coup de main ?

— Je dis que c'est bien. Qu'est-ce que je dois faire ?

Il m'a enlevé mon casque et il est parti pour revenir cette fois avec John, qui s'est décrit comme :

« le seul et l'unique, mais tu peux m'appeler John ». Il a baissé tous les interrupteurs et, l'un après l'autre, les néons se sont allumés. Ensuite, il a commencé à sortir la nourriture du réfrigérateur : œufs, bacon, saucisses, champignons. Il m'a demandé d'aller lui chercher deux boîtes de haricots dans le garde-manger. Je n'en avais jamais vu de pareilles, elles étaient énormes : environ quarante centimètres de haut sur vingt-cinq de large. Les bouteilles de ketchup aussi étaient incroyables. Quant au bidon qui servait à les remplir, on aurait dit un petit tonneau. La bonne vieille moutarde anglaise n'était visiblement pas très appréciée ici. Les pots se trouvaient à l'écart, dans un coin. Les boîtes de haricots étaient lourdes et j'ai dû faire deux voyages.

— Bon, a dit John, il paraît que tu sais faire les saucisses ?

— Oui, mais je sais aussi cuire un poulet.

— Ça, j'en suis sûr ! a-t-il rigolé.

Je devais aider Barbe Grasse à préparer le breakfast pour les ouvriers qui débarqueraient vers 11 heures. D'immenses poêles à frire toutes noires étaient empilées à droite de la cuisinière. Mon premier travail a consisté à séparer les saucisses. Dix-huit d'entre elles ont été placées dans une seule de ces poêles pour cuire à feu doux. Plus tard, un peu avant 11 heures, Barbe Grasse a cassé les œufs sans briser un seul jaune et les a fait frire dans une autre poêle. Ensemble, nous nous sommes occupés des champignons qui ont rejoint les saucisses avec du beurre.

Les boîtes de haricots se sont retrouvées sur une table tournante. L'ouvre-boîte était fixe tandis que le plateau pivotait lentement. John m'a montré comment remplir la grosse bouilloire électrique. Les théières ressemblaient à des jerrycans et il y en avait trois. On a sorti le pain afin de le laisser respirer. Le toasteur était lui aussi gigantesque : on pouvait facilement y griller huit tranches d'un coup.

En plus de ça, nous avions ce que John appelait le « lit chaud » : une sorte de tapis roulant qui avançait lentement, on posait une tranche de pain à un bout et elle passait dans une sorte de tunnel enflammé où elle grillait ; quand le tapis tournait pour revenir à son point de départ, la tranche tombait dans l'assiette posée dessous.

Nous avons sorti le bacon et je l'ai mis à griller. Barbe Grasse me supervisait. John m'a expliqué que les gars préféraient souvent le prendre en sandwich. Nous avons donc préparé une douzaine de petits pains près de la cuisinière. Le moment venu, quand John passerait commande, je glisserais trois tranches de bacon dans un petit pain en criant :

— Et un sandwich au bacon ! Un !

À 10 h 30, tout était prêt. La matinée était passée très vite. John était vraiment gentil avec moi, m'expliquant le fonctionnement des instruments et me montrant même où se trouvaient les extincteurs et lequel il faudrait utiliser en cas d'incendie.

— Viens, a-t-il lancé, on va se faire une petite pause avant que les gars rappliquent. Tu veux un thé ?

J'ai sorti du lait du frigo et il a retourné deux tasses.

— On n'a pas besoin de soucoupes, pas vrai ? On n'est pas des snobs, a-t-il dit avant de me demander si j'avais pris mon petit déjeuner.

— Non. Mais je n'ai pas faim.

— On mangera un morceau après le service. Tu es sûre que tu ne veux pas un petit sandwich à la saucisse ?

— Non merci.

J'avais complètement oublié Eastman. Je ne l'avais plus revu depuis mon arrivée. John m'a demandé si je reviendrai la semaine suivante.

— J'aimerais bien, ai-je répondu, mais je ne sais pas.

Vers 10 h 45, nous avons vérifié que tout cuisait comme il le fallait. Nous avons piqué les saucisses et monté le feu à fond. Les hommes sont arrivés vers 11 h 30.

— Un breakfast spécial et un thé, a été la première commande.

John s'est emparé d'une assiette chaude et y a déposé deux saucisses, deux tranches de bacon, des œufs, des champignons et une bonne louche de haricots. Pour accompagner tout ça, il a ajouté deux épaisses tranches de pain beurré sur une seconde assiette. Pendant que John encaissait, j'ai demandé au suivant ce qu'il désirait et il a dit « pareil ». J'ai très vite compris le truc. La fois suivante, j'ai pris deux assiettes et servi deux breakfasts spéciaux d'un coup. John était impressionné. Le pain beurré était sur l'assiette avant qu'il le demande.

— Un sandwich bacon, criait-il.

— Et un sandwich bacon, un, disais-je.

— Un saucisse !

— Un saucisse, un !

— Fais-en deux, mon cœur.

— Deux saucisse, deux !

J'en ai ajouté dans la poêle, John ayant dit qu'il fallait toujours en garder au moins huit au feu. Le lit chaud tournait sans discontinuer et les toasts disparaissaient dès qu'ils tombaient dans l'assiette.

— Du ketchup ? ai-je demandé, bouteille à la main.

— Juste une goutte, petite.

C'était le paradis des cafétérias. Si les gars voulaient du thé, je retournais une douzaine de tasses pour les servir. Sans oublier, de temps à autre, de remplir les théières à la bouilloire. Les ouvriers arrivaient par fournées. Finalement, le service s'est achevé. John et moi nous sommes retrouvés seuls dans la cuisine. Je n'avais pas vu Eastman de la matinée et il était déjà 13 heures.

— Un sandwich au bacon ? a suggéré John. Et une bonne tasse de thé ? Tu t'es bien débrouillée, petite. Tu piges vite.

J'ai ouvert mon petit pain pour enlever la graisse autour des tranches de bacon. Puis, me servant du dos de mon couteau, j'ai aussi retiré un peu de beurre. Je ne voulais pas prendre de poids. Pour faire descendre tout cela, nous avons pris un grand bol de thé. Enfin, John a sorti un paquet de cigarettes en posant les pieds sur la table. Il en a fait jaillir une alors qu'elle était encore à moitié dans le paquet et elle s'est retrouvée comme par miracle dans sa bouche. Il l'a allumée.

— C'est le moment que je préfère et, bon Dieu, je l'ai bien mérité, a-t-il dit.

Pendant qu'il fumait, j'ai rempli les lave-vaisselle, rangé les ingrédients et tout ce que nous n'avions pas utilisé, avant de commencer à désinfecter le plan de travail. John a allumé une autre cigarette. J'ai vérifié le garde-manger et il m'a indiqué où mettre les boîtes vides.

— Où est la serpillière, John ? Je peux faire les sols, si vous voulez.

— Assieds-toi, mon cœur, et repose-toi. Tu travailles trop.

J'ai obéi et j'ai repris du thé. Je ne voulais pas que l'on ait la moindre raison de se plaindre de moi : Eastman irait encore raconter des histoires sur mon compte. Au bout d'un moment, John a suggéré qu'on se mette au ménage. Nous avons rangé la cuisine ensemble, enlevé la graisse des plaques de cuisson, balayé et lavé le sol. Nous étions en train de ranger nos serpillières quand le boss est arrivé. C'était facile à deviner : il portait un casque où était inscrit le mot *Boss*.

— Comment ça va ? a-t-il demandé.

— Bien, merci, ai-je répondu.

— Pas de reproches à faire ? John et les gars ont été corrects avec toi ?

— C'était parfait.

Il s'est approché, m'a pris la main et a pressé une enveloppe brune contre ma paume.

— J'espère qu'on te reverra bientôt, a-t-il dit avant de tourner les talons et de partir.

J'ai mis l'enveloppe dans ma poche et j'ai continué à aider John. Quand nous avons terminé, j'ai pendu ma blouse dans le garde-manger et c'est alors qu'Eastman est arrivé.

— Où est-elle ?

— Tu veux dire Clare ? Elle est dans le garde-manger, elle va arriver.

— Elle était comment ?

— C'est une gentille petite.

— Tu crois ça ? T'es bien le seul.

J'ai attendu une minute avant de sortir.

— T'es prête à rentrer, Clare ? a demandé Eastman.

— Merci beaucoup, John.

— Ce fut un plaisir, reviens quand tu veux.

Eastman marchait devant et moi à quelques pas derrière lui. Nous ne nous sommes pas adressé la parole pendant que nous parcourions les ruelles de Kennington. Nous sommes passés devant la bibliothèque avant de prendre vers Lorrimore Road pour traverser les cités. Nous avons tourné à droite dans Sutherland Square et continué jusqu'au numéro 19, où Eastman a inséré sa clé dans la serrure. Pendant un instant, mon attention a été attirée ailleurs : j'avais cru voir ma sœur sous le pont. Je regardais encore dans cette direction quand j'ai entendu la porte claquer. Eastman avait disparu et sa clé n'était plus dans la serrure. J'ai frappé à la porte et j'ai attendu. Au bout de dix minutes, j'ai recommencé. Après vingt minutes, j'ai enlevé mon manteau que j'ai replié soigneusement avant de m'asseoir dessus, dos contre la porte. Tôt ou tard, quelqu'un finirait bien par ouvrir. Ce n'était qu'une question de temps.

Quelques minutes ont encore passé et j'ai aperçu ma mère à la fenêtre du rez-de-chaussée. Elle regardait dans ma direction mais ne pouvait pas me voir parce que j'étais assise par terre. Elle a disparu et je l'ai entendue approcher de l'autre côté de la porte. Elle l'a ouverte et a trébuché sur moi.

— Qu'est-ce que tu veux ? a-t-elle demandé.

— Rien. Je peux entrer ?

— Pourquoi veux-tu entrer ?

— Oh, pour rien de spécial.

— Dans ce cas, t'es aussi bien ici.

Elle a refermé et je suis restée assise là. Peu après, le battant s'est ouvert sans que personne ne sorte. Quand j'ai été sûre qu'elle n'était pas là à m'attendre, j'ai ramassé mon manteau et je suis entrée. Je suis montée tout droit dans ma chambre pour ouvrir mon enveloppe. J'étais en train de détacher délicatement le rabat quand elle a surgi. Me saisissant par le col, elle m'a collée contre elle.

— Qu'est-ce que j'ai encore fait ?

Mon cœur battait à toute vitesse.

— Tu réponds, maintenant ? Tu t'es reniflée aujourd'hui ?

— J'ai fait ma toilette ce matin.

— Et tu crois qu'une simple toilette peut te débarrasser de cette odeur ? T'as un problème au nez ? Sens-toi.

J'ai inspiré longuement.

— Je sens quelque chose.

— Et moi, c'est toi que je sens. Tu pues l'égout. Mais c'est normal, tu es un égout. Va te laver.

Elle m'a lâchée et j'ai reculé vers la porte.

— Je vais prendre un bain, ai-je dit.

J'ai descendu quelques marches pendant qu'elle remettait sa chaussure au pied et j'ai attendu.

Dès qu'elle m'a dépassée dans l'escalier, je suis retournée dans ma chambre pour regarder dans mon enveloppe. Cinq livres. Et pas un billet de 10. C'était pas mal, mais pas ce qu'on m'avait promis. J'ai mis l'argent dans mon porte-monnaie que j'ai caché au fond de mon armoire, à côté de ma réserve de Jammy Dodgers.

Après mon bain, je suis allée voir s'il n'y avait pas quelque chose à faire. Dans la cuisine, une pile d'assiettes sales attendait et le sol était crasseux. J'ai commencé à remplir l'évier. Pauline est arrivée.

— Pourquoi travailles-tu avec Eastman ? Je croyais que tu ne l'aimais pas.

— Je ne l'aime pas.

— Ben alors, pourquoi tu travailles avec lui ?

— Je ne sais pas.

— Qu'est-ce qu'on t'a fait faire ?

— Juste préparer le breakfast.

— Ils t'ont payée ?

— Oui… Cinq livres.

— Ah ! Tu y retournes la semaine prochaine ?

— Je ne sais pas. C'était pas mon idée au départ.

Pendant que je continuais la vaisselle, elle a disparu. Ma mère est arrivée, s'est préparé une tasse de thé, a sorti du riz du placard et l'a laissé sur la table. Je frottais les assiettes sans regarder dans sa direction. Quand tout a été terminé, j'ai vidé l'évier avant d'entamer le rinçage à l'eau claire.

— Désormais, a soudain annoncé ma mère, tu vas payer ta part. Personne n'a rien pour rien et surtout pas dans cette maison.

— Comment ça, payer ma part ? Je ne peux pas payer ma part, je n'ai pas d'argent.

— Petite effrontée. Tu veux vivre chez moi, manger ma nourriture, boire mon eau, sans te demander d'où ça vient ? D'où ça vient, à ton avis ? Tu crois que ça pousse sur les arbres ? Tu crois que je suis ton ticket-repas. Si tu travailles, tu paies. Pour commencer, tu me dois toute la lessive que j'achète pour tes draps.

Je continuais à rincer la vaisselle.

— Combien veux-tu ? ai-je demandé.

— La moitié, a répondu ma mère.

— Je n'ai pas touché grand-chose et si je te donne la moitié, il ne restera presque plus rien pour moi.

— Si tu veux manger dans cette maison, tu as intérêt à me donner cet argent, je ne te le redirai pas deux fois. Tu veux manger ma nourriture, dormir dans mon lit, te servir de mon eau chaude et de mon électricité et ne pas avoir à payer ?

— Je n'ai pas dit que je ne voulais pas payer. J'ai juste dit que je n'avais pas assez d'argent.

J'ai fini la vaisselle avant de monter chercher les cinq livres. Ma mère attendait au salon. Elle buvait son thé dans une de ses tasses en fausse nacre. Eastman était assis face à elle. Je lui ai tendu le billet.

— Tu as la monnaie ?

Elle a pris le billet en continuant à parler à Eastman. Elle a glissé la main sous son corsage pour sortir le mouchoir caché dans son soutien-gorge. Quand elle l'a dénoué, j'ai vu un gros rouleau de billets qui ressemblait à un énorme cigare. Elle a enlevé l'élastique qui les retenait et y a ajouté mes cinq livres. Puis elle a refermé le mouchoir et rangé le tout dans son bonnet. Elle parlait toujours avec Eastman. J'attendais, ne tenant pas à interrompre sa conversation. Au bout d'une dizaine de minutes, elle s'est tournée vers moi.

— Tu es encore là ?

— J'attends ma monnaie.

— Quelle monnaie ? Quelqu'un te doit quelque chose ?

— J'attends la monnaie de l'argent que je t'ai donné. Tu me dois deux livres et dix shillings.

— Dehors. Dégage.

— J'attends mon argent.

— J'ai dit dehors. Tu sais combien ça coûte de te nourrir et tu oses me demander la monnaie ?

Comme j'hésitais, elle s'est levée pour se planter face à moi.

— Ferme-la. Ouais, c'est exactement ça ! Si tu savais la fermer, ça t'éviterait de pisser dans mon lit. Il faudrait qu'on te pose une serrure là en bas. Maintenant sors d'ici et ferme cette porte.

Je suis donc sortie, abandonnant mon argent.

J'étais à peine arrivée dans ma chambre qu'elle m'a rappelée.

— Clare, descends ici tout de suite. Ne m'oblige pas à répéter.

Je suis retournée au salon.

— Tu as oublié quelque chose, a-t-elle dit.

— J'ai oublié ?

— Oui.

— Oh… Ma monnaie.

— Non, pas ça.

— À part mon argent, je ne vois pas.

— Tu as oublié de fermer la porte en sortant. Recommence.

Je suis ressortie, cette fois en fermant derrière moi. En haut, je me suis laissée tomber sur mon lit. Pauline est entrée.

— Alors, qu'est-ce que tu vas t'acheter ? a-t-elle demandé en s'asseyant par terre. Et si on prenait des sorbets au citron et de la salade de fruits ? Je vais les chercher, si tu veux. Ou alors des bonbons à la fraise ?

— Ça m'étonnerait.

— Bon, alors juste des serpents au citron.

— Je n'ai pas d'argent.

— Menteuse. Tu ne veux pas le dépenser, oui.

— Non, maman m'a tout pris.

— Jamais. Pourquoi ferait-elle une chose pareille ?

— Elle pense que je lui dois de l'argent.

— Pour quoi ?

— La lessive pour les draps, j'imagine.

— Oui, c'est vrai que tu pisses beaucoup au lit, Clare, faut bien l'admettre, mais elle aurait quand même pu te laisser de quoi acheter quelque chose. Tu n'aurais pas un Jammy Dodger ?

Nous avons mangé mes Jammy Dodgers et, une fois que nous les avons terminés, elle est partie vaquer à ses occupations. Je suis restée dans mon lit. J'étais tellement fatiguée de m'être levée si tôt ce matin que je me suis endormie. Je ne sais pas combien de temps j'ai dormi mais je me suis réveillée complètement désorientée. Mon alarme sonnait, les lumières clignotaient. J'ai entendu des pas dans l'escalier : ma mère était en train de monter.

Aussitôt, j'ai mis ma main entre mes jambes. Ma culotte était sèche, rien à craindre. J'ai sauté du lit et j'étais déjà au garde-à-vous avant même qu'elle entre dans la chambre.

— Seigneur Dieu, par Jésus-Christ, Clare, qu'est-ce qui se passe encore ?

— J'ai rien fait.

— Seigneur Jésus, voilà qu'elle pisse au lit en plein milieu de la journée. Merde, elle ne fait plus la différence entre le jour et la nuit. Elle pisse vingt-quatre heures sur vingt-quatre maintenant.

Elle m'a saisie par le col.

— Je n'ai pas fait pipi, ai-je déclaré.

— Et ça, c'est quoi !

Elle montrait l'alarme.

— Tu vois ? C'est une lumière et elle clignote. Regarde, tu la vois, hein, ou est-ce que tu es aussi devenue aveugle ? Oh non, ne me dis pas que tu es sourde en plus. Tu n'entends pas ce que j'entends ? Tu n'entends pas ? Écoute.

Oui, c'était vrai que l'alarme sonnait et que les lumières clignotaient, mais je n'y étais pour rien.

— Je n'ai pas fait pipi.

— Tu veux dire que quelqu'un d'autre est venu pisser dans ton lit pendant que tu faisais la sieste ? Dis-moi, Clare, qui ferait une chose pareille ? Qui ? Menteuse.

Elle m'a tirée plus près.

— Regarde, ai-je dit en soulevant ma jupe au-dessus de ma taille.

— Pauline, Patsy, venez vite ! Clare me montre sa culotte.

Pauline est arrivée la première, suivie de peu par Patsy.

— Qu'est-ce qui se passe avec ta culotte, Clare ?

— Rien. Elle est sèche.

Ma mère était en train de retirer sa chaussure.

— Ma culotte est sèche ! ai-je crié pour couvrir l'alarme. Ma culotte est sèche ! Je n'ai rien fait.

— Donc, a dit ma mère, tu as enlevé ta culotte pour pisser et tu l'as remise après pour faire croire que tu n'y es pour rien ?

Elle a levé la chaussure au-dessus de sa tête et, soudain, l'alarme s'est arrêtée.

Nous nous sommes toutes tournées vers le boîtier et la sonnerie a redémarré.

— Tu vois ? Ce n'est pas moi.

Elle m'a lâchée pour défaire le lit, révélant une vaste tache avec trois zones d'un jaune différent.

— Tu vois ? Je ne l'ai pas mouillé. Ça, c'était cette nuit, ça la nuit d'avant et ça la nuit d'encore avant.

— Petite garce... Quel âge as-tu ? Il est grand temps que tu cesses de faire pipi au lit.

J'ai filé de la chambre. Arrivée en bas des marches, l'alarme qui s'était arrêtée est repartie. C'est ma mère qui doit être en train de faire pipi dans mon lit, ai-je pensé. Comme elle le disait elle-même, les alarmes ne se déclenchent pas toutes seules.

Le lendemain, Ina est passée me prendre pour notre rendez-vous avec le Seigneur. Nous sommes allées en bus jusqu'à l'église pentecôtiste. La minuscule porte qui donnait sur la rue ne payait pas de mine mais, à l'intérieur, c'était une tout autre histoire : le hall était entièrement en marbre. Sur chacune des portes menant à la salle de prière proprement dite, des pancartes proclamaient *Jésus est là* avec une flèche pointant vers le haut. Nous sommes entrées.

— Bonjour, m'a dit un homme.

— Bonjour.

Il s'est tourné vers Ida.

— Bonjour, sœur Buckley.

— Bonjour, a répondu Ina.

— Et si vous me présentiez à cette charmante enfant ?

— Voici ma nièce, Clare.

— Et qu'est-ce qui amène Clare dans la maison de Dieu ?

— Je suis venue chercher Jésus, ai-je déclaré.

— Et tu vas Le trouver dès aujourd'hui, loué soit le Seigneur. Tous ceux qui cherchent trouvent.

Il m'a tapoté la tête et nous nous sommes avancées. Des tas de gens saluaient Ina. Ils l'appelaient tous sœur Buckley. J'ignorais qu'elle avait tant de frères et sœurs. La congrégation entière semblait faire partie de sa famille, sœur ceci ou frère cela. J'avais l'impression de ne pas être à ma place. Personne ne me connaissait et, même s'ils se montraient très accueillants, il n'y avait que très peu d'enfants de mon âge. Après toutes ces salutations, on nous a dit de gagner nos places. Ina et moi nous sommes assises au premier rang près d'une de ses sœurs, donc. Ce temple ne ressemblait pas du tout à ceux que je connaissais. Il y avait bien une sorte d'autel mais il n'y avait pas de bancs d'église, juste des chaises séparées par une allée centrale.

Soudain, un puissant rugissement a retenti derrière une des portes où était écrit *Jésus est là*. Le bruit s'est répété avant de se déplacer vers la porte suivante. Toute l'assistance s'est exclamée en chœur :

— Je suis aveugle, Seigneur, rends-moi la vue !

La grosse femme à ma gauche et Ina contemplaient leurs pieds et marmonnaient :

— Loué soit notre Sauveur, Jésus-Christ, loué soit notre Sauveur.

La voix a retenti à nouveau et les deux femmes ont relevé la tête, se sont mises à trembler et ont agité les bras en l'air en criant :

— Je suis aveugle, Seigneur, rends-moi la vue !

J'observais Ina. Je voulais voir ses yeux parce que j'étais certaine qu'elle n'était pas aveugle. Le rugissement a repris et, cette fois, j'ai compris ce qu'il disait :

— Est-ce que vous voyez Jésus ?

Là-dessus, Ina et la grosse femme ont recommencé : elles ont levé les yeux vers le plafond en secouant leurs bras et en criant :

— Je suis aveugle, Seigneur, rends-moi la vue !

La voix qui rugissait était celle d'un homme et elle semblait faire tout le tour de la salle à l'extérieur. Je commençais à m'inquiéter un peu quand Ina m'a poussée du coude.

— Clare, mon enfant, loue le Seigneur.

N'ayant pas bien entendu, je lui ai demandé de répéter. Tremblante et regardant ses pieds, elle a fermé les yeux pour me dire :

— Loue le Seigneur, mon enfant.

— Je ne sais pas comment on fait pour louer le Seigneur, Ina.

— Fais comme moi. Fais comme moi.

Donc, j'ai regardé mes pieds et, quand elle s'est mise à trembler en levant les bras et en disant : « Loué soit le Seigneur », j'en ai fait autant, sauf que j'étais un peu décalée. Et quand Ina, la grosse femme et toute la congrégation ont crié « Je suis aveugle, Seigneur, rends-moi la vue ! », j'étais encore en retard. Ina m'a donné un coup de coude.

— Clare, en même temps.

— J'essaie, Ina, mais je ne sais jamais ce qui va se passer.

À cet instant, une porte s'est ouverte brutalement pour livrer passage à l'homme le plus gros et le plus gras que j'aie jamais vu. Toutes les femmes contemplaient leurs pieds mais elles rataient un sacré spectacle. Il avait une minuscule tête comparée à son corps, mais sa coiffure afro était vraiment impressionnante, presque aussi volumineuse que ma perruque. Il portait une espèce de grande chemise pourpre avec de la dentelle noire et dorée qu'il avait enfilée sur une autre chemise blanche à jabot. Ses chaussures ressemblaient à une paire que j'avais vue en magasin et qui m'avait beaucoup plu : en cuir noir verni avec une énorme boucle dorée sur le côté. Il a traversé la salle, les bras en croix.

— Voyez-vous Dieu ? a-t-il dit en s'avançant parmi les paroissiens. Voyez-vous Dieu ?

Je regardais toujours ses chaussures. Comme je les enviais. Elles étaient trop grandes pour moi mais elles avaient une classe folle. La grosse femme et Ina étaient en transe. À voir l'assistance autour de moi, il m'a paru évident que j'aurais dû l'être aussi. Tout le monde était penché en avant, le front touchant presque les genoux. Ceux qui étaient trop obèses pour cette position faisaient de leur mieux. J'étais la seule à être assise normalement et j'admirais ses chaussures.

— Voyez-vous Dieu ? a-t-il crié en se mettant à trembler à son tour.

Les femmes se sont redressées d'un coup pour hurler :

— J'étais aveugle et maintenant je vois ! J'étais aveugle et maintenant je vois !

Je me suis dit qu'il valait mieux les imiter. Quand les femmes se sont mises à frémir, j'en ai fait autant. J'ai reçu un nouveau coup de coude d'Ina.

— C'est le pasteur, le messager de Dieu.

Maintenant, comme par miracle, la congrégation avait retrouvé une assise normale et était capable de voir et de louer le Seigneur.

— Vous voyez ? a dit le pasteur. Quelle que soit la porte que vous choisissez dans la vie, elles mènent toutes à Dieu.

Puis il nous a demandé de nous joindre à lui pour remercier le Seigneur. Nous nous sommes levés pour nous mettre à danser, les mains au-dessus de la tête. Un homme ne cessait de crier :

— Oui, oui, oui.

Une jeune femme à sa gauche :

— Non, non, non.

Des gens dansaient dans l'allée et le pasteur, mêlé à la foule, rugissait :

— Alléluia !

Je gigotais et hurlais comme tout le monde.

Au bout d'un moment, la fatigue nous a gagnés et nous nous sommes assis pour recevoir un sermon sur la cupidité. Il ne fallait pas tirer gloire de nos biens terrestres, nous a affirmé le pasteur, car des trophées bien plus importants nous attendaient au ciel. J'ai trouvé ça un peu culotté de la part de quelqu'un qui s'habillait comme lui. Un grand panier est apparu au bout de la rangée et le pasteur nous a invités à fouiller nos poches pour nous débarrasser de nos biens terrestres.

— Pensez, nous a-t-il dit, à ce qui vous attend dans l'au-delà.

Quand le panier est arrivé à notre hauteur, il était déjà rempli de billets… et les deux tiers de la congrégation attendaient encore de faire un don.

— C'est ça, fouillez tout au fond de vos poches.

Tandis que le panier continuait son périple, il nous a enjoint de nous lever pour célébrer Dieu. Nous nous sommes donc remis à danser. Au bout d'un moment, le panier est revenu et le pasteur l'a levé au-dessus de sa tête pour nous remercier de nos dons. Puis les dons ont disparu. J'ai demandé à Ina ce qu'il allait advenir de tout cet argent. Elle m'a répondu que c'était au pasteur d'en décider. Comme je réfléchissais à cette réponse, celui-ci a annoncé :

— Nous avons une nouvelle venue parmi nous aujourd'hui.

— Dieu soit loué ! a répondu la foule.

— Une nouvelle venue qui veut trouver Jésus.

— Dieu soit loué !

— Allons-nous l'aider à trouver Jésus ?

— Aidons-la à trouver Jésus.

Le pasteur s'est dirigé vers moi. Oui, c'était bien vers moi qu'il venait. Je gardais la tête baissée. Ina et la grosse femme psalmodiaient :

— Aidons-la à trouver Jésus, aidons-la à trouver Jésus. Oh Seigneur, aidons-la dans sa quête.

Je me suis mise à chanter, moi aussi.

Et quand Ina et la femme se sont agenouillées, j'en ai fait autant. Le pasteur se trouvait juste devant moi. En levant un peu les yeux, je voyais deux grosses jambes recouvertes de tissu pourpre. À mes côtés, les deux femmes chantaient. Soudain, elles ont à nouveau été prises de tremblote pendant que toute la congrégation me regardait.

Ça a été au tour du pasteur de danser devant moi. Il a levé les mains avant de s'adresser à la foule.

— Allons-nous la sauver ? Je veux vous l'entendre dire, allons-nous la sauver ?

La foule était presque en transe.

— Oui, oui !

Soudain, il a posé sa grosse main sur mon crâne. Ma perruque a glissé.

— Est-ce que tu sens la présence de Dieu ? a-t-il demandé en me secouant la tête ou, plus exactement, en faisant bouger ma perruque de droite à gauche.

Ina, qui s'était levée, se trouvait maintenant derrière le pasteur. Elle me contemplait bouche bée, la tête penchée comme si elle allait éternuer. J'ai aussitôt compris la raison de sa gêne. Ma perruque s'était complètement délogée et me recouvrait à présent l'œil gauche. Elle risquait de tomber d'un moment à l'autre.

— Est-ce que tu sens la présence de Dieu ? a à nouveau demandé le pasteur en me secouant de plus belle.

Ma perruque bougeant de plus en plus, j'ai posé fermement ma main sur la sienne pour l'empêcher de me scalper.

— Je la sens, ai-je crié.

Plus vite je la sentirais, plus tôt il laisserait ma tête tranquille.

— Loué soit le Seigneur, a-t-il entonné.

— Je la sens, ai-je répété en rajustant ma perruque de ma main libre.

Quand j'ai à nouveau regardé entre les jambes du pasteur, Ina avait disparu. Elle était revenue à ma droite et semblait rassurée. En tout cas, elle n'avait plus la bouche grande ouverte.

— Je vois, ai-je crié de toutes mes forces. Je vois, je vois !

Je commençais à comprendre ce qu'il fallait faire.

— Loué soit le Seigneur, a dit le pasteur. Cette enfant a retrouvé la vue.

À présent, j'avais les deux mains posées sur la sienne qui se trouvait toujours sur mon crâne. Je me suis mise à trembler, ce qui a fait bouger ma perruque de droite et de gauche. J'ai continué un petit moment, jusqu'à ce qu'elle soit à nouveau impeccablement en place. La congrégation nous contemplait, visiblement stupéfaite de la célérité avec laquelle œuvrait le Seigneur.

— Elle est entrée ici en pécheresse et maintenant elle voit, dit le pasteur. Dieu est avec nous aujourd'hui. Est-ce que tu sens Sa présence, mon enfant ?

— Je sens une présence, ai-je répondu.

Ça, au moins, c'était vrai.

— Est-ce que tu vois, mon enfant ?

Les deux mains fermement posées sur la sienne, j'ai regardé à ma droite. Je pouvais voir Ina. J'ai regardé à ma gauche et la grosse femme était bien là.

— Je vois ! ai-je hurlé. Je vois !

Les gens dans la salle se sont mis à frémir et à trépigner sur place, en remerciant le Seigneur.

— Elle voit, Seigneur Jésus, elle voit. Elle était aveugle et elle a retrouvé la vue.

Je refusais toujours de lâcher la main du pasteur et Ina, comprenant qu'un incident embarrassant risquait de se produire, gardait ses distances avec moi. Le pasteur a voulu partir mais je le retenais toujours.

— Lâche-moi la main, mon enfant.

— Je vois, pasteur.

— Oui, ma douce enfant, mais lâche-moi la main. Le service du Seigneur me réclame.

J'étais terrifiée à l'idée de perdre ma perruque s'il bougeait trop brusquement. Je l'ai donc libéré très progressivement. Le pasteur a fait preuve de douceur. Ma perruque n'a pas bougé.

— Loué soit le Seigneur, a-t-il dit en s'écartant.

Ina s'est enfin rapprochée.

— Tu peux voir ? a-t-elle demandé.

— Oui, je vois très bien.

Nous nous sommes remis à danser et à trembler. Après la cérémonie principale, de nombreux frères et sœurs m'ont demandé si j'avais réellement retrouvé la vue. Je les ai rassurés.

— Les voies du Seigneur sont vraiment impénétrables, a déclaré une des sœurs en s'éloignant.

Le pasteur est venu me trouver alors que j'attendais près de la porte. J'ai aussitôt mis mes mains sur ma tête.

— Mon enfant, tu es un miracle. Tu étais aveugle et maintenant tu vois. Tu dois revenir dans la maison du Seigneur le plus vite possible.

Ina lui a dit qu'elle m'encouragerait à revenir. Après l'avoir remercié pour cette intéressante expérience, nous avons marché jusqu'à l'arrêt de bus.

De retour chez moi, je me suis changée pour aller faire le ménage dans la cuisine. En lavant la vaisselle, j'ai pris la décision de ne plus retourner dans cette église. C'étaient des gens gentils, mais j'avais passé un moment très embarrassant.

Peu après, je me suis mise à mes devoirs. Pauline et Patsy sont passées me voir.

— Comment ça va, Clare? a demandé Pauline.

— Bien.

— Où étais-tu?

— À l'église, avec Ina. Et j'ai failli perdre ma perruque.

— Il faut la coincer avec une épingle, a affirmé Patsy.

— Le pasteur m'a attrapée par les cheveux et il m'a secouée. Ina a bien cru que j'allais me retrouver chauve devant tout le monde.

— Pourquoi t'a-t-il attrapée par les cheveux?

— Je ne sais pas mais il a dit qu'on ne devait pas accorder d'importance à nos biens terrestres. Il voulait peut-être que je trouve Jésus sans ma perruque.

— Tu vas y retourner ?

— Non, je ne crois pas.

L'église pentecôtiste était très différente de notre église catholique habituelle. Ma mère n'y allait jamais mais elle nous envoyait, mes sœurs et moi, tous les dimanches à St Mary, sur Lorrimore Road. C'était l'occasion de mettre nos plus beaux habits. J'avais un grand chapeau rose avec des fleurs en plastique sur le côté, des chaussures blanches à boucles, mes gants blancs d'école, ma robe en velours râpé et un manteau en fausse fourrure marron et beige, qui faisait un peu penser à de l'écorce. Mes sœurs avaient un chapeau identique, mais bleu pour Patsy et vert pour Pauline. Le curé portait une simple soutane noire avec une petite étole en soie sur les épaules. Rien à voir avec le pasteur.

11

Cendrillon va au bal

1969

— Non, vous ne pouvez pas sortir. Il y a du travail. Vous avez fait vos chambres ? Balayé l'escalier ? Où est Pauline ? Qui s'occupe de la cuisine aujourd'hui ? Ne reste pas dans mes pattes et rends-toi utile pour une fois.

Nous avions jusqu'à vendredi pour la persuader de nous laisser aller au bal qui avait lieu chaque semaine à l'église de Dullwich. Si nous travaillions toutes très dur, elle n'aurait rien à nous reprocher. Pauline et Patsy, j'en étais certaine, avaient dû nous écouter depuis le troisième étage, sans doute cachées en haut des marches. Elles faisaient toujours ça. Une fois ma mère partie, j'ai attendu un petit moment avant d'entendre le déclic d'une porte. J'avais raison : elles venaient de battre en retraite dans leur chambre.

C'étaient pourtant elles qui avaient eu l'idée de me faire tenter cette approche. J'ai décidé malgré tout de leur répéter ce que notre mère avait dit… même si elles avaient tout entendu et même si elle avait braillé assez fort pour que le Seigneur Lui-même l'entende du plus haut des cieux.

L'ambiance à la maison me rendait folle. Ma mère me rendait folle. Et mes sœurs ne m'aidaient pas vraiment. C'est vrai qu'elles auraient pu en faire un peu plus, en dire un peu plus et, surtout, me protéger un peu plus, mais elles étaient jeunes et elles tenaient à rester en bons termes avec notre mère. Comment le leur reprocher ?

Cette dernière semblait avoir disparu dans la salle de bains, au rez-de-chaussée. La pièce, qui abritait aussi la machine à laver, était humide en permanence en raison du manque d'aération, du sol en béton et de la peinture laquée qui recouvrait les murs. La vapeur se condensait au plafond et sur les parois. La plupart du temps, il y avait tellement de buée qu'on pouvait y faire des dessins avec le doigt. Ce n'était pas très agréable de travailler dans une telle moiteur, ce qui explique sans doute pourquoi j'étais souvent de corvée de lessive.

Je voulais remonter avant qu'elle me rappelle. Je savais désormais pour quelles raisons elle avait trafiqué l'escalier : pour récupérer une nouvelle arme contre moi, mais aussi pour faire en sorte que les marches craquent quand on marchait dessus. Ainsi, elle pouvait toujours nous surveiller.

J'ai posé le pied sur la première, la main sur la rampe. Et j'ai tendu l'oreille. Pas un bruit. Ma mère semblait occupée. Deuxième marche, stop. Toujours rien derrière moi. La porte de la salle de bains était entrouverte mais, pour voir à l'intérieur, il aurait fallu que je me penche et donc faire basculer mon poids d'un pied sur l'autre. Ce que je préférais éviter. Ensuite, venait la marche fatidique. Elle m'avait souvent joué de mauvais tours ces derniers temps.

La bonne méthode consistait à l'éviter en sautant par-dessus en m'aidant de la rampe.

Ce que j'ai fait. Arrêt. Silence. Bien. J'ai grimpé jusqu'au premier palier. Toujours rien. Personne dans la cuisine. J'ai tourné pour monter au deuxième. Le couloir était désert. Maintenant, c'était facile. J'ai gravi la dernière portion. En haut, les deux chambres étaient anormalement silencieuses et les deux portes fermées. En face, c'était celle de mes sœurs qui avaient bien de la chance d'être ainsi à l'écart tout en haut de la maison. L'autre abritait mes frères. Christine et ma sœur adoptive, Denise, partageaient une pièce au deuxième pendant que je partageais la mienne avec moi-même. Comme je faisais pipi tout le temps et que je sentais si mauvais, on ne pouvait obliger personne à supporter mes sales habitudes. C'était aussi la chambre la plus proche de celle de ma mère. En saisissant le loquet de la porte, j'ai senti la tension dans la pièce : mes sœurs ignoraient encore qui venait les voir. J'ai fait exprès d'ouvrir avec brusquerie.

— Qu'est-ce que tu veux ? a demandé Quat'z-yeux qui, visiblement, avait eu très peur.

Patsy n'a rien dit. Mijaurée.

— Elle veut qu'on s'occupe du ménage. Et elle a prévenu que si je lui posais encore une fois la question, elle me flanquerait une gifle. Il faut nettoyer toute la maison, faire la vaisselle et commencer à préparer le repas.

— Je t'avais dit qu'il ne fallait pas lui demander, a prétendu Quat'z-yeux.

— Menteuse. C'est toi qui m'as dit d'y aller.

Nous avons décidé qu'après avoir fait tout ce qu'elle exigeait, je lui reposerais la question. Il valait mieux que ce soit moi puisque, de toute manière, ça se passait toujours mal entre nous. Ça ne pouvait donc pas être pire. Mes sœurs avaient beaucoup plus à perdre : elles risquaient par exemple de récolter la correction qui m'était destinée. De toute façon, et comme toujours, nous avons voté pour savoir qui irait la voir et j'ai perdu. Je suis redescendue sans prendre de précautions particulières, ouvrant et claquant la porte de ma chambre au passage, avant de jeter un coup d'œil dans la cuisine. Il y régnait une belle pagaille mais nous étions entraînées : ranger tout ça ne devrait pas nous prendre trop longtemps. J'ai continué jusqu'au rez-de-chaussée. Je n'avais pas encore révélé le secret de l'escalier à mes sœurs et je me demandais si je le ferais. La quatrième marche craquait un peu mais ce n'était rien en comparaison de la troisième. Toute la maison a paru gémir quand j'ai posé le pied dessus. Évidemment, ma mère a surgi aussitôt. La marche fatale l'avait alertée.

— Je t'ai dit de t'occuper du ménage. Pourquoi traînes-tu encore ici ? Tu crois que tu peux n'en faire qu'à ta tête ? Tu te prends pour une grande, c'est ça ?

Soudain, je me suis rendu compte qu'elle tenait la planche à coups.

— Seigneur Jésus-Christ, Clare se prend pour une femme. Oh, je vois. Eh bien, laisse-moi te dire une bonne chose, ma petite : il n'y a qu'une seule femme dans cette maison. Seigneur Dieu, Clare se prend pour une femme.

Là-dessus, elle m'a saisie par le col, tordant violemment le tissu de mon corsage.

— Clare se prend pour une femme.

Elle se trouvait dans le vestibule, de l'autre côté de la rampe, tandis que j'étais encore dans l'escalier, et elle tirait si fort que je me suis retrouvée pliée en deux sur la rampe. Pour me libérer, j'ai essayé de me faufiler hors de ma robe qui glissait sur mes épaules.

— Non, je n'ai jamais dit que j'étais une femme. Je ne l'ai jamais dit. Je n'ai jamais dit ça. Jamais !

Elle a tiré encore plus fort et j'ai failli passer par-dessus la rampe.

— Je n'ai jamais dit que j'étais une femme. Lâche-moi ! Lâche-moi !

— Et en plus, tu réponds.

Là-dessus, me tenant toujours par le col, elle a fait le tour de la rampe pour venir face à moi. Puis elle m'a frappée sur le bras avec la planche. Mes manches courtes ne me protégeaient guère. Mes jambes étaient moins exposées : si je restais tassée en boule, ma robe m'arrivait sous les chevilles. Le coup suivant s'est abattu sur le même bras, juste au-dessus du coude, et j'ai vu la peau rougir d'un coup, comme pour défier ma mère.

— Qu'est-ce que tu me reproches ? Qu'est-ce que j'ai encore fait ?

Je cherchais à reculer, à grimper. Plus je montais, moins elle avait d'élan.

— Qu'est-ce que j'ai encore fait ? Je venais juste te demander si tu voulais une tasse de thé ou s'il fallait passer l'aspirateur. Je veux retourner dans ma chambre.

— Est-ce que j'ai l'air de vouloir une tasse de thé ? Regarde-moi bien. Est-ce que j'ai l'air de vouloir que toi, Mademoiselle Pisse-au-lit, tu me prépares une tasse de thé ? Tu pues la pisse. Trouve-toi une occupation.

Elle a abandonné mon col pour m'attraper par les cheveux.

— T'as toujours été un problème. Une plaie. Pourquoi tu n'es pas comme les autres ? L'avortement était interdit à l'époque, sinon je me serais débarrassée de toi avec joie.

Elle m'a tirée très fort, m'obligeant à lâcher la rampe. Je suis tombée. Pour soulager la douleur, j'ai saisi la main qui me tenait les cheveux. Ce qui m'a valu un coup de planche.

— Enlève ta main, sale garce. Enlève ta main. Attends. Tu veux te battre, c'est ça ? Enlève ta main, pourriture.

Mais je ne la lâchais pas et j'ai pris un nouveau coup de planche sur le dos.

— Et si je m'étais fait avorter, j'aurais pu attraper le tétanos à cause de toi. Tu crois que tu vaux la peine que je m'empoisonne pour toi, Mademoiselle Pisse-au-lit ? Tu te prends pour qui, hein ? Tu n'as aucune éducation, tu réponds tout le temps et tu pisses encore au lit. Tu pourris mon matelas. Pourquoi, hein ? Pourquoi ?

Elle braillait tellement que plusieurs coups ont raté leur cible. Soudain, en levant la planche au-dessus de sa tête, elle a heurté le lustre, ce qui a décuplé sa rage. Tandis qu'il oscillait, sa tête passait de l'ombre à la lumière et inversement. J'avais perdu un bouton à mon col. L'esprit étrangement clair, je me suis dit que je le récupérerais plus tard. Je ne me laisserais pas soumettre par ma mère.

— Je n'ai fait que te demander si tu voulais une tasse de thé. Pourquoi tu ne me tues pas ? Vas-y, tue-moi. Tu sais que tu en as envie. Pas la peine de faire semblant. Vas-y… Qu'est-ce qui t'arrête ? Tu me rends malade et je ne t'aime pas. Je ne t'ai jamais aimée, jamais, depuis le jour où j'ai su que tu étais ma mère. Alors tue-moi, tue-moi tout de suite, parce que si tu ne le fais pas, je dirai tout ce que tu m'as fait à Mme Golding.

Mme Golding était ma professeur principale à l'école.

Ma mère était là avec sa planche à coups brandie au-dessus de la tête, sous le lustre qui se balançait mollement. Et alors, je les ai entendues, les portes qui se refermaient en haut. Quat'z-yeux, Mijaurée et mes frères s'étaient réfugiés dans leurs chambres.

— Vas-y, ai-je répété. Qu'est-ce que tu attends ? Tu as intérêt à me tuer, sinon je dirai tout.

Elle m'a reprise par le col pour me tirer tout contre elle. Soudain, la planche s'est accrochée à son cardigan. J'avais toujours aimé ce gilet. Il était rose pâle avec des boutons nacrés. Elle le portait souvent quand elle me flanquait des raclées.

— Dire quoi ? Qu'est-ce qu'il y a à dire ?

Elle m'a attrapée par le sein.

— Qu'est-ce que t'as à dire ?

Elle me tordait les chairs. Violemment.

— Rien, ai-je répondu. Je ne vais rien dire. Rien.

— Et pourquoi tu ne vas rien dire ? Pourquoi ? Pourquoi ? Pourquoi ?

À chaque « pourquoi », elle tordait un peu plus.

— Je ne vais rien dire parce que tu ne veux pas que je dise quoi que ce soit.

Ses doigts ont trouvé mon téton. Elle m'a pincée. Très, très fort.

— Non, tu te trompes encore. Dis ce que tu as à dire. Mais qu'est-ce qu'il y a à dire, hein ? Qu'est-ce qui t'est arrivé ? Vas-y, dis-le. Quoi ?

Soudain, elle a planté ses ongles. La douleur a été si intense que j'ai cru qu'elle m'avait arraché le téton. Malgré moi, je me suis mise à pleurer. Quand la première larme est tombée sur mon bras, j'ai eu une petite sensation de brûlure. La peau était tout écorchée à cause des coups de planche. Je me suis essuyé le visage avec mon col. Une tache de sang est apparue sur la dentelle. La souffrance était insupportable, mes genoux commençaient à céder. Mais je ne voulais pas m'effondrer, je ne voulais pas lui laisser croire qu'elle avait gagné. Je voulais rester debout.

— Rien. Il ne m'est rien arrivé.

— Non. Tu te trompes encore.

Elle m'a lâchée pour m'expédier un violent coup de poing dans le sein. Je me suis retrouvée par terre. Soudain, la planche à coups qu'elle avait oubliée s'est décrochée du cardigan et est tombée par terre. Elle s'est baissée pour la ramasser. Sans demander mon reste, j'ai filé à quatre pattes dans l'escalier jusqu'à ma chambre. Mes bras étaient à vif et mes mains me faisaient mal. J'avais l'impression qu'un taon m'avait piqué le sein. Des traces bleuâtres entouraient le téton et une profonde marque, de près de trois centimètres de long, me zébrait la peau.

Des bouts de moquette s'étaient accrochés à ma robe quand elle m'avait traînée par terre et l'ourlet s'était décousu. J'avais aussi les yeux enflés à cause des larmes mais ça, ce n'était pas trop grave.

J'étais occupée à m'examiner dans le miroir quand elle est entrée. Elle s'est immobilisée sur le seuil, la planche à coups à la main. Nous sommes restées ainsi un moment, silencieuses, à nous dévisager. Elle ne disait pas un mot et moi non plus. Puis elle s'est avancée en levant la planche. De peur, je me suis à moitié retournée. Elle m'a frappée dans le dos.

— Je ne vais pas te le répéter. Trouve-toi quelque chose à faire.

Elle est partie. Après avoir épongé mes larmes avec le bord de ma robe, je me suis mouchée et je suis descendue. L'aspirateur se trouvait dans un placard au rez-de-chaussée avec tout un fatras de choses inutiles. Ma mère avait disparu et mes sœurs se cachaient en haut quelque part. J'ai monté l'aspirateur au troisième étage et j'ai commencé à faire le palier et les premières marches. La porte de leur chambre s'est ouverte.

— Tu vas bien, Clare ? Tu as tort de lui répondre, tu sais, a chuchoté Quat'z-yeux.

Je n'ai rien dit.

— On peut t'aider ?

Juste à ce moment-là, nous avons entendu des pas en bas. C'était ma mère qui montait. Je me suis retournée vers ma sœur mais la porte de sa chambre était déjà refermée. Je me suis remise à travailler. Je sentais ma mère qui m'observait pendant que j'aspirais la poussière des marches une à une. Quand je suis arrivée à son niveau, j'ai continué autour d'elle comme si elle n'était pas là. J'ai passé la brosse autour de ses pieds, devant, derrière, partout. Ni l'une ni l'autre, nous ne prononcions le moindre mot. Une fois certaine que plus une miette ne traînait, j'ai continué dans la dernière portion d'escalier.

Ma mère restait immobile, les bras croisés, mais nous savions toutes les deux qu'elle me surveillait. Ma tâche terminée, j'ai rangé l'aspirateur. Quand je suis revenue, elle n'était plus dans l'escalier. Elle devait être en haut. Je suis retournée dans ma chambre pour me nettoyer les bras avec l'ourlet de ma robe imbibé de salive. Pareil pour mes mains et mes jambes. J'avais une sale mine et j'étais triste. Ma robe était toute déchirée. Je suis redescendue chercher mon bouton avant de remonter.

— Clare, le poulet ! a-t-elle hurlé, tu crois qu'il va t'attendre encore longtemps ? Tu veux que je vienne te chercher ?

— C'est pas mon tour de faire la cuisine. C'est celui de Pauline. Moi je suis de vaisselle.

— Viens ici tout de suite.

J'ai obéi. Pauline avait dû entendre car elle m'a rejointe sur le palier et nous sommes descendues ensemble tandis que ma mère nous attendait. J'étais devant. Il était trop tard pour laisser passer ma sœur. Comme je contournais ma mère, elle m'a frappée sur la nuque sans dire un mot. Juste comme ça. J'ai continué à marcher.

Mais j'ai jeté un regard derrière moi pour voir si ma sœur avait droit au même traitement. Non. Le poing toujours serré, ma mère l'a laissée tranquille. Elle a disparu au rez-de-chaussée pendant que nous

nous mettions au travail. Pauline s'est occupée du riz et moi du poulet. Pendant que j'enlevais les dernières plumes et que je faisais la vaisselle, elle m'a demandé mon avis à propos de vendredi. Fallait-il laisser tomber ou bien continuer?

— Continuer, ai-je déclaré. Quand on aura fait toute la lessive, passé l'aspirateur dans le salon et rangé les chambres, je lui reposerai la question.

Nous en sommes restées là. Le dîner s'est déroulé sans incident. Ma mère a préféré prendre son repas en bas. Je lui ai descendu son plateau – elle avait exigé son service spécial, celui qu'on sortait pour les grandes occasions – et je lui ai demandé si elle voulait une tasse de thé. Oui, et dans sa tasse en fausse nacre. Désirait-elle du lait concentré?

— Oui, a-t-elle répondu.

Malgré le balcon qui donnait sur le jardin, l'antichambre était assez sombre. Ici, les stocks de nourriture montaient très haut car ma mère voulait profiter de la fraîcheur qui régnait dans cette partie de la pièce. Il y avait des gâteaux, des tas de gâteaux, des Jammy Dodgers et plein d'autres biscuits fourrés, et puis du lait aussi, du frais et du concentré. J'ai caché un paquet de Jammy Dodgers dans ma culotte avant d'apporter le lait Nestlé à ma mère. Elle s'est servie et je suis retournée le ranger. En revenant, je lui ai dit:

— Je crois que je vais faire la lessive. Tu as quelque chose à laver?

Elle n'a pas réagi.

— Et, quand tu auras fini, je pourrais aussi passer l'aspirateur ici.

La lessive a été faite, les poubelles sorties et le salon nettoyé. Après un tour dans le séchoir, tout le linge était maintenant suspendu. Vers 19 h 30, la maison était impeccable. J'ai frappé à la porte du salon.

— Entre, a dit ma mère.

— On peut aller au bal demain ? ai-je demandé.

Sans me regarder, elle m'a répondu :

— Trouve-toi quelque chose à faire.

— Il n'y a plus rien à faire.

— Nettoie la cuisine.

— C'est fait.

— Va passer l'aspirateur dans l'escalier.

— C'est fait.

— Eh bien, la lessive... Il doit bien y avoir du linge sale quelque part.

— On a tout fait. Et on a aussi nettoyé la salle de bains, les chambres et le salon. On peut aller au bal ?

Pendant un instant, elle a été prise de court. J'ai attendu.

— Allez-y si vous voulez, mais n'espérez pas dormir ici.

Quand je suis remontée, mes sœurs m'attendaient sur le palier.

— Alors ? a demandé Quat'z-yeux.

Je suis entrée dans leur chambre, Mijaurée sur mes talons.

J'ai pris mon temps.

— Elle a dit qu'on pouvait y aller mais qu'il ne fallait pas espérer dormir ici après.

S'en est suivie une discussion sur la signification réelle de ces mots, mais, au fond, nous nous en moquions : nous avions trop envie d'aller danser.

Ce vendredi-là, j'ai assisté à la messe au Sacré-Cœur. Je portais des gants blancs, une jupe plissée et un béret. Ensuite, nous sommes allés à l'école – c'était la porte à côté – et il y a eu, comme d'habitude après l'église, la réunion des élèves. Mme Golding m'a prise à part pour me demander si quelque chose n'allait pas. Je lui ai assuré que non.

— Tu es sûre, Clare ?

— Oui, madame. Tout va bien.

— Mais tu me le dirais si ce n'était pas le cas, n'est-ce pas, Clare ? Promets-le-moi.

— Oui, madame.

— Tu sais que tu peux toujours venir me parler, n'est-ce pas ?

— Oui, madame.

— Et tu n'as rien à me dire ?

— Non, madame.

Nous nous sommes regardées et j'ai senti qu'elle se doutait de quelque chose.

Le déjeuner a été merveilleux, ce jour-là. Nous autres qui bénéficiions de la cantine gratuite, nous étions toujours les premiers dans la file d'attente, sans doute parce que nous avions plus faim que ceux qui payaient leurs repas. Le vendredi, nous avions toujours droit à un régime spécial : de la morue, des pommes de terre, des petits pois, deux carottes, de la crème anglaise et du crumble aux pommes. Délicieux.

Nous n'avons pas traîné cet après-midi-là, mes sœurs et moi. Nous sommes rentrées dès la fin des cours. Aucune d'entre nous n'était encore jamais allée danser. D'accord, il ne s'agissait pas tout à fait d'un vrai bal puisque cela se passait dans la salle des fêtes d'une église, où on ne servait que des boissons sans alcool, mais il y avait de la musique et aussi plein de gens nouveaux à rencontrer. Cela se déroulait tous les vendredis et Dulwich se trouvait à des kilomètres de chez nous. Je ne sais plus comment nous en avions entendu parler, mais nous étions bien décidées à y aller.

De retour à la maison, nous avons convenu qu'il valait mieux éviter notre mère et rester dans nos chambres. Si, par malheur, nous la rencontrions, nous devions faire mine d'être très occupées. Nous ne voulions pas courir le risque de la voir changer d'avis à la dernière minute. Enfin, ça a été l'heure de partir. 18h45. Bien sûr, nous étions déjà prêtes. Nous nous sommes retrouvées dans l'escalier, toutes habillées pour le bal, mais sans la moindre trace de maquillage. Il ne nous restait plus qu'à sortir de la maison. Nous sommes descendues, vérifiant en même temps que l'aspirateur avait été passé partout, que la cuisine était propre, la vaisselle faite et rangée, la salle de bains impeccable. Finalement, j'ai cogné à la porte du salon. Ma mère n'a pas répondu.

— On y va maintenant, ai-je dit à travers le battant. On sera de retour avant 22h30.

Nous avons littéralement fui de peur qu'elle ne nous assigne une nouvelle corvée de dernière minute. Nous n'avons arrêté de courir qu'après avoir tourné au coin de la rue. Notre premier bal nous attendait, à moins d'une heure d'ici.

Le bus 184 nous a amenées à Dulwich et nous sommes descendues à Underhill Road. L'église se trouvait à cinq minutes à pied. Ma sœur Pauline a alors pris la direction des opérations et nous a expliqué comment nous devions nous tenir pendant cette soirée. D'abord, interdiction de boire, sauf si c'était une boisson qu'elle ou nous avions achetée. Nous pouvions prendre une bouteille de coca mais à condition qu'elle ait été ouverte devant nous. C'était dangereux de boire, ne serait-ce qu'une gorgée, à la bouteille de quelqu'un d'autre. Nous n'étions pas non plus autorisées à quitter la salle. Nous n'avons rien trouvé à redire à ces instructions car nous savions toutes qu'il fallait absolument que la soirée se déroule sans le moindre incident si nous voulions avoir une chance de recommencer.

Nous avons payé un shilling chacune, ce qui nous donnait aussi droit à un billet de tombola. Nous pouvions sortir une fois et rentrer à nouveau ; après cela, il faudrait repayer un shilling. Trois marches menaient au hall d'entrée puis il fallait tourner à gauche pour pénétrer dans la salle des fêtes. Tout au fond, de gros baffles crachaient du Gregory Isaac et du Stevie Wonder. Il y avait bien une centaine de personnes entassées là-dedans et certaines qui se collaient tellement qu'il était impossible de dire où finissait l'une et où commençait l'autre. J'ai tout de suite remarqué quelque chose de bizarre : les garçons étaient tous alignés le long des murs tandis que les filles restaient au centre de la salle ou dans le hall. Ça m'a paru étrange que les garçons demeurent ainsi collés aux murs. Ils avaient sûrement envie de faire connaissance avec les filles, de nous parler... surtout à moi.

Mes sœurs et moi, nous ne nous sommes pas quittées de la soirée. Seule Pauline est ressortie dans le hall pour acheter des boissons. Elles étaient très chères, du coup elle n'a pris que deux bouteilles que nous devions partager. Au moment où elle revenait, un garçon l'a soudain saisie par la main, pas d'une façon agressive mais avec fermeté. Il était plutôt petit, un peu plus grand que Pauline, mais quand même petit pour un garçon. Il se tenait dos au mur, près de la porte, comme pour surveiller les entrées et les sorties. Ma sœur, au lieu de nous rapporter nos sodas, les a posés par terre pour danser avec lui. Il a passé le bras autour de son cou et elle, après un rapide regard de part et d'autre, l'a pris par la taille. La musique venait de changer. C'était un slow.

Le petit type dansait d'une façon assez bizarre. Il a commencé par se tordre sur lui-même, ses épaules restant en contact avec le mur tandis que son bas-ventre s'avançait entre les cuisses de ma sœur. Il s'est mis à onduler ainsi, en se frottant d'un côté au mur et de l'autre à Pauline. Le but de cette contorsion était évident. Ma sœur était quant à elle arquée au-dessus de lui... comme toutes les autres filles de la salle avec leurs cavaliers respectifs. Quand la musique s'est arrêtée, elle a ramassé les bouteilles et est venue nous rejoindre. Elle nous les a données en expliquant qu'il fallait lui en laisser un peu. Dans un premier temps, Patsy et moi n'avons rien dit mais je n'ai pas pu me retenir. J'ai éclaté de rire.

— Qu'est-ce que tu faisais avec lui ? Attends que je le dise à maman… Tu vas prendre une drôle de raclée.

— Non, a répondu Pauline. C'est toi qui vas prendre une raclée. C'est toi qui as demandé à aller au bal, pas moi. Donc, si tu le dis, c'est toi qui prendras les coups.

C'était vrai. Tout comme il était vrai que Quat'z-yeux savait toujours s'en sortir. Ce n'était jamais sa faute, jamais, même quand elle faisait les pires bêtises. De toute manière, je n'avais pas l'intention de la dénoncer. J'ai bu ma part de soda et je lui ai rendu la bouteille. Ensuite, j'ai enfoncé les mains dans mes poches. Pas question que qui que ce soit vienne se frotter contre moi. Je voulais bien danser, mais seule, et surtout pas un slow.

La soirée est passée très vite. C'était vraiment génial : pas de cuisine, pas de lessive, pas de coups, pas de mère. Le bal nous a paru bien trop court. Quand le moment est venu de quitter la salle, la foule est sortie mais tout le monde avait du mal à se quitter. Nous avons marché très lentement jusqu'à l'arrêt de bus. Petit à petit, les gens se dispersaient mais il en restait encore pas mal qui ont pris le car avec nous. Le petit type s'est assis à côté de ma sœur mais elle a essayé de le décourager : si jamais il se présentait à la maison, ma mère les tuerait, Pauline et lui… et moi avec, pour faire bonne mesure. Il fallait donc qu'elle se débarrasse de lui pendant le trajet entre ici et chez nous. À Peckham, quelques passagers sont montés. Petit Type nous a quittées sans faire d'histoire à Camberwell Green, ma sœur lui ayant promis qu'elle serait à nouveau au bal la semaine prochaine. Il l'a crue.

Quand nous sommes arrivées à Sutherland Square, nous avions un quart d'heure de retard sur l'horaire prévu. Il faisait nuit. Notre mère devait nous attendre. Elle n'irait sûrement pas se coucher avant de savoir si nous étions rentrées. En approchant de la porte, Pauline tenait ses clés de façon à les empêcher de cliqueter et d'alerter ma mère, qui devait se trouver dans sa chambre. Elle nous a dit d'enlever nos chaussures pour ne pas faire de bruit dans l'escalier et je les ai prévenues d'éviter la troisième marche… sans donner mes raisons. Elles ne m'ont pas demandé d'explication : ce n'était pas le moment.

Pauline a glissé avec précaution sa clé dans la serrure. Comme nous nous pressions derrière elle pour entrer, elle a murmuré :

— Ça tourne pas.

Elle a essayé de forcer. En vain. Nous avons alors testé la clé de Patsy. Sans résultat. La mienne n'a pas eu plus de succès.

Nous nous sommes regardées, interloquées, et ne sachant pas trop quoi faire. Il était clair que quelqu'un avait poussé le loquet qui bloquait la serrure de l'intérieur, nous empêchant d'entrer. Nous nous sommes concertées à voix basse. Il était maintenant 23 heures, nous étions en retard et il n'y avait aucune lumière dans la maison. Nous pouvions soit dormir dehors, soit tenter d'entrer, soit sonner. Cette dernière option a été immédiatement écartée : aucune d'entre nous ne désirait fournir le moindre motif d'agacement à notre mère le soir de notre première sortie. Nous avons décidé que la porte ne s'était pas ouverte car nous n'avions pas inséré nos clés comme il le fallait. Nous avons donc recommencé, l'une après l'autre. Peine perdue.

Soudain, nous avons cru percevoir un mouvement de l'autre côté du battant. Nous nous sommes figées sur place, telles des ombres dans la nuit, tous nos sens en alerte. Rien... Puis à nouveau un petit bruit, infime. J'ai posé l'oreille contre la porte et j'ai su avec certitude qu'il y avait quelqu'un de l'autre côté, une présence, pas agréable mais familière. Le doigt sur les lèvres, j'ai imposé le silence à mes sœurs. Elles m'ont imitée, collant elles aussi l'oreille au battant. Très lentement, j'ai poussé le rabat de la boîte aux lettres, qui, heureusement, n'a pas couiné. Rassurée, j'ai poussé un peu plus, ce qui m'a permis de voir le sol de l'entrée et... les chaussures de ma mère. Elle se tenait à l'écart, dans un coin. J'ai hésité, ne sachant si je devais annoncer cette découverte à mes sœurs ou bien lui demander de nous ouvrir. Il était clair qu'elle ne tenait pas à être détectée, mais c'était une situation idiote. Peut-être ignorait-elle que le loquet avait été poussé. Et peut-être pas.

J'ai lâché le rabat, hésitant toujours. Pauline et Patsy voulaient que j'essaie à nouveau ma clé. J'ai secoué la tête. Il était vraiment tard maintenant et nous commencions à avoir un peu peur. C'est alors que nous avons entendu le verrou qu'on poussait à l'intérieur. Le loquet n'était donc pas une erreur, on voulait vraiment nous enfermer dehors. J'ai ouvert le rabat de la boîte aux lettres. Les chaussures avaient disparu. Je me suis tournée vers mes sœurs.

Il était inutile de tenter d'entrer. Nous avons décidé d'aller réfléchir à tout ça dans un coin plus discret.

Nous nous sommes réfugiées dans Sutherland Square. Là, je me suis retournée pour regarder la maison et j'ai vu ma mère qui nous guettait depuis la chambre des jumelles. Nous nous trouvions sur la pelouse à l'intersection de Lorrimore Road. De l'autre côté de la rue, il y avait une petite résidence avec de nombreux passages entre des piliers, sous les immeubles où nous avions l'habitude de jouer. Nous sommes allées là-bas, à l'abri des regards.

— Et si on essayait d'entrer par-derrière ? ai-je proposé.

— Bonne idée, a approuvé Pauline.

Chacune des maisons de notre rue possédait un petit jardin. Le nôtre faisait environ une quinzaine de mètres de large. Il était bordé par un immense terrain vague jonché de débris, de fleurs sauvages et de mauvaises herbes, et entouré d'une palissade en tôle ondulée. Le haut coupant et rongé par la rouille ne la rendait pas facile à escalader, d'autant plus que nous portions nos plus beaux vêtements. Pauline a suggéré de faire la courte échelle à Patsy. Une fois de l'autre côté, elle trouverait bien quelque chose à nous envoyer pour nous aider à grimper.

Pauline et moi avons donc croisé nos doigts pour former une marche. Patsy a pris appui sur nos épaules et nous nous sommes redressées. Elle a facilement atteint le haut de la clôture avant de passer de l'autre côté, une jambe après l'autre. Nous l'avons entendue partir en courant. Peu après, elle est revenue en disant qu'elle avait trouvé de vieux pneus. Elle nous les a jetés, un par un, et nous les avons empilés en pyramide. Pauline a grimpé la première et m'a aidée. Nous avons franchi la clôture en un rien de temps.

Progresser sur ce terrain vague était bien plus difficile que nous ne l'avions imaginé. Il faisait nuit et nous n'arrêtions pas de trébucher. Des herbes géantes s'enroulaient autour de nos chevilles, nous piquaient les jambes ou nous fouettaient le visage et les mains. Nous marchions l'une derrière l'autre : Pauline, Patsy et enfin moi. Pas question de nous séparer. Nous étions toutes les trois terrifiées à l'idée de nous faire attaquer par des chauves-souris, des fantômes, ou même par Dracula ou Frankenstein. Je croyais entendre des bestioles partout. Tandis que nous avancions, collées l'une à l'autre dans le noir, notre terreur ne cessait de croître. Patsy, la Mijaurée, avait hérité de la bonne place : nous aurions toutes préféré être au milieu, et pas la première ou la dernière. Au milieu, on était le jambon dans le sandwich. Celui qui voudrait nous dévorer devrait d'abord s'attaquer au pain.

Notre maison était facilement reconnaissable. C'était la septième de la rangée le long de la voie de chemin de fer et, par chance, il y avait une échelle posée contre le mur, au niveau de la fenêtre de ma chambre. Récemment, nos voisins avaient eu des ennuis avec des pigeons au-dessus de leur garage. Pour se débarrasser d'eux, les ouvriers avaient dû grimper sur le toit du nôtre, qui était mitoyen. Ils avaient achevé leur travail depuis des semaines mais l'échelle n'avait pas bougé.

Escalader le muret du jardin ne nous a pas posé de problème. Maintenant, nous devions surtout veiller à ne pas écraser les plants de menthe de notre mère. Grâce à l'échelle, nous allions monter dans ma chambre et, de là, Pauline et Patsy regagneraient la leur. Pas question d'allumer la moindre lumière ou de faire le moindre bruit. La chambre de ma mère se trouvait juste sous la mienne. Je commençais à me demander si je l'avais vraiment vue en bas dans l'entrée... ou bien si c'était mon imagination.

Je suis passée la première. C'était ma chambre et je connaissais les lieux mieux que personne. J'ai grimpé à l'échelle, consciente du fait qu'à tout moment, ma mère pouvait ouvrir le balcon juste en dessous. Ma fenêtre avait été récemment remplacée. L'ancienne glissait de bas en haut alors que la nouvelle s'ouvrait vers l'extérieur, avec une vitre principale occupant à peu près les deux tiers de l'ouverture. Au-dessus se trouvaient trois petits vasistas qui, eux, s'ouvraient vers l'intérieur, tous en même temps. Malheureusement, la grande vitre était close. Je l'avais fermée la veille, après avoir aéré ma chambre. Mais nous n'avions pas fait tout ce chemin pour rien. J'ai réussi à pousser les vasistas. Ensuite, j'ai glissé ma main à l'intérieur pour ouvrir la fenêtre. J'ai failli perdre l'équilibre quand elle a pivoté vers moi, mais je me suis rétablie et j'ai sauté dans ma chambre. Pauline et Patsy m'ont rejointe. Tout s'était déroulé à merveille, sans bruit et sans incident.

J'ai tiré le rideau avant de me baisser pour enlever mes chaussures. Mes sœurs m'ont imitée. Je venais de retirer la première et j'attaquais la seconde quand la lumière s'est allumée. C'était notre mère. Elle portait bien les chaussures que j'avais vues à travers la fente de la boîte aux lettres. Elle n'a pas bronché, pas esquissé le moindre geste vers nous. Debout près de la porte, elle s'est contentée de dire :

— Repartez par où vous êtes venues.

Je n'avais pas besoin qu'elle me le répète. J'ai été la première à réagir. J'ai remis mes chaussures, ouvert le rideau et la fenêtre, et je suis redescendue dans le jardin. Pauvre Patsy, pauvre Mijaurée. Quand elle est arrivée en bas de l'échelle, elle semblait terrifiée. Pauline nous a rejointes et ma mère a fermé la fenêtre, tiré le rideau et éteint la lumière. Maintenant, Patsy était en larmes et Pauline me dévisageait, comme si elle attendait quelque chose.

Je suis allée vers les plants de menthe de ma mère et je les ai piétinés délibérément, avant d'escalader le muret. Nous avons retraversé le terrain vague avec les chauves-souris et les débris, jusqu'à la clôture. Nous avons refait la courte échelle à Patsy, qui nous a renvoyé les pneus. Puis, nous sommes restées plantées là, muettes et épuisées. Nous n'avions nulle part où aller et il faisait nuit noire. Nous avons décidé de retourner sous les immeubles de Lorrimore Road en attendant de trouver mieux. Je ne sais plus qui a suggéré de réessayer la porte de la maison. Denise et Christine avaient peut-être entendu quelque chose et étaient peut-être descendues pousser le verrou et le loquet.

Nous nous sommes donc retrouvées devant la porte et Pauline a inséré sa clé sans chercher à être discrète : de toute manière, notre mère savait que nous étions là. Pauline a été la première surprise de sentir la serrure jouer. La porte s'est ouverte. Nous nous sommes ruées dans l'entrée, de peur que notre mère ne surgisse et ne nous ordonne de déguerpir. Personne n'a allumé la lumière. Nous avons simplement gravi l'escalier, sans prendre la peine d'enlever nos chaussures. Je suis allée tout droit dans ma chambre et Pauline et Patsy dans la leur.

Je me suis déshabillée, j'ai enfilé ma chemise de nuit et j'ai voulu me coucher. Sauf que je n'ai pas trouvé mon lit. Il avait disparu ! J'ai allumé la lumière. Mon lit n'était plus dans ma chambre. Mes draps, mon oreiller et mes couvertures se trouvaient bien par terre, mais le cadre, le sommier et le matelas s'étaient envolés. Il était maintenant 2 heures du matin. J'étais très fatiguée et je ne voulais pas énerver ma mère en allant lui demander ce qu'il était advenu de mon lit. Je me suis aménagé un espace par terre, j'ai replié une couverture dans le sens de la longueur que j'ai couverte avec deux draps et une autre couverture, avant de me glisser là-dedans. J'ai repensé au petit type et à ma sœur, à la musique et à cette bonne soirée, à la musique et à la tranquillité. J'en étais sûre : nous retournerions au bal.

12

Le lit disparu

1969

Le lendemain, c'était samedi. Je me suis réveillée en sursaut pour aussitôt tâter mes draps. Non, ils étaient secs. Je me suis touchée. Sèche. Partout. Merci, mon Dieu. Je suis quand même allée aux toilettes pour m'assurer que je n'avais vraiment pas eu d'accident. Je ne voulais pas… Pas aujourd'hui. Je suis retournée m'allonger. J'aimais bien rester dans mon lit à rêvasser. C'était si bon d'être au chaud, sans personne autour de moi. Parfois, je me sentais si heureuse dans mon monde, dans mes rêves, qu'il m'arrivait de m'oublier et de faire pipi.

J'ai dû me rendormir car, quand j'ai rouvert les yeux, ma mère était là. Elle s'est baissée pour saisir le bord de la couverture qui me servait de matelas et a tiré, me faisant rouler vers le mur. Puis, elle a tâté la laine, cherchant un signe d'humidité. C'était vraiment idiot : elle n'avait qu'à me demander. Je savais qu'elle n'était pas mouillée. Finalement, elle m'a jetée la couverture au visage. Je l'ai laissée ainsi, sans y toucher, jusqu'à ce que j'entende la porte se refermer. Malgré mon dos et mon cou ankylosés, j'avais eu une bonne nuit de sommeil. Sans accident.

Bien sûr, Pauline et Patsy n'ont pas eu droit à la visite d'inspection matinale. À un moment ou à un autre, il faudrait bien que je me lève mais je rechignais à quitter ma chambre. Ici, c'était mon monde, un monde de rêve où les mamans étaient gentilles. Sauf que ce monde n'avait pas sa place dans la vraie vie.

J'ai entendu Pauline dans l'escalier. Christine était debout, elle aussi. Elles sont allées dans la cuisine. Ce n'était pas mon tour de préparer le petit déjeuner. Je me suis retournée sur le ventre, le menton posé sur mes bras croisés. On avait passé un si bon moment hier… avec mes sœurs et ce garçon.

Quand je suis enfin descendue, je n'ai pas vu ma mère. J'ai quand même sauté la troisième marche. Après une rapide toilette, je suis remontée m'habiller. La seule bonne chose avec les vêtements usés, c'est que le choix ne manque pas. Évidemment, j'étais surtout fière de la robe en velours râpé rose que mon père avait achetée exprès pour moi. Il nous en avait offert une à chacune, à Quat'z-yeux, à Mijaurée et à moi. Cette robe, je l'adorais. C'était la mienne. Il y en avait une autre que j'aimais beaucoup, une exception parmi toutes les vieilles fripes qu'on me refilait : une robe en velours râpé elle aussi, mais verte. Elle avait appartenu à Patsy et, avant ça, à Pauline, et elle était encore un tout petit peu trop grande pour moi. Je devais retrousser les manches. C'était de celle-ci dont j'avais envie aujourd'hui.

Mes corvées du week-end m'attendaient. J'ai commencé par passer l'aspirateur dans l'escalier de haut en bas, avant de nettoyer la cuisine et la salle de bains. Toujours aucun signe de ma mère. Les assiettes sales du petit déjeuner étaient empilées dans l'évier. Il ne m'a pas fallu longtemps pour les laver, les sécher et les ranger. Ensuite, je me suis occupée des toilettes, qui étaient dans un état lamentable. Des traces d'eau maculaient le sol en béton peint en rouge et quelqu'un avait même fait pipi par terre. C'était dégoûtant. J'ai versé de la poudre Ajax dans un seau. Un petit nuage s'est formé pendant qu'une pellicule de savon se déposait à la surface de l'eau. Ensuite, ça a été la lessive : il fallait laver les vêtements que je mettrais dans la semaine, ainsi que mes draps et mes couvertures, qui étaient secs mais qui ne sentaient pas très bon. J'avais eu plusieurs accidents les jours précédents. Après, j'ai attaqué le repassage et ça a été enfin terminé. Ouf.

J'ai hésité à me mettre à mes devoirs. Je n'avais toujours pas pris mon petit déjeuner mais, entendant ma mère dans la cuisine, j'ai préféré renoncer à manger pour le moment. J'avais ma réserve d'urgence de Jammy Dodgers au fond de mon armoire. J'en ai mâché un et je me suis assise par terre pour entamer mon devoir de compréhension anglaise.

Pauline est entrée.

— Où est ton lit ? a-t-elle demandé.

— J'en sais rien. Il a disparu.

— Comment ça, disparu ? Un lit, ça ne disparaît pas comme ça. Quand l'as-tu vu pour la dernière fois ?

— Hier, avant qu'on sorte.

Là, elle n'a plus rien dit.

— Et toi, tu as toujours le tien ?

— Oui. Il est en haut.

Elle est repartie et, très peu de temps après, Patsy, Christine et Denise sont apparues à leur tour.

— Où est ton lit ? a demandé Christine.

— Je n'en sais rien. Il était là quand je suis partie hier et il n'y était plus quand je suis rentrée.

— Tu veux qu'on aille te le chercher ? a proposé Denise.

— Non, non. Il finira bien par réapparaître.

Elles me regardaient en silence. Inutile de dire quoi que ce soit. Nous savions toutes que ma mère était impliquée dans la disparition de mon lit.

Elle m'a appelée en début d'après-midi, vers 13 heures.

— Clare, descends. Et tout de suite, si tu ne veux pas que je monte te chercher.

J'ai abandonné mes devoirs. Elle était allée au marché d'East Street et elle avait laissé l'énorme chariot à provisions dans l'entrée. J'ai d'abord enlevé les paquets de gâteaux et de biscuits ainsi que le sucre que j'ai rangés dans sa chambre, près du balcon. Le lait les a rejoints. Les pommes de terre, les carottes, les oignons et la viande allaient dans la cuisine. Tout comme le poulet, qui n'avait rien de très appétissant avec son cou rose, ses restes de duvet, son bec ouvert et le sang séché qui maculait encore son gosier. Les chips : dans la chambre de ma mère. Les haricots, le riz et les flocons d'avoine : dans la cuisine. La boisson gazeuse à la salsepareille et le jus d'orange : au salon, dans la vitrine.

C'est alors que j'ai aperçu mon matelas dans le miroir du meuble. Je me suis retournée. Mon lit était bien là, en pièces détachées. Le sommier, le matelas et les différentes parties du cadre étaient empilés derrière le canapé. Ça n'avait pas dû être de la tarte de démonter tout ça pendant que nous étions au bal. Il aurait été beaucoup plus simple de me demander de dormir par terre. Et elle n'aurait pas eu besoin de tout descendre jusqu'ici.

Après avoir rangé les commissions, je suis allée voir ma mère. Elle se trouvait dans la cuisine avec Pauline et Patsy, ses filles préférées. Elles avaient la vie facile, mes sœurs, surtout par rapport à moi.

— Est-ce qu'il y a encore quelque chose à faire ? ai-je demandé.

— Va nettoyer la salle de bains.

— C'est fait et les toilettes aussi. J'ai passé l'aspirateur partout et le linge est étendu.

— Trouve autre chose ! a-t-elle rugi.

— Je peux me faire une tasse de thé ?

Elle m'a ignorée, continuant à bavarder avec mes sœurs. Je restais près de la porte, pour ne pas me risquer à portée de ses mains. J'attendais. Elle avait un grand sac en face d'elle.

— Essayez ça et dites-moi si ça vous va, a-t-elle fait en sortant une jupe et une veste jaune citron et verte, très à la mode.

Pendant que Pauline et Patsy poussaient des cris d'admiration, je suis passée derrière ma mère pour mettre la bouilloire sur le feu et me préparer un thé. J'ai pressé le sachet avant de filer en bas. Quand j'ai été sûre qu'elle restait avec mes sœurs, je me suis faufilée dans sa chambre pour prendre un peu de lait et du sucre. Je suis très vite retournée à la porte que j'ai entrouverte. Rassurée d'entendre leurs rires en haut, je me suis glissée dehors. J'ai couru tout au fond du couloir pour boire une gorgée de thé, avant de cacher ma tasse derrière quelques affaires. Je suis remontée dans la cuisine. Pauline avait enfilé les nouveaux vêtements : un superbe deux-pièces avec une jupe et une veste mi-longues.

— C'est joli, ai-je commenté pendant que Patsy essayait sa tenue à son tour.

— Va dans ta chambre, a dit ma mère.

J'ai préféré obéir et me mettre à ma composition d'anglais. Ensuite, j'ai eu un peu de temps libre. J'avais terminé mes devoirs. Je suis retournée finir mon thé et j'ai remonté la tasse dans ma chambre pour la cacher au fond de l'armoire avec mes biscuits. Je la rapporterais à la cuisine quand il n'y aurait plus aucun risque.

J'étais de plus en plus déprimée. La vie était trop injuste. J'en avais assez de devoir voler des biscuits dans la chambre de ma mère, assez de toujours devoir l'éviter. J'en avais plus qu'assez de porter les vêtements des autres... et c'est alors qu'une idée m'est venue : un travail le samedi, voilà ce qu'il me fallait ! Je n'étais plus jamais retournée à la cafétéria d'Eastman, mais cette matinée avec les ouvriers m'avait donné des idées. Je voulais un emploi, n'importe lequel, pourvu que je puisse m'acheter des habits neufs. Mais qui accepterait de m'embaucher ? Je n'avais même pas de carte de sécurité sociale.

Je suis restée dans mon coin toute la journée, ne m'aventurant hors de ma chambre que quand la voie était libre. Mes frères et sœurs jouaient dans leurs chambres ou alors regardaient la télé avec ma mère.

Tous mes devoirs étaient faits et déjà rangés dans mon cartable posé à côté de la porte. J'ai étalé mes affaires d'école sur le lit. Mon blazer de deuxième main était toujours trop grand pour moi. Il était aussi usé aux coudes et il avait déteint. Ma jupe était si longue que je devais la replier quatre fois à la taille. Le tissu étant assez épais, on aurait dit que j'avais du ventre. Mes chaussures étaient dans un état lamentable mais elles allaient devoir attendre qu'on veuille bien me donner la paire d'une de mes sœurs. Tout cela me démoralisait. Il était près de 21 h 30 et je n'avais toujours pas mangé. Mais ça m'était égal, je n'avais pas faim, pas faim d'un dîner en tout cas. Mes sœurs m'apporteraient sans doute quelque chose si elles se rendaient compte de mon absence à table. Il était inutile de s'inquiéter de ça pour l'instant. Un jour, je finirais bien par avoir ma vie à moi.

J'ai commencé à somnoler jusqu'à ce que je prenne conscience qu'on me secouait. Patsy.

— Clare, Clare… Vite, a-t-elle chuchoté.

Je n'avais pas vraiment envie de répondre. Elle avait mangé, elle, et elle n'avait pas pensé à moi de tout le repas, alors pourquoi venait-elle m'embêter maintenant ? J'ai senti qu'elle posait quelque chose près de moi avant de quitter la pièce. J'ai repoussé la couverture qui me couvrait la tête et j'ai découvert deux raviolis emballés dans un mouchoir en papier. Elle ne m'avait pas oubliée. Mmm… des raviolis. Je me suis assise à même le sol pour les déguster, toujours enveloppée dans ma couverture. J'avais le dos tout raide et un courant d'air froid sortait de la cheminée, mais j'étais bien, emmitouflée comme ça. J'avais dû dormir un bon moment : dehors, il faisait nuit noire.

Juste à l'instant où je mordais dans ma première nourriture de la journée – à l'exception d'un biscuit –, j'ai entendu ma mère monter. Quand elle est arrivée à l'étage, j'avais déjà avalé le ravioli et caché le second dans ma culotte. Je me suis recouchée, dos à la porte. Elle est entrée. Je n'ai pas bougé, je ne respirais même pas.

— Clare.

Je n'ai pas répondu.

— Clare !

Je me suis tournée sur le dos en gémissant comme si je venais de me réveiller.

— Bonjour, maman.

Elle me toisait.

— Où est ton lit ?

— Je ne sais pas. Il a disparu.

Grâce au ciel, elle est repartie mais je suis quand même restée cachée sous la couverture. Le ravioli était délicieux.

13

Travailler le samedi

1969

Un dimanche, on m'a envoyée faire les courses au marché d'East Street. Ma mère m'avait confié son caddie aux roues énormes qui se coinçaient sans arrêt. La liste des commissions était interminable et il n'était pas question de tout acheter au même endroit : les marchands se livraient une concurrence féroce. Il fallait donc trouver ceux qui cassaient encore plus les prix que leurs voisins. Après avoir suivi ma mère pendant des mois et des mois, je savais exactement où aller. J'ai quitté la maison avec la moitié de l'argent dans mon porte-monnaie épinglé à la doublure de mon manteau, et l'autre moitié cachée à l'intérieur du chariot, sous la bâche du fond. Sur le trajet, je suis passée devant le poste de police de Carter Street. Dehors, une affiche signalait une disparition : quiconque disposant de la moindre information concernant cette personne devait se présenter au poste ou bien appeler le numéro qui était écrit en rouge. J'aurais bien aimé disparaître moi aussi, sauf que tout le monde se mettrait à ma recherche. Ma mère risquerait d'en faire une attaque. Elle serait folle d'inquiétude à l'idée qu'on ne me retrouve pas… et folle d'inquiétude aussi à l'idée qu'on me retrouve. Parce que, alors, il faudrait que j'explique pourquoi j'avais voulu disparaître. À bien y réfléchir, une fugue pouvait présenter certains avantages.

Au feu, j'ai traversé devant Dolcis, la boutique de chaussures, avant de m'engager dans le marché. Il y avait foule.

— Trois pour un shilling, c'est un régal, mesdames. Et c'est des Anglaises, y a pas mieux. Regardez-moi ça ! Une qualité pareille. Mais si vous voulez moins cher, vous pouvez avoir une douzaine d'étrangères pour le même prix. C'est votre bonhomme qui va être surpris ! Sortez vos porte-monnaie, mesdames. Salut, ma petite. Qu'est-ce que tu veux, de l'étrangère ou de l'Anglaise ?

— De l'Anglaise, s'il vous plaît.

— Et trois pommes, trois. Des Cox ou des Smith ?

— Six Cox, s'il vous plaît.

— Oh, la gourmande. Allez, mesdames, ramenez une étrangère à la maison ce soir, surprenez votre mari. Réveillez ses envies.

Le marchand a mis mes pommes dans un sac avant de tendre un melon à la femme qui me suivait.

— Avec ça, vous allez pleurer, a-t-il crié. Mesdames, mesdames, mesdames, servez-vous. Avez-vous jamais rien vu d'aussi beau ? C'est monsieur qui va être content.

— Et des bananes, s'il vous plaît, ai-je dit.

— Mesdames, mesdames, mesdames, venez voir nos bananes. On en a des mûres, on en a des vertes et même, mesdames, des très vertes. Une femme d'expérience sait bien que rien ne vaut un régime de bananes bien vertes. Allez, mesdames, venez vous servir chez moi. Vous trouverez pas moins cher ailleurs.

Il a déposé les bananes dans mon chariot.

— Rien d'autre, la miss ?

— Quelques prunes, s'il vous plaît.

— Allez, mesdames, mesdames, mesdames... Qu'est-ce qui est rouge et juteux avec un cœur bien dur et une chair bien tendre ? Mes prunes, mesdames, on se les arrache, mes prunes. Six pour une demi-couronne. Tout le monde y gagne. Rien d'autre, ma belle ?

— Si, je pourrais avoir trois livres de King Edward, s'il vous plaît ?

— Mesdames, mesdames, mesdames, vous voulez mes King Edward ou quoi ? Ça, c'est de la pomme de terre. La meilleure, la plus grosse et la moins chère. Rien d'autre, mon cœur ?

— Non, merci. Ce sera tout.

Il a fait son addition sur un coin de sac en papier. Je lui ai tendu un billet de dix shillings et il m'a rendu la monnaie. Je l'ai remercié. Tandis que je m'éloignais, il s'est mis à brailler :

— Et voilà, une autre cliente satisfaite de mes services ! Elles m'adorent toutes, a-t-il fait en se tournant vers une autre femme. Madame, que puis-je faire pour vous plaire ? Votre mari sait que vous êtes ici ?

Il fallait slalomer entre les passants et les chariots. J'avais besoin de lait concentré et de sucre. Ma mère m'avait indiqué un étal quelque part sur la droite, moins cher que tous les autres. Je l'ai trouvé et les cartons de lait se sont empilés dans mon caddie. Ensuite, sur ma liste, venait le tour du corned-beef et des corn flakes. Je détestais faire le marché. Et si Lizzie Lock me voyait ? Elle le raconterait à toute la classe. J'évitais le stand de ses parents et j'en ai trouvé un autre qui vendait les corn flakes à un bon prix.

— Trois boîtes, s'il vous plaît, et quatre de sucre.

— Oh, oh, on dirait bien que tu manques de douceurs, petite.

— Pour ça, oui, j'en manque.

— Faut pas faire une tête pareille, ma belle. Rien d'autre ?

— Si, trois boîtes de corned-beef.

— Allez, petite. La vie n'est pas si grave. Souris un peu.

Je me suis forcée à sourire.

— Ah, mais c'est pas vrai, ça. Vas-y, raconte tout à tonton Pete. Qu'est-ce qui se passe ? Dis-moi tout.

Il souriait lui aussi, mais j'ai vu dans son regard qu'il était sincère. Soudain, sans pouvoir m'en empêcher, j'ai éclaté en sanglots.

— Je voudrais travailler le samedi. Vous n'auriez pas quelque chose pour moi ? Juste le samedi ?

— Ah, mon cœur, j'voudrais bien mais j'peux pas t'embaucher.

Les larmes ruisselaient sur mon visage, à présent, et venaient s'écraser en grosses gouttes sur mes boîtes de corned-beef. Je faisais une véritable crise d'hystérie en plein marché. Pete m'a emmenée à l'écart.

— Pourquoi tu l'as fait pleurer comme ça, cette pauvre petite ? lui a demandé une cliente.

— Pervers ! a crié une autre. Appelez la police.

Pete les a ignorées et m'a entraînée derrière son stand, entre les boîtes de sucre et les pots de confiture à la fraise.

— Tu veux m'en parler, mon cœur ?

— Non.

— C'est à la maison, c'est ça ?

— Oui.

— Qu'est-ce que j'peux faire ?

— Me donner du travail le samedi.

— Ah, petite, j'aimerais, vraiment... mais j'peux pas.

Je continuais à pleurer. C'était plus fort que moi. Au bout d'un moment, il m'a tendu un sac en papier marron pour sécher mes larmes. Je l'ai froissé et je me suis mouchée.

— J'vais te dire, a repris Pete. L'autre jour, j'suis passé devant ce magasin sur Walworth Road, comment y s'appelle déjà ? Juste à côté de la bibliothèque... Roses ! C'est ça, Roses... et il y avait une affiche pour demander une vendeuse le samedi. Tu vois où je veux dire ? Près de la bibliothèque, en face du feu rouge ? Et si t'allais voir ? Ils cherchent peut-être encore quelqu'un ?

Je pleurais toujours et il a posé la main sur mon épaule.

— Allez, courage, petite, a-t-il ajouté en prenant un autre sac en papier sur lequel il a écrit : *Roses, près de la bibliothèque, en face du feu.*

Il a déchiré le sac et m'a glissé dans la main le morceau qui portait ses indications.

— Pleure plus, mon cœur. Et tu ferais bien d'y aller tout de suite si tu ne veux pas arriver trop tard.

J'ai rangé le corned-beef dans mon chariot, j'ai séché mes larmes et glissé le bout de papier dans ma poche. Je l'ai remercié avant de partir.

— Reviens me dire si ça a marché, m'a-t-il lancé. Bonne chance, petite !

Traînant toujours mon chariot derrière moi, j'ai de nouveau parcouru le marché avant de tourner à droite dans Walworth Road en direction de la bibliothèque. Arrivée au feu rouge, j'ai traversé. Roses se trouvait au coin de la rue. C'était un magasin de vêtements pour femmes et la vitrine était remplie d'articles à la dernière mode. Voyant ça, je me suis dit qu'ils ne m'embaucheraient jamais. Je n'étais pas assez bien habillée et, en plus, je venais de pleurer. J'avais les yeux tout gonflés. Je ne pouvais décemment pas entrer demander un emploi. On me rirait au nez.

Réfléchissant à la situation, j'ai continué sur le même trottoir jusqu'à J. Baldwin et sa devanture remplie de bouteilles de salsepareille. J'avais trois solutions : aller à la boutique maintenant, plus tard ou jamais. Si j'y allais maintenant, je risquais de donner mauvaise impression. Quant à ne pas y aller du tout, c'était hors de question. Ce qu'il fallait faire, c'était revenir plus tard. Oui. D'abord rapporter les courses à la maison, me rendre un peu plus présentable et, ensuite, revenir chez Roses.

Je suis rentrée aussi vite que le permettait mon chariot. J'ai d'abord rangé toutes les commissions qui allaient dans la cuisine, avant de m'occuper de celles qu'on devait mettre dans la chambre de ma mère. Je l'ai trouvée assise à sa place habituelle.

— J'ai oublié le beurre, ai-je dit. J'y retourne tout de suite.

— Dépêche-toi, a-t-elle aboyé.

Je suis allée dans la salle de bains pour m'asperger le visage, me laver les dents et me brosser les cheveux. À vos marques, prêt, partez.

J'ai essayé de ne pas trop courir. Quand j'ai poussé la porte du magasin, je ne savais pas trop ce que j'allais dire. Il y avait deux présentoirs vitrés de part et d'autre de l'entrée et des tas de mannequins tout minces qui portaient les derniers modèles à la mode. Pas franchement le gabarit des femmes qui fréquentaient Walworth Road.

La femme à la caisse était assez âgée : elle devait avoir près de cinquante ans. Respirant un bon coup, j'ai rassemblé tout mon courage.

— Excusez-moi, mais au marché on m'a dit que vous cherchiez quelqu'un le samedi. La place est-elle toujours libre ?

— Qui t'a dit ça ?

— Je crois qu'il s'appelle Pete.

— Quel âge as-tu ?

— Quinze ans.

— Tu as déjà travaillé ?

— Oui.

— Où ça ?

— Dans une cafétéria, comme cuisinière.

Ce boulot avec Eastman allait peut-être se révéler utile, après tout. La femme m'a encore posé quelques questions, avant de me dire qu'elle s'appelait Eileen et qu'elle serait ravie de me faire faire un essai à partir de la semaine suivante. Deux autres personnes étaient employées à plein temps dans la boutique et une autre à temps partiel le samedi.

— Tu devras être ici à 9 heures du matin et nous finissons à 18 heures. Tu auras une heure pour déjeuner, sauf si nous avons beaucoup de monde. Dans ce cas, tu ne pourras pas t'absenter plus de trois quarts d'heure. Il faudra être tout le temps bien habillée et te montrer très aimable avec la clientèle.

— D'accord.

— En plus, tu auras droit à vingt-cinq pour cent de réduction sur tous les articles du magasin.

Génial ! En quittant la boutique, je n'étais plus la même. J'avais un travail !

Le seul problème, c'est qu'il allait falloir l'annoncer à ma mère.

Elle était au salon.

— Maman, j'ai trouvé un travail le samedi. Je commence la semaine prochaine.

— Combien te paient-ils ?

— Je ne sais pas mais ils m'ont vraiment dit de venir la semaine prochaine.

— Pourquoi n'as-tu pas demandé combien ils allaient te payer ?

— Ils m'ont embauchée, maman.

— À quoi ça sert d'avoir un travail si tu ne sais pas combien tu vas gagner ? Bon… Dorénavant, tu paieras ta part des dépenses de la maison. Ne compte pas sur moi pour t'entretenir.

— Je n'ai jamais pensé que tu m'entretenais.

— Qu'est-ce que tu veux dire par là ?

— Eh bien, je ne savais pas que c'était toi qui payais pour moi. Je croyais que c'était papa.

— Ne joue pas à la plus maligne avec moi, petite garce. Si tu travailles, tu paies. Si tu ne veux pas payer, ne travaille pas.

J'ai bien refermé la porte derrière moi avant d'aller annoncer la bonne nouvelle à mes sœurs. Elles ont été très impressionnées. Elles m'ont posé des dizaines de questions mais, ce qui les intéressait surtout, c'était de savoir comment étaient les robes. Et voilà comment, moi, Clare Briscoe, j'ai été la première de la famille à se prendre en charge et à trouver un emploi. Les choses allaient changer.

J'étais folle d'excitation. Il me tardait d'être au samedi suivant. Dans la semaine, j'ai accompli des merveilles à l'école : tous mes devoirs rendus à temps et aucun rattrapage à faire pendant le week-end. J'aurais l'esprit libre pour me concentrer sur mon nouveau métier : la vente d'articles à la dernière mode. Le samedi venu, je me suis levée tôt, j'ai pris une bonne douche pour me débarrasser de l'odeur d'urine, avant de choisir ma tenue. J'ai tranché en faveur de ma robe en velours vert. À 8 h 30, j'ai pris une tasse de thé et, à 8 h 35, j'ai quitté la maison pour me rendre à mon premier vrai travail.

Je suis arrivée à 8 h 45. La boutique n'était pas encore ouverte mais ça ne me dérangeait pas d'attendre… Au moins, je n'étais pas en retard.

Eileen est arrivée peu avant 9 heures et m'a demandé si ça faisait longtemps que j'étais là.

— Je viens d'arriver, ai-je répondu.

J'ai porté ses sacs pendant qu'elle ouvrait la porte. Elle s'est précipitée au fond du magasin pour débrancher l'alarme, puis elle est revenue allumer les lumières et m'envoyer lui chercher une tasse de thé de l'autre côté de la rue. Elle m'a donné une livre en me disant que je pouvais en prendre une, moi aussi. Ce que je n'ai pas fait car je venais d'en boire. Il fallait ouvrir la caisse enregistreuse, compter le fond de caisse et retourner le panneau en vitrine pour annoncer que c'était ouvert. À 9 h 30, toutes les autres employées étaient là : Mary, une jolie fille dingue de Rod Stewart, Hanekia, qui était grecque et allait bientôt se marier, et Linda, une fausse blonde avec de beaux cheveux raides, qui avait une relation difficile avec un petit ami difficile. Elles se sont toutes montrées très gentilles avec moi et elles m'ont toutes demandé mon âge. J'ai continué à dire quinze ans.

C'était merveilleux de travailler chez Roses. Les clientes entraient et commençaient toujours par faire un tour dans le magasin. Ensuite, je les aidais à trouver la bonne taille, leur montrais la cabine d'essayage, tirais les rideaux et attendais pour être bien sûre de récupérer le vêtement. Une fois qu'elles l'avaient enfilé, je m'exclamais : « Oh, comme c'est joli sur vous » ou « la couleur vous va si bien » ou « je crois que vous devriez essayer la taille en dessous. Voulez-vous que j'aille vous la chercher ? » Cette dernière proposition rencontrait toujours un franc succès. Si elles étaient satisfaites et voulaient acheter l'article, je les accompagnais auprès d'Eileen à la caisse. Son travail à elle consistait à prendre l'argent en échange d'un ticket. Ce premier jour a été génial, passionnant et drôle. Les jeunes s'imaginaient toutes avec des poitrines plus grosses qu'elles ne l'étaient en réalité et les femmes essayaient toujours des trucs trop petits en disant que c'était bizarre, qu'elles avaient dû prendre un peu de poids. C'était extraordinaire, le nombre de femmes qui ne connaissaient pas leur taille exacte.

Au déjeuner, Eileen m'a dit de prendre une heure entière de pause. Je me sentais bien, très bien. J'ai déambulé dans Walworth Road pour admirer les vêtements, les chaussures et les livres que je pourrais m'acheter dès que j'aurais fait des économies. J'allais avoir des sous maintenant. Je me suis même arrêtée chez Dolcis.

Puis je suis allée au marché dans l'espoir de retrouver Pete. Il était à son stand.

— Bonjour, Pete.

Il s'est retourné.

— Je te connais ? Non, ne me dis pas. Ça va me revenir.

Je n'ai rien dit.

— Je sais. C'est toi qui étais là, la semaine dernière, pas vrai ? Tu m'as flanqué une sacrée trouille, tu sais, petite ? Comment tu vas maintenant... C'est fini, les larmes ?

— Pete, j'ai eu cette place dont vous m'aviez parlé. Je vous remercie du fond du cœur et je regrette si je vous ai fait peur.

— T'inquiète pas, mon cœur. Alors, ça va mieux… Vraiment ? Tu sais, ce pourquoi tu t'es mise à chialer l'autre jour ?

— Ça va mieux, Pete, et merci beaucoup de m'avoir parlé de cette place. J'ai commencé aujourd'hui.

— Sans blague, c'est vrai ? Tu te moques pas de moi ?

— Non, Pete, c'est vrai. Je suis en pause-déjeuner. Et il va falloir que j'y retourne. Je ne veux pas être en retard.

Il a choisi une belle pomme verte qu'il a frottée contre son tablier, puis il a pris une grosse orange. Il a mis les deux fruits dans un sac en papier qu'il m'a tendu en disant :

— Tiens, comme ça t'oublieras pas le vieux Pete. Et si tu veux encore pleurer dans un de mes sacs, j'en ai des tas.

Je suis retournée chez Roses avant la fin de mon heure et j'ai mangé mes sandwichs et mes fruits dans l'arrière-boutique avec une tasse de thé. J'ai continué à travailler jusqu'à ce que, vers 17 h 30, Eileen me demande de commencer à ranger pendant qu'elle faisait la caisse. J'ai vidé les cabines d'essayage, remis les vêtements en rayon en m'assurant que tous les cintres étaient bien dans le même sens. Il fallait nettoyer les miroirs des cabines, sortir les poubelles et, finalement, passer l'aspirateur. Nous avons fini juste avant 18 heures. Eileen était très contente de moi. Elle m'a donnée une enveloppe brune. Je l'ai remerciée. Je suis allée aux toilettes pour regarder dans l'enveloppe. Elle contenait huit livres et une fiche de paie.

En redescendant Walworth Road, je me suis arrêtée au Wimpy pour m'acheter un cheeseburger et des frites que j'ai payés avec mon argent à moi. Quand je suis arrivée à la maison, l'odeur de frites ne se sentait presque plus. J'ai étalé tous mes billets sur mon lit pour les recompter. Pauline et Patsy sont passées. Carl a fait une brève apparition pour voir si je n'avais pas rapporté des bonbons. Je n'avais pas la moindre idée de ce que j'allais faire de ma petite fortune. En économiser une partie, bien sûr, et utiliser le reste pour m'acheter à manger. Mes deux sœurs ont déclaré qu'elles aussi allaient chercher un travail. Au moins, ça leur éviterait de rester cloîtrées ici. Quand ma mère m'a appelée, j'ai rangé mon argent dans mon porte-monnaie et je suis descendue.

— Et si on parlait de ta part, maintenant que tu travailles ?

— C'est juste le samedi et je ne gagne pas grand-chose.

— Je me moque que ce soit juste le samedi. Tu utilises plus d'électricité que n'importe qui d'autre dans cette maison. Pour commencer, il y a ton alarme qui bouffe du courant toute la nuit. Tu n'espères quand même pas que j'vais payer pour toi ? C'est pas moi qui te force à pisser au lit.

— Combien veux-tu ?

— J'estime que tu devrais tout me donner.

— Mais alors, ça sert à rien que je travaille. Il vaudrait mieux que j'arrête tout de suite.

— C'est ton problème. Personne ne t'a forcée à travailler.

— C'est mon argent et j'ai travaillé pour le gagner.

— Mais pour qui tu te prends ? Alors, dis-moi, selon toi, à combien se monte ta part ?

— J'estime que trois livres, ce serait juste.

— Bon, ça suffira à peine pour l'électricité… mais dorénavant, tu devras te payer ta nourriture et tes vêtements. Si tu es assez âgée pour travailler, tu l'es aussi pour t'occuper de toi.

Ce n'était vraiment pas juste.

Mary était bien d'accord avec moi.

14

Hôpital

1969

Quelques jours plus tard, en rentrant de l'école, je suis allée chercher mon dîner dans la cuisine. Je n'ai rien trouvé. Pas la moindre miette. Il était inutile de demander quoi que ce soit à ma mère. Je suis donc montée dans ma chambre. Mon lit était revenu. C'était comme s'il avait toujours été là. J'ai enfilé ma chemise de nuit et je me suis couchée en tirant les draps au-dessus de ma tête. Ils étaient secs et l'odeur de propre était vraiment délicieuse. Je ne me souvenais pas de la dernière fois où j'avais eu des draps propres. À qui devais-je cette double attention ? Je n'en avais pas la moindre idée et cela n'avait aucune importance. Je connaissais cette odeur, c'était celle de la lessive préférée de ma mère. Mon pot de chambre se trouvait sous le lit. On lui avait conseillé d'en mettre un à ma portée pour que je m'entraîne à l'utiliser en cas de besoin. Ce truc ressemblait à un grand seau avec une poignée. Bah, ça pourrait peut-être servir.

Quand j'ai eu douze ans, mes seins ne se sont pas développés comme je l'avais espéré. Je m'étais imaginé qu'ils pousseraient en même temps et qu'ils seraient plus ou moins identiques. De fait, ils n'avaient ni la même taille ni la même forme, et les problèmes ne s'arrêtaient pas là. Je ne m'en étais rendu compte que très récemment, en m'examinant après une séance de pincements infligés par ma mère. Le gauche était en permanence douloureux, le téton entouré d'une croûte épaisse et brune, comme du sang séché, emprisonnant des bouts de peau. Dessous, la chair était à vif et saignait souvent.

Sur la partie supérieure du sein, il y avait une grosse boule de la taille d'une moitié d'œuf. Elle bougeait sous la peau quand je la touchais. Quant à mon sein droit, il était si déformé qu'un examen était presque impossible. Une énorme bosse sur la partie supérieure étirait la peau au point qu'elle en paraissait aussi fine que du papier de soie. À cet endroit, on voyait le sang battre lentement, comme un pouls. J'étais certaine que ces boules avaient une vie autonome et qu'elles se promenaient sous ma peau. À droite, il y en avait une autre, plus petite mais tout aussi douloureuse. Ces malformations avaient dû être provoquées par les coups, les torsions et les pincements de ma mère. Personne n'était fait pour supporter un tel traitement. J'ai alors pris une résolution. Dorénavant, quand elle m'attaquerait, je me défendrais.

J'avais entendu parler du cancer et c'est ce qui m'a poussée à consulter un médecin. À l'école, j'avais observé mes camarades et aucune ne semblait en proie aux mêmes soucis. Quand nous nous changions aux vestiaires pour les cours de gym, je voyais bien qu'elles avaient des seins très bien formés. Dès que j'ai pu, j'ai pris un rendez-vous avec le Dr McManus. Il était très doux et très compréhensif. Je me suis fait accompagner par Pauline mais sans lui révéler pourquoi je tenais à le voir aussi vite. Quand mon tour est venu, je lui ai dit de rester dans la salle d'attente et je suis entrée seule.

— Que puis-je faire pour toi, mon enfant ? s'est enquis le Dr McManus en consultant mon dossier. Tu as toujours tes problèmes, la nuit ? Bah, ce n'est pas grave, ça va bientôt s'arranger. Alors, dis-moi, que se passe-t-il ?

Assise face à lui, je suis restée muette.

— Tu ne serais pas venue jusqu'ici si tu n'avais pas un petit souci, n'est-ce pas ?

Je lui ai alors expliqué que, ces derniers temps, en me déshabillant, j'avais découvert trois boules dans mes seins qui me paraissaient un peu bizarres. Je ne savais pas ce que c'était.

— Quel âge as-tu ? Ah oui, je vois, douze ans. Eh bien, mon enfant, je suis sûre qu'il n'y a pas à s'inquiéter. Va derrière ce rideau et enlève le haut.

J'ai obéi et je suis ressortie en me cachant la poitrine avec mes bras. Il n'a pas bronché et m'a montré le lit d'examen.

— Maintenant, mon enfant, indique-moi juste où se trouvent ces boules.

Je lui ai montré la première sur mon sein gauche.

— Inspire, oui, c'est ça. Profondément. Et maintenant expire. Encore une fois. Oui. Encore. Maintenant, Clare, je vais te toucher mais juste sur le bord. Si tu éprouves la moindre gêne, dis-le-moi.

Il a posé délicatement une main d'un côté du sein avant de le pousser avec l'autre. La boule était énorme.

—Bon, à l'autre à présent. Inspire, c'est ça. Encore. Et encore. C'est bien. Dis-moi, ça fait combien de temps que tu as ça ?

Je ne savais pas trop quoi lui répondre.

—Non pas, a-t-il ajouté très vite, qu'il y ait à s'inquiéter. Il n'y a vraiment pas de quoi s'inquiéter.

Il a pris des mesures sur ma poitrine avant de me demander pourquoi ma mère ne m'accompagnait pas.

—Elle a dû rester pour faire la cuisine, ai-je répondu.

Tout en me répétant que je n'avais pas à m'inquiéter, il a décroché son téléphone. Je l'ai entendu dire :

—Urgences d'oncologie, s'il vous plaît.

Il a expliqué dans le combiné qu'il se trouvait en présence d'une charmante jeune fille de douze ans qui présentait trois traumas majeurs aux seins. À gauche, à 9 heures ; à droite, à midi et 3 heures. Les traumas étaient flexibles et bougeaient librement sous la peau. Les symptômes étaient surprenants étant donné mon âge et l'absence d'antécédents. Il désirait que je sois examinée en urgence. Les traumas étaient douloureux et croissaient à une vitesse alarmante. Les deux sur le sein droit étaient séparés par huit centimètres et il était vital que je voie quelqu'un au plus tôt. Aucune raison valable ne pouvait expliquer de tels symptômes. Un rendez-vous a été fixé pour la semaine suivante.

J'ai remercié le docteur et j'ai quitté son cabinet avec la recommandation expresse de revenir le voir sur-le-champ si mes boules grossissaient encore. Il m'a suivie dans la salle d'attente et a fait signe à ma sœur.

— Bonjour, Pauline. Comment vas-tu ? Bien, j'espère. Dis-moi, quand tu seras rentrée, tu pourras dire à ta mère de me passer un coup de fil ? À n'importe quelle heure. Elle a mon numéro. Je préférerais ce soir, mais elle peut aussi m'appeler demain matin.

Sur le trajet du retour, ma sœur m'a demandé :

— Qu'est-ce qui t'arrive ? Pourquoi veut-il parler à maman ?

— Je ne sais pas. Ce n'est pas à cause de moi, en tout cas. Je ne veux pas avoir affaire à elle.

— Qu'est-ce que tu as ?

— Rien.

— Tu as sûrement quelque chose... Sinon, il ne voudrait pas lui parler.

— Ils ont trouvé un remède à l'énurésie. Il veut être le premier à le lui annoncer.

Nous avons continué à marcher en silence. C'était quoi, un trauma ? Est-ce qu'on pouvait en mourir ?

Je suis montée tout droit dans ma chambre pendant que Pauline frappait à la porte de ma mère. J'ai retiré mon uniforme d'école et je me suis changée pour descendre m'occuper du ménage. La cuisine et la salle de bains étaient impeccables. J'ai versé de l'eau de Javel dans les toilettes et j'ai passé l'aspirateur dans l'escalier, du troisième au rez-de-chaussée, et dans l'entrée. Cela étant fait, j'ai attaqué mes devoirs. J'aimais bien travailler, mais je n'avais jamais assez de temps. Mes résultats à l'école étaient bons : j'avais du potentiel, disait mon bulletin, cependant je manquais de constance. On avait pris la décision de me faire passer dans un groupe de niveau supérieur. J'espérais bien être admise un jour dans le meilleur groupe.

Mes devoirs terminés, je suis descendue dans la cuisine voir ce qu'il y avait pour dîner. Encore une fois, on ne m'avait rien laissé. J'allais devoir manger des biscuits de ma réserve. Heureusement que j'avais la cantine. Les repas étaient géniaux. Je les adorais. Les autres filles se plaignaient souvent, mais moi je pensais : Dieu préserve la cantine. Je finissais toujours mon assiette, pourtant je ne demandais jamais de rab, sauf si on nous le proposait. Je ne voulais pas qu'on m'accuse de me goinfrer.

Ce soir-là, ma mère est venue m'annoncer qu'elle avait parlé au médecin et qu'elle m'accompagnerait à l'hôpital la semaine suivante. J'ai répondu que ce n'était pas nécessaire. Elle n'avait pas à s'inquiéter : je ne comptais pas la dénoncer.

Mon rendez-vous à l'hôpital ne s'est pas du tout passé comme je m'y attendais. On n'allait pas me soigner tout de suite. D'abord, il fallait faire plusieurs radiographies et attendre qu'elles soient développées. Ensuite, l'hôpital enverrait un compte rendu à mon médecin traitant. Je me suis retrouvée pressée contre une machine, nue jusqu'à la taille, tandis qu'une radiologue, postée derrière un écran protecteur, me lançait ses instructions.

—Maintenant, retiens ton souffle, Clare. Ne bouge pas... C'est ça. Voilà... Tu peux respirer. Bien. On recommence. Ne bouge pas. C'est bon.

Une lumière rouge s'allumait au moment où le cliché était pris. Quand ça a été terminé, elle a retiré une grosse boîte carrée de la machine, celle qui contenait les pellicules. Je me suis rhabillée et je suis sortie attendre les résultats. L'infirmière est venue m'annoncer que j'avais aussi besoin d'une échographie. Elle m'a donné un document à remettre au service concerné. Je m'y suis donc rendue et on m'a appliqué une substance froide et visqueuse sur la poitrine avant de me passer une sorte de tampon sur les seins. Une image est apparue sur l'écran.

Personne ne m'a expliqué quoi que ce soit. On me disait juste « Comment vas-tu, Clare ? » ou « Tu es un peu jeune », mais personne ne me précisait pour quoi j'étais un peu jeune.

Après mon examen, je me suis essuyée avec du papier absorbant. Je me suis rhabillée et je suis rentrée. Quelques jours plus tard, le Dr McManus a téléphoné à la maison. Il avait reçu une lettre et je devais venir au cabinet le plus tôt possible.

Là, il m'a indiqué que je devais retourner faire de nouveaux examens. C'était nécessaire, mais il n'y avait vraiment pas de quoi m'inquiéter. Par ailleurs, il s'agissait d'un hôpital universitaire. Mon cas étant assez rare, un certain nombre d'internes aimeraient me rencontrer. Enfin, ce n'était pas vraiment moi qu'ils voulaient voir... C'étaient plutôt mes symptômes qui les intéressaient. Mais il n'y avait vraiment pas de quoi s'inquiéter, a-t-il répété. C'était un excellent établissement. Les médecins avaient beaucoup d'expérience. Au moment où je partais, il a ajouté :

— Au fait, comme il y aura aussi beaucoup d'étudiants, ils vont probablement organiser une petite collecte pour toi.

Je pense qu'il a dit ça pour m'encourager.

À mon retour à l'hôpital, on m'a emmenée dans une cabine de déshabillage où on m'a demandé de me mettre torse nu et d'enfiler une sorte de chemise de nuit qui s'ouvrait par-devant. Ensuite, je me suis retrouvée dans un amphithéâtre devant environ soixante-dix personnes, toutes vêtues d'une blouse blanche. Seul le professeur n'en portait pas. L'objet de sa leçon, c'était moi.

Il a commencé en expliquant en quoi j'étais un cas si surprenant. Il a ensuite montré le tableau noir où figurait un dessin représentant mes seins avec trois flèches pointant vers trois zones hachurées. Il m'a demandé de me mettre de profil pour que les étudiants puissent mieux me voir puis, à l'aide d'une baguette, il a montré sur mon corps les endroits « traumatisés ». Il m'a ensuite remerciée de m'être montrée si gentille et si patiente et il a invité ceux que cela intéressait à venir me voir de plus près. Certains sont descendus. Ils se sont adressés à moi avec politesse, me demandant dans quelle école j'allais et ce que je comptais faire plus tard. D'autres sont juste venus m'examiner et me palper les seins. J'étais plantée là, les bras ballants, en essayant de ne pas les regarder.

Le professeur m'a demandé si j'avais déjà souffert de traumas aux seins et j'ai répondu : « Non. » D'abord, j'ignorais ce qu'il entendait par trauma et, ensuite, je n'avais aucune envie de lui raconter ma vie à la maison. Après de nouveaux remerciements, il m'a dit que je pouvais me rhabiller et qu'on m'attendait à la réception. Là, on m'a donné un autre rendez-vous pour me faire enlever ces boules, ainsi qu'une petite enveloppe remplie de monnaie de la part de tous les étudiants. Je devais aussi retourner voir mon médecin traitant, qui m'expliquerait tout.

Ce vendredi-là, comme tous les autres, je suis allée à l'église. J'ai remonté l'allée et je me suis assise au troisième rang. Je voulais que Dieu me voie et m'entende. J'avais quelque chose à Lui confier.

— Mon Dieu, je T'en prie, aide-moi à ne plus faire pipi au lit. Je T'en prie. Ce n'est pas comme si je Te demandais souvent des faveurs, mais c'est très important pour moi. Toute ma vie en dépend. Alors, si Tu pouvais trouver un moyen de m'accorder mon vœu et de me guérir, je T'en serais éternellement reconnaissante. Amen.

De retour à l'école, le proviseur nous a dit que si nous avions un problème, Dieu était là. Il était partout et Il était au courant de tout. Si nous n'arrivions pas à nous débrouiller tout seuls, il suffisait de Lui demander. Eh bien, c'était exactement ce que je venais de faire.

Ce soir-là, j'ai préparé mon bagage pour l'hôpital. Une brosse à dents, un peigne, une paire de chaussettes propres et une chemise de nuit qui ne sentait pas. J'ai bien fait attention à ne plus rien manger après 18 heures. Je ne me rappelle plus comment je suis allée à l'hôpital, ou si quelqu'un m'accompagnait. Une infirmière m'a montré mon lit avant de s'assurer que j'étais bien la personne concernée. Elle m'a posé un bracelet avec mon nom au poignet. Ensuite, pour une raison idiote, elle a encore vérifié que j'étais bien celle dont le nom était inscrit sur le bracelet. On a pris ma température, mon poids et ma taille. Après tout cela, le médecin est arrivé. Les rideaux étaient tirés autour de mon lit. Il s'est assis près de moi. C'était une opération de routine, m'a-t-il annoncé, qui serait finie en un rien de temps. Il fallait retirer certaines lésions et ensuite me recoudre, ce qui ne laisserait qu'une minuscule cicatrice. J'ai présumé que ces lésions étaient mes boules. Il restait cependant une petite interrogation due au fait que certaines personnes de couleur étaient sujettes à une cicatrisation chéloïdienne. Cela signifiait que la peau avait tendance à se soulever pour former une sorte de petit bourrelet à l'endroit de la plaie ou de la suture. Si cela m'arrivait, ce serait malheureux mais tout à fait normal chez une Noire.

Après cette conversation, ça a été au tour du chirurgien de passer. C'était lui qui allait m'enlever mes tumeurs et qui viendrait m'annoncer si elles étaient malignes ou bénignes… Dans un cas comme dans l'autre, il n'y avait pas à s'inquiéter.

Le lendemain matin, deux infirmières m'ont fait une piqûre. L'une m'a dit que c'était pour me détendre, mais j'ai eu des doutes : je m'étais rarement sentie aussi peu détendue. Elles m'ont planté l'aiguille dans la fesse et ça ne m'a pas fait trop mal. Le chirurgien est revenu, a vérifié mon nom sur mon bracelet et m'a dit d'enlever ma chemise de nuit. Ensuite, il a sorti un crayon rouge de sa poche et, tout en consultant un document, a fait un dessin sur mon sein gauche et a écrit le mot « entrée » avec une flèche pointant vers la droite. Il a fait la même chose sur l'autre avec, cette fois, deux « entrée ». Il a ensuite tiré un trait d'environ cinq centimètres à partir d'un des points d'entrée. Il a encore vérifié que son schéma correspondait à son document, puis il m'a remerciée en ajoutant un commentaire sur ses talents de dessinateur avant de partir.

Une infirmière m'a aidée à m'installer sur un lit roulant et nous sommes montées au bloc. L'autre infirmière et le chirurgien s'y trouvaient déjà. Il m'a inséré une aiguille à fistule sur le dos de la main en me demandant de compter jusqu'à dix. Je ne me rappelle pas être arrivée jusque-là mais je me souviens très bien de m'être réveillée en proie à une douleur atroce. Les lumières dans la salle de réveil étaient tamisées et j'étais entourée d'écrans. J'avais aussi une perfusion dans le bras. Mes seins étaient recouverts de pansements impressionnants, qui me recouvraient tout le torse, avec plein de rubans adhésifs sur les côtés. En soulevant les draps, j'ai vu trois taches rouges sur le bandage, là où le sang avait traversé. J'ai touché le pansement. Il y avait un renflement dessous. J'ai tâté l'autre. Pareil. Ils ne m'avaient pas enlevé les seins.

Un médecin est passé le lendemain matin, accompagné de trois autres en blouse blanche. Oui, j'allais bien, ai-je répondu quand ils m'ont interrogée. Il a annoncé que je rentrerais chez moi dès que possible, mais qu'en raison des moniteurs et des perfusions, j'allais devoir rester quelques jours de plus. J'ai dit d'accord. Pour moi, c'était une excellente nouvelle : j'aurais bien passé le restant de mes jours à l'hôpital.

Tout plutôt que de rentrer à la maison ! Il m'a appris que je n'avais pas le cancer. Cependant, l'intervention avait été complexe. Tous les kystes avaient été retirés et il avait bon espoir que ma guérison soit totale. Je devais être encore fatiguée car je me suis rendormie pendant qu'il parlait.

Personne n'est venu me rendre visite à l'hôpital. Tout le temps que j'y suis restée, je l'ai passé sur le dos. N'importe quelle autre position était trop douloureuse. Au bout de deux jours, ils ont retiré les drains qu'ils m'avaient posés. Le troisième, on a examiné ma blessure et changé mes pansements. Le septième, j'ai été autorisée à sortir.

Il valait mieux continuer à porter un pansement en permanence, m'a-t-on dit. Pour soutenir mes seins, mais aussi pour éviter les risques d'infection. J'ai répondu que je garderais mon pansement et je suis partie. J'étais dispensée d'école pour trois semaines et j'avais interdiction de faire du sport de tout le trimestre. La guérison ne s'est pas déroulée comme prévu. Le fait que je continuais à faire pipi au lit ajoutait des complications. Il fallait changer les pansements mouillés plus souvent. Pas une seule fois, ma mère n'a pris la peine de s'occuper de moi. Mais je soupçonne qu'elle priait pour ma guérison. Elle et moi savions pourquoi ces boules étaient apparues.

Cette opération m'a quand même offert certains avantages : Eastman évitait désormais de porter la main sur moi et ma mère ne m'a plus jamais pincé ni tordu les seins et les tétons. Pour mon retour à l'école, je portais le soutien-gorge de ma sœur, de deux tailles trop grand pour moi, mais qui était copieusement rempli par les pansements et les compresses. Ma professeur principale a été contente de me revoir. Alors que j'étais dans le rang devant l'entrée, elle est venue me prendre dans ses bras. Elle était très surprise. Elle avait appris mon séjour à l'hôpital, sans doute à cause d'un cancer. Je lui ai dit que je n'avais pas le cancer mais que je n'avais pas le droit d'assister aux cours d'éducation physique. Elle m'a dit qu'elle en parlerait à Mme Gillespie. Quelques jours plus tard, j'ai attrapé une très grave infection au visage, qui n'a pas réagi au traitement. On m'a renvoyée chez moi et je ne suis plus retournée à l'école pendant très longtemps. Les jours sont devenus des semaines, les semaines des mois.

15

Une sortie avec l'école

1970

N'allant plus en classe, je m'ennuyais, du coup j'ai commencé à regarder la télévision. En milieu de journée, passait une série judiciaire qui s'appelait *Crown Court at One*. Les comédiens principaux, une avocate et un procureur, portaient de longues robes noires et des perruques. Le juge, incroyablement vieux, ne jouait qu'un petit rôle. Chaque épisode durait environ une heure et c'est en les visionnant que j'ai décidé de devenir avocate à la cour avec, moi aussi, une robe et une perruque. Chaque jour présentait une nouvelle affaire, un nouvel accusé à défendre, un nouveau procès. C'était fascinant. Tous les magistrats, les hommes comme les femmes, portaient, en plus de leurs robes, des tours de cou blancs qui se croisaient devant pour se terminer par deux languettes. Les femmes arboraient parfois un petit jabot de dentelle, tandis que le col masculin était plus haut. On aurait dit des personnages historiques. Un jour, j'en étais convaincue, je serais comme eux. Dès que je retournerais à l'école, je me renseignerais sur la marche à suivre.

Après mon opération, la nourriture est restée sous clé à la maison. Ma mère évitait de me toucher la poitrine. Elle me cognait ailleurs : sur la tête, le dos, ou dans le ventre. Je n'ai pas revu la planche à coups non plus, mais elle l'a remplacée par une ceinture en cuir. Parfois, elle n'hésitait pas à me fouetter avec la grosse boucle en bronze.

Quand, enfin, j'ai repris l'école, je suis allée voir la conseillère d'orientation. C'était un jeudi. J'avais besoin de renseignements pour ma future carrière. Elle est allée prendre un dossier dans le tiroir du haut d'un meuble métallique et m'a lu une liste d'emplois vacants pour me donner des exemples de ce que je pouvais espérer. Boots the Chemists, une chaîne de drugstores, recherchait cinq jeunes filles ambitieuses – elles devaient être motivées et manucurées ; les possibilités de promotion étaient excellentes. Woolworth, le grand magasin sur Walworth Road, cherchait des vendeuses qui auraient décroché cinq O-levels[1].

— Non, madame, ai-je dit. Je veux être avocate à la cour.

— Avocate à la cour ? Mais qui t'a mis une idée aussi saugrenue en tête ?

— C'est la télé, madame.

— Eh bien, il faut viser haut, je te l'accorde. Mais nous sommes au Sacré-Cœur, ma petite. Tu as raté ton examen d'entrée et c'est pour cela que tu es ici. Pour devenir avocat, il faut aller à l'université et les élèves qui sortent d'ici ne vont pas à l'université.

---

1. Au Royaume-Uni, épreuves composant un examen qui correspondait plus ou moins au brevet des collèges en France. On pouvait réussir dans certaines matières et échouer dans d'autres.

— Je n'ai pas raté mon examen d'entrée, madame. Je suis ici parce que mes sœurs y étaient avant moi. Moi, je voulais aller à Notre-Dame.

— Oui, bien sûr que c'est ce que tu voulais. On veut tous aller au paradis, mais on n'en est pas tous dignes. Maintenant, ma petite, va réfléchir à ce que je t'ai dit. Et si tu as encore besoin d'un conseil, ma porte est toujours ouverte.

Cette visite ne m'avait servi absolument à rien mais, sur le chemin du retour, je me suis arrêtée à la bibliothèque. J'ai expliqué à la documentaliste que je voulais être avocate quand je serais grande.

— Félicitations. C'est bien d'avoir de l'ambition.

Je lui ai demandé quelles étaient les qualifications nécessaires. Elle est allée chercher un livre qu'il était interdit d'emprunter et un dépliant que je pouvais prendre avec moi. Elle m'a montré un paragraphe particulier dans le livre.

Bons O-levels, au minimum cinq. Trois A-levels[1] *avec de bonnes notes. Diplôme universitaire. Puis une année de formation dans une école de droit afin de passer l'examen du barreau et, finalement, apprentissage auprès d'un avocat confirmé en tant que stagiaire. À ce stade, on pourra se spécialiser dans un domaine particulier : aviation, construction, droit des familles, droit civil ou commercial, droit pénal.*

---

1. Épreuves composant un examen qui correspondait plus ou moins au baccalauréat. Là aussi, on pouvait réussir dans certaines matières et échouer dans d'autres. La réussite à un certain nombre de ces épreuves était nécessaire pour entrer à l'université.

Je l'ai remerciée et je suis partie.

Il me fallait donc trouver un avocat confirmé au plus vite. Fort heureusement, l'école avait prévu une visite à la cour d'assises de Knightsbridge dans les jours qui suivaient. C'était l'occasion idéale. Nous avons pris le bus depuis Camberwell Green, le long de Hans Crescent, derrière chez Harrod's, jusqu'à un bâtiment en briques rouges qui se dressait un peu en retrait de la rue. En raison de notre jeune âge, nous n'étions pas censés assister aux débats, mais notre professeur avait passé un accord avec un juge et nous avons eu le droit de voir une demi-heure de procès avant le déjeuner. La salle d'audience se situait au sous-sol, au pied d'un escalier. Il s'agissait d'une affaire de vol à la tire. Les accusés étaient tous de jeunes garçons noirs et j'ai beaucoup apprécié un de leurs avocats, M. Mansfield. Il avait un beau sourire qui le rendait très séduisant et il se démarquait des autres par sa façon de poser les questions.

À la pause-déjeuner, nous sommes allés à la cantine. Dans la file d'attente devant nous se trouvaient certains des avocats qui avaient plaidé. Deux d'entre eux portaient encore leurs perruques. Notre professeur a commandé pour nous et nous avons ensuite pris place autour d'une table dont les chaises étaient vissées au sol. M. Mansfield est venu s'asseoir avec nous.

— Qu'avez-vous pensé de l'affaire ? nous a-t-il demandé, à nous les élèves.

Avant que nous puissions répondre, notre professeur s'en est chargée. Elle lui était, bien sûr, très reconnaissante de nous avoir permis d'assister à cette audience. Heureusement, les enfants avaient su se tenir et c'était un très grand honneur de rencontrer un véritable avocat qui avait la gentillesse de prendre le temps de bavarder avec nous. Nous étions tous massés autour de lui.

— Je peux toucher votre perruque ?

— Bien sûr… C'est terrible, ces trucs-là. Il serait temps qu'on arrête de les porter.

Il a soudain penché la tête en avant et la perruque est tombée. Il l'a rattrapée au vol avant de la faire passer parmi nous.

— C'est très mauvais pour les cheveux, a-t-il ajouté.

Nous l'avons examinée. À l'arrière, elle se terminait par deux petites couettes et l'intérieur était garni d'un filet très serré auquel étaient cousus les faux cheveux.

— C'est du crin de cheval, a expliqué l'avocat.

Pendant que trois de ses collègues nous rejoignaient, il a enlevé sa robe noire et l'a repliée pour la poser par terre, à côté de sa chaise.

— Qu'êtes-vous venus faire ici ? a-t-il demandé.

Notre professeur a répondu que c'était l'école qui avait organisé cette visite.

— Je veux être avocate, me suis-je soudain exclamée. Je vais aller à l'université et ensuite j'irai dans une école de droit et, quand j'aurai mon diplôme, il ne me restera plus qu'à trouver un avocat qui me prendra comme stagiaire.

— Bien, bien. Mais, dis-moi, quel âge as-tu ?

— Presque treize ans.

— Bien, bien, a-t-il répété.

— Comment vous appelez-vous ?

— Mike, Mike Mansfield.

— Je m'appelle Clare, Clare Briscoe, M. Mansfield. Quand j'aurai fini l'école de droit, vous voudrez bien me prendre comme stagiaire ?

— Bien sûr, mais le chemin est encore long, tu sais. Cela étant, si tu as ton diplôme, je serai ravi de te prendre comme stagiaire.

— Je compte sur vous, M. Mansfield. Une promesse est une promesse.

— Bien sûr, a-t-il répondu en éclatant de rire. Appelle-moi Mike. Au fait, si tu veux devenir ma stagiaire, il va falloir rester en contact avec moi. Tiens, voilà mes coordonnées.

Il m'a donné sa carte que j'ai rangée dans la poche de mon blazer. Ma professeur n'avait guère apprécié mon intervention : elle aurait préféré que nous discutions de l'affaire d'une façon générale.

— Devenir avocate... m'a-t-elle dit un peu plus tard. C'est bien d'avoir des rêves mais il faut être réaliste, ma petite, et viser ce qui est à ta portée si tu ne veux pas être toujours déçue. Il y a des limites à ce qu'on peut espérer.

Je ne comprenais pas ce qu'elle disait mais ça ne me paraissait pas si important parce que j'avais l'impression que c'était un tissu de bêtises. Je voulais devenir avocate. Mary et moi, nous savions que je garderais le contact avec Mike Mansfield puisqu'il avait promis de me prendre comme stagiaire. Il me suffisait de réussir mes O-levels, mes A-levels, d'aller à l'université et de décrocher mon diplôme. Du gâteau.

16

« Good Morning Heartache »

1971

— Tu sens, ça ? a demandé ma mère. Qu'est-ce que c'est ?

— C'est un sein, maman.

— Et ça ? a-t-elle continué en déplaçant ma main.

— Un autre sein, maman.

— Et à qui ils sont ?

— À toi.

— Et ?

— Et quoi ?

— Qu'est-ce que tu en conclus ?

— Que tu as des seins.

— Et quoi d'autre ?

— Je ne vois pas ce qu'il y aurait d'autre, ai-je répondu en retirant ma main de la poitrine de ma mère.

— Tu n'as pas l'air de comprendre. On va essayer encore une fois. Qu'est-ce que je fais ?

Elle a posé le plat de la main sur mon sein gauche et m'a repoussée en arrière.

— Tu viens de me pousser.

— Et ?

— Et tu m'as poussée par le sein.

— Vraiment ? Et maintenant ?

Cette fois, elle m'a poussée à hauteur du sein droit. Très fort.

— Tu m'as poussée encore une fois.

— Et ?

— Tu m'as poussée par le sein.

— Faux. Essaie encore.

— Tu m'as poussée.

— Et ?

— Tu m'as poussée par les seins.

— Faux.

Elle s'est avancée et m'a poussée encore une fois en se servant de ses deux mains.

— Tu te trompes. Pourquoi ? a-t-elle demandé.

— C'est toi qui te trompes.

Mes seins commençaient à me faire mal et, si je continuais à lui donner la mauvaise réponse, je n'allais pas tarder à passer par la fenêtre.

— Je ne sais pas, ai-je repris. Je croyais que tu me poussais par les seins, mais il est possible que je me sois trompée.

— Oui, tu t'es trompée… et tu sais pourquoi ?

— Non mais tu vas me le dire.

— Tu t'es trompée parce que tu n'as pas de seins. On te les a enlevés, tu te rappelles ?

— On ne me les a pas enlevés. Ils ont juste retiré des kystes. La faute à qui ?

— Dans cette maison, je suis la seule qui a des seins, a déclaré ma mère d'un ton très menaçant. D'accord ?

Il valait mieux céder plutôt que de me lancer dans une dispute futile. C'était elle qui se trompait. Pauline et Patsy avaient des seins. Et j'en avais moi aussi. Sinon mon opération aurait été le fruit de mon imagination et je n'aurais pas eu toutes ces cicatrices.

— D'accord.

— Bien. Ce qui implique, et tu seras encore d'accord avec moi, que, puisque je suis la seule à avoir des seins, je suis la seule femme ici. C'est moi, la maîtresse de maison.

— Je n'ai jamais prétendu que c'était moi.

— Heureuse de te l'entendre dire. À l'avenir, tu vas m'obéir parce que cette maison est la mienne. Si ça ne te plaît pas, tu sais ce qu'il te reste à faire. Va voir ton père. Il possède des tas de baraques. Pourquoi tu ne vas pas t'installer chez lui ? Plus tôt tu auras fichu le camp d'ici, mieux ce sera pour tout le monde.

— Moi non plus, je n'ai aucune envie de vivre avec toi et je suis tout à fait capable de me débrouiller par mes propres moyens. Donc si tu veux vraiment me jeter dehors, ça ne tient qu'à toi.

— Ça te plairait, hein ? Mais je te connais. T'irais pleurnicher auprès des services sociaux et j'aurais des ennuis pendant que toi, tu t'installerais dans un foyer. Tu serais trop contente, pas vrai ?

— Je dis juste que si tu veux te débarrasser de moi, il te suffit de me mettre dehors.

Elle m'a flanqué un coup de poing dans l'épaule. Puis elle m'a saisie par les cheveux pour me forcer à baisser la tête jusqu'à hauteur de taille. C'est ainsi qu'elle m'a traînée jusqu'à la porte.

— Tu es une sale petite putain. Une sale petite putain, a-t-elle déclaré en me cognant la tête contre la porte. Répète après moi : « Je suis une sale petite putain. » Vas-y. Dis-le. « Je suis une sale petite putain. »

— Je suis une sale petite putain.

— Exactement. Et tant que t'auras deux jambes, tu pourras vendre ce qu'il y a au milieu.

Elle m'a repoussée en arrière si violemment que je suis tombée. Elle a quitté la pièce. Sonnée, je suis restée étalée par terre un moment. D'une manière ou d'une autre, il fallait que j'arrête de vivre avec cette femme. Elle m'obligeait à la haïr et je ne la considérais plus comme ma mère.

Je me suis levée pour gagner mon lit. Je me suis allongée sur le couvre-lit et, sans m'en rendre compte, je me suis endormie. Bien plus tard, je me suis levée pour aller aux toilettes. Il devait être très tard ou très tôt car il faisait encore nuit dehors. Je n'ai pas allumé la lumière. J'étais presque sûre d'avoir entendu l'escalier craquer. Mais j'avais beau tendre l'oreille, le silence régnait. J'ai tiré la chasse et je suis remontée dans le noir, prenant bien soin d'éviter la troisième marche. Je me suis arrêtée tout près de la porte de ma mère, aux aguets. Ça dormait là-dedans. J'entendais Eastman ronfler. Beurk ! Si seulement il pouvait s'étouffer. Arrivée au premier palier, je me suis arrêtée avec le sentiment bizarre que quelque chose n'était pas normal. J'ai jeté un œil dans la cuisine. Rien à signaler. Je suis montée au deuxième pour m'immobiliser une fois de plus devant ma chambre. C'était sûrement mon imagination. Je suis entrée, toujours dans le noir. En arrivant près du lit, j'ai enlevé mes chaussures et j'ai tiré les couvertures. J'ai failli hurler de terreur. Ma mère était couchée dans mon lit.

— Ouste ! a-t-elle lancé.

— Qu'est-ce que tu fais dans mon lit ?

— Ouste, a-t-elle répété en coinçant les couvertures sous son menton.

— Où vais-je dormir ?

— J'ai dit : dehors !

Pendant un instant, je n'ai su que faire, mais j'ai fini par rassembler quelques vieilles affaires qui traînaient pour les empiler dans un coin et j'ai pris un manteau en guise de couverture. Je me suis couchée.

— Dehors !

Espérant qu'elle ne s'adressait pas à moi, je n'ai pas bougé.

— Dehors !

Je me suis assise et j'ai attendu qu'elle m'explique au juste ce qu'elle voulait dire par « dehors ! ».

— Sors d'ici. Je ne veux plus te voir dans cette chambre.

— Où veux-tu que j'aille ?

— N'importe où. Là où tu ne m'empêcheras pas de dormir.

Emportant quelques affaires et une paire de vieux rideaux, je suis sortie en refermant la porte derrière moi. Dans la chambre voisine, Christine et Denise dormaient à poings fermés. Leurs lits étaient trop petits pour qu'elles m'y fassent une place et le sol n'était pas moins dur que dans ma chambre. Sur la pointe des pieds, je suis montée à l'étage supérieur et je suis entrée dans la chambre de mes sœurs aînées. Pauline était étalée en travers de son lit et Patsy aussi. Je suis redescendue avec toutes mes vieilles frusques. En arrivant devant ma porte, j'ai entendu ma mère chanter. C'était une chanson de Billie Holiday, « Good Morning Heartache[1] ». Elle ne cessait de répéter cette phrase tandis que je me fabriquais un lit dans le couloir. Je l'écoutais tout en essayant de trouver une position pas trop inconfortable sur mon tas de vêtements. Étais-je condamnée à vivre ainsi ? Dans la peine et le malheur ? Est-ce qu'en me levant le matin, je n'aurais jamais d'autre choix que de dire bonjour au chagrin ? Non, ai-je décidé. Bientôt, très bientôt, ma vie changerait.

En me réveillant un peu plus tard, j'ai regardé dans ma chambre. Ma mère n'y était plus.

En dépit de ma maladie, Eileen et les autres vendeuses avaient fait en sorte de me garder ma place chez Roses. Quand j'y suis retournée, j'étais si heureuse que j'ai failli en pleurer. Pour mettre des vêtements à la mode, il faut avoir des seins. J'en avais encore mais certains décolletés plongeants étaient hors de question… Pas avec mes cicatrices. Eileen m'a aussi proposé de travailler pendant les vacances d'été, si je le désirais. Désormais, je possédais deux robes neuves que je m'étais payées toute seule. Des robes que Clare Briscoe a été la première à porter.

Ce dimanche-là, je suis allée à l'église comme d'habitude. J'ai remercié Dieu pour tout ce que j'avais, y compris mes seins, et je L'ai maudit pour tout ce que je n'avais pas. J'ai surtout prié pour mon énurésie – je ne pouvais pas me permettre d'attraper

1. « Bonjour chagrin. »

une infection, ma cicatrisation n'étant toujours pas terminée – et j'ai prié pour que ma mère arrête de me frapper. « Si je pouvais avoir un vœu, rien qu'un seul, » Lui ai-je dit, « ce serait de quitter la maison tout de suite et de ne jamais y retourner, même pas quand je serai grande. Si j'avais un deuxième vœu, ce serait d'être heureuse. Pas tout le temps bien sûr, juste de temps en temps, par exemple pour mes anniversaires ou alors pour Noël ou pendant les grandes vacances. Mais tout vient à point à qui sait attendre ».

Après la messe, nous sommes rentrées à pied à la maison. Mes prières avaient peut-être été entendues, pensais-je avec espoir. Pauline, Patsy et moi portions nos habits du dimanche. Nous nous sommes changées et je me suis mise à préparer le déjeuner. C'était mon tour. Il y avait du poulet rôti et des pommes de terre. Soudain, Eastman est entré dans la cuisine, toujours sournois comme l'espion qu'il était. Il s'est planté juste derrière moi et il est resté là. Au bout d'un moment, n'y tenant plus, je me suis retournée, le couteau à la main. Il savait aussi bien que moi ce que j'avais en tête, si seulement je trouvais le courage.

— Et si tu allais espionner quelqu'un d'autre ? ai-je lancé.

— À qui tu parles ?

Je serrais le manche du couteau très fort.

— À l'idiot qui répond.

— C'est moi que tu traites d'idiot ?

Ma mère est apparue sur le seuil.

— Eastman, laisse-la. N'oublie pas ton injonction. Si tu repasses devant le juge, il va t'envoyer en prison.

— Elle veut me faire aller en prison.

Ma mère l'a traîné dans le couloir avant de revenir se planter devant moi, les mains sur les hanches.

— Alors ? Tu veux te battre, c'est ça ?

Soudain, me saisissant par les cheveux, elle m'a baissé la tête pour me flanquer un coup de genou ; elle a enchaîné par un coup à la nuque. Je suis tombée en avant, le couteau toujours en main. Quand j'ai tenté de me relever, elle m'a envoyé un autre coup de genou au visage.

— Eastman a peut-être une injonction, mais pas moi, petite merde.

L'impact m'avait rejetée en arrière. J'étais encore en train de tomber quand elle m'a expédié son pied dans le ventre. C'est le coin de la table qui a arrêté ma chute. Je me suis cogné la nuque et j'ai perdu connaissance. Quand je me suis réveillée, j'étais assise, et ma mère et Eastman étaient penchés sur moi. Elle n'arrêtait pas de me dire de lever la tête et d'ouvrir les yeux. Eastman, lui, se contentait de couiner :

— Je l'ai pas touchée, Carmen, tu entends ? C'est pas moi. Je l'ai pas touchée.

— Mets de l'eau à bouillir, Eastman. Prépare-lui une tasse de thé avec quatre cuillères de sucre. Vite.

Il a disparu de mon champ de vision à peu près au moment où mes frères et sœurs sont apparus à la porte de la cuisine.

— Qu'est-ce qui se passe avec Clare, maman ? a demandé Carlton.

— Rien. Elle est tombée, c'est tout. Et elle s'est cogné la tête contre le bord de la table. N'est-ce pas, Clare ?

Je n'avais pas les idées très claires. J'avais très mal au crâne et le thé trop sucré qu'elle tentait de me faire avaler me donnait la nausée.

— Allez jouer ailleurs, vous autres. Trouvez-vous quelque chose à faire, a dit ma mère.

Inutile qu'elle le leur répète : ils ont filé sans demander leur reste. Je me suis touché la tête et j'ai senti une énorme bosse. En regardant mes doigts, j'ai vu qu'ils étaient couverts de sang.

— Carmen, j'y suis pour rien, a repris Eastman. Carmen, j'te l'ai déjà dit, un jour tu vas la tuer, cette gosse. Tu m'écoutes jamais, tu penses qu'à la cogner. Moi, j'y suis pour rien. Là, c'est toi, et toi toute seule. Quand la police viendra, faudra leur dire que c'est toi.

Ma mère, qui m'inspectait le crâne, lui a ordonné de la fermer et de me tenir la tête pour qu'elle puisse voir si c'était profond.

— Bois ça, a-t-elle ajouté en me mettant la tasse dans les mains. Bois.

Je n'avais encore jamais bu une tasse de thé offerte par ma mère, et encore moins aussi sucrée. En temps normal, quatre cuillerées de sucre m'auraient valu une sacrée raclée. Je me suis penchée en avant pendant qu'elle écartait mes cheveux. Elle a dit que la coupure était superficielle. Elle a pris un torchon de cuisine qu'elle a rincé dans l'évier, avant de le presser sur la plaie. Au bout d'un moment, elle a dit que ça ne saignait plus. J'ai bu mon thé. Les nerfs d'Eastman n'avaient pas tenu le coup, il avait disparu. Quand ma mère l'a appelé, il a refusé de venir.

— Reste ici et finis ton thé, a-t-elle dit en lavant le sang qui imprégnait le torchon.

Puis elle est descendue.

Je ne me sentais pas très bien. J'avais mal aux genoux, au crâne, au visage et à la nuque. En voulant me lever, j'ai été prise de vertige. Je devais saigner encore car du sang est apparu sur le bout de mes doigts. Le couteau que je tenais tout à l'heure était resté par terre. Je suis montée dans ma chambre et je me suis assise sur mon lit. J'ai commencé à pleurer, pas de façon hystérique mais doucement, sans bruit. Ensuite, j'ai dû m'endormir car j'ai soudain entendu Pauline :

— Clare, c'est ton tour de faire la cuisine. Maman dit que tu as peut-être besoin d'un coup de main. C'est vrai ?

— Non, ai-je répondu, les yeux toujours fermés. Je descends dans une minute.

— Je t'aide si tu veux, à condition que tu m'aides quand ce sera mon tour.

— Non, ai-je répété, ça ira.

Comme toujours, Quat'z-yeux marchandait. Elle ne donnait jamais rien pour rien. Il y avait pas mal de frictions entre Pauline, Patsy et moi. Pauline, notre aînée de plusieurs années, évitait soigneusement d'affronter ma mère, elle ne la contredisait jamais, ne lui reprochait jamais rien. Trop heureuse de recevoir ses cadeaux et ses jolies robes, elle ne prenait jamais ma défense. Patsy et elle étaient ses chouchoutes... Du moins, jusqu'à ce que les Eastman débarquent. Et voilà qu'elle venait me demander si elle pouvait m'aider. Patsy, la Mijaurée, ne valait pas mieux. Elle ne se montrait pas. Quant à Bouton et Denise, elles étaient encore très jeunes.

Je suis descendue à la cuisine et je me suis lavé les mains avant de préparer le poulet. Pendant tout ce temps, j'étais consciente de la présence d'Eastman sur le palier. J'avais reconnu son pas dans l'escalier. Il m'espionnait encore. Il est monté au second et je l'ai entendu ouvrir la porte des jumelles. Je savais ce qu'il fabriquait là-haut. Il voulait s'assurer que ni lui ni ma mère n'avaient rien à craindre.

— Beauté, Blackie, a-t-il crié, où vous êtes ?

Pas de réponse. Il est redescendu lentement et s'est arrêté sur le seuil de la cuisine. Je lui tournais le dos mais j'étais certaine qu'il me fixait.

— Beauté, Blackie, où vous êtes ?

De l'endroit où il se trouvait, il voyait toute la pièce. Il fallait être vraiment bête pour ne pas se rendre compte que j'étais seule. Je ne me suis pas retournée : je ne voulais pas lui faire le plaisir d'admettre sa présence.

Ma blessure au crâne n'était peut-être pas très grave mais elle était profonde et elle continuait à saigner. Malgré la croûte qui s'était formée, je sentais le sang qui me coulait toujours dans le cou. Une grosse tache rouge ornait ma jolie robe verte et jaune, aussi visible qu'une tomate sur un drap blanc. Eastman devait avoir une sacrée trouille.

En me fixant toujours la nuque, il les a encore appelées, mais, cette fois, presque à mi-voix, sur un ton stupide.

— Beauté, Blackie.

La voix d'un idiot. Et il restait planté là. Il savait pertinemment que je ne me retournerais pas. Alors, il s'est mis à parler tout seul.

— C'est pas moi. C'est pas moi. Je t'ai pas touchée. Tu m'as vu te toucher ? Non. C'est pas moi. Tu m'as vu te donner un coup de pied ? Non. C'est pas moi. Je t'ai pas touchée. La police me prendra pas. J'irai pas chez le juge. Je t'ai pas filé de coup de pied. C'est pas moi. Carmen, viens. Viens voir ce que tu as fait. Moi, j'y suis pour rien.

Ma mère est montée pour le trouver là, à l'entrée de la cuisine. Je pelais les pommes de terre et les carottes, à présent. Elle m'a regardée depuis le seuil et a compris pourquoi Eastman se mettait dans un tel état.

— Clare, qu'est-ce que tu as à la tête ?

— Je ne sais pas. Ça saigne.

— Pourquoi ça saigne ?

— Je crois que quelqu'un m'a frappée à la tête.

— C'est pas moi, a dit Eastman. Je l'ai pas touchée. Carmen, laisse-moi passer. J'veux plus rester là.

Il a poussé ma mère.

— J'y suis pour rien, a-t-il repris. Je l'ai pas touchée malgré qu'elle m'a menacé avec un couteau.

Ma mère continuait à fixer ma tête.

— Eh bien, tu te nettoies ?

— Non, ce n'est pas nécessaire.

— Pourquoi tu veux pas te nettoyer ?

— Ce n'est pas nécessaire. C'est ma tête et elle me plaît bien comme ça.

Je me suis tournée face à elle. Le côté gauche de ma bouche était tout enflé et mon œil droit était fermé.

— J'irai peut-être voir le docteur tout à l'heure.

Là-dessus, je me suis remise à éplucher les carottes.

Elle ne savait plus quoi faire. Ou plutôt, elle savait que, quand j'étais comme ça, il valait mieux me laisser tranquille. Elle est restée là un moment avant de monter dans la chambre de mes sœurs. J'ai entendu la porte de Pauline s'ouvrir et se fermer. Quelques minutes plus tard, ma mère est redescendue au salon et Pauline est apparue dans la cuisine.

— Je peux te donner un coup de main, Clare ?

— Non.

— Laisse-moi au moins t'aider à faire les pommes de terre. Je veux rien en échange.

— Non, je peux me débrouiller.

— Oh, Clare, tu saignes !

— Je sais. Et toi, tu sais bien ce qui s'est passé, Quat'z-yeux. Tu sais qu'on m'a frappée.

— Qui t'a frappée, Clare ? J'ai rien vu.

— Comment ça se fait que Mijaurée et toi, vous ne voyiez jamais rien ? Vous êtes aveugles ? Regarde ma tête. Tu vois pas ? Quelle surprise ! Oui, j'ai été frappée, mais c'est fini, je ne veux plus en parler.

— Pourquoi tu ne mets pas un pansement ?

— Je n'en ai pas.

— On peut mouiller du papier toilette et te le mettre sur la coupure. Sinon, tu vas abîmer ta robe.

— J'y penserai.

— N'attends pas trop. Si on la lave tout de suite, il y a des chances que le sang parte. Mais si on le laisse sécher, c'est foutu, il ne partira plus. Je croyais que tu aimais cette robe, Clare.

La perspective de perdre ma robe m'a convaincue. J'ai posé le couteau et je suis montée me changer dans ma chambre. J'ai enfilé une vieille robe et j'ai mis l'autre sur mon tas de draps mouillés. Quand je suis revenue, Pauline coupait les carottes.

— Tiens, Clare, je vais essayer de nettoyer ta robe. Et si je peux, je mettrai aussi tes draps dans la machine.

Elle a abandonné les carottes dans l'évier et est montée dans ma chambre. Quand elle est redescendue, elle m'a dit :

— Clare, chut… Regarde.

Elle avait pris tout mon linge sale. Elle a fouillé dans le tas pour en sortir ma robe autour de laquelle les draps étaient tout roses. Elle l'a ensuite cachée à nouveau pour descendre dans la salle de bains. Le sang continuait de couler de ma blessure, mais à un rythme moins soutenu. J'avais l'impression que rien n'avait vraiment d'importance. J'ai entendu ma mère rejoindre Pauline dans la salle de bains. À elles deux, elles allaient faire disparaître les traces de sang. Elles allaient traquer la moindre tache et mes draps allaient ressortir immaculés et sentant le frais. Ma mère savait qu'il valait mieux faire attention. Si j'allais voir le Dr McManus, elle devrait expliquer mes blessures. Mieux valait laver ma robe et me donner des draps propres. Pauline est revenue.

— C'est fait, Clare.

J'étais en train de ramasser les épluchures de pommes de terre et de carottes. Du coin de l'œil, j'ai aperçu ma mère en bas des marches qui nous espionnait.

— Et si tu allais te reposer ? a suggéré Pauline. Tu dois avoir mal.

— D'accord.

Quand je suis sortie sur le palier, ma mère s'est vite reculée dans un coin, mais je la voyais quand même.

— Pauline, tu veux bien te renseigner et trouver quelles sont les heures d'ouverture du cabinet du Dr McManus ? ai-je demandé. Je crois que je vais aller le voir pour ma tête.

— Pourquoi tu montes pas dans ta chambre, Clare ? a-t-elle répliqué. Je ne connais pas les horaires du cabinet mais il doit être fermé le dimanche. Je vais vérifier. Ensuite, je t'apporte une tasse de thé.

Je suis allée dans ma chambre. J'avais très mal au ventre, là où j'avais reçu le coup de pied. Je me suis couchée sur le sol, menton entre les mains. Pauline est arrivée avec une tasse de thé qui devait contenir au moins vingt cuillères de sucre.

— Beurk, ai-je dit en m'essuyant la bouche avec ma manche.

— Bois. C'est bon pour toi.

Quand elle est sortie, j'ai reposé la tasse et je me suis endormie. L'odeur de poulet rôti m'a réveillée et je me suis tournée vers la porte. Petit à petit, mes yeux se sont fixés sur les traînées rougeâtres qui maculaient mon bras droit. Elles provenaient d'une grosse goutte toute ronde, de la taille d'un penny. Elle avait commencé à coaguler. À partir de là, le sang avait coulé dans toutes les directions, comme une araignée rouge. Soudain, j'ai découvert un petit nuage de vapeur qui s'élevait d'une assiette remplie de poulet et de pommes de terre. Elle était posée par terre entre les pieds de ma sœur.

— Clare, j'ai pensé que tu préférerais manger ici… Ça t'évitera de descendre. Au fait, le cabinet est fermé le dimanche. Laisse-moi voir…

Elle s'est penchée au-dessus de moi pour écarter mes cheveux.

— Ça coule plus. Beurk, qu'est-ce que c'est que ça ?

Elle montrait la moquette, recouverte de petits caillots de sang.

— Comment c'est arrivé là ? Ah, je sais, ça vient de ta tête. Attends, je regarde un peu mieux.

J'ai senti une légère pression sur mon crâne.

— Tu vois ? a-t-elle dit en me montrant ses doigts. Ça ne saigne plus. Si tu veux, je te nettoie ça, a-t-elle ajouté en désignant mon bras. Et regarde ce que je t'ai rapporté.

Il y avait deux piles sur mon lit. La première, c'étaient mes draps propres, pliés mais pas repassés. La seconde comprenait juste ma robe. Elle l'a dépliée devant moi en la retournant.

— Tu vois ? Plus rien. Je me suis dit que ça te ferait plaisir. Comment tu te sens maintenant ?

— Bien.

— Tant mieux. Et ton œil ? Il a l'air moins enflé. Tu crois que tu vas pouvoir manger malgré ta lèvre ?

Elle a ramassé l'assiette par terre.

— Où veux-tu que je la mette ?

J'ai essayé de me relever, mais mon ventre me faisait trop mal. Je suis retombée par terre.

— Qu'est-ce qu'il y a ?

— Juste une crampe, je crois, ai-je répondu à bout de souffle. Je vais rester comme ça un moment.

Elle a replacé l'assiette par terre, juste devant moi, et a quitté la chambre. J'ai réussi à me tourner sur le côté pour manger. Les pommes de terre étaient brûlantes mais le poulet n'était pas mauvais. En voulant prendre de la sauce, j'en ai renversé sur mon bras, en plein sur la goutte. Le sang coagulé a fondu et a commencé à ruisseler sur mon bras. J'ai versé une autre cuillère de sauce dessus puis, à l'aide de mon petit doigt, j'ai étalé la tache. Ensuite, j'ai coupé une pomme de terre en deux et je m'en suis servie pour tout éponger. Quand j'ai eu terminé, j'ai mis la pomme de terre ensanglantée de côté et j'ai fini mon repas.

Je n'étais pas en état de faire mes devoirs ou bien de préparer mon cartable pour le lendemain. Je suis restée couchée à même le sol et j'ai fini par me rendormir. Dans la nuit, quelqu'un est venu poser une couverture sur moi. Puis on m'a réveillée pour me dire que c'était l'heure d'aller à l'école. Quand j'y suis arrivée, je ne me sentais pas bien du tout. J'avais encore mal à la tête même si je ne saignais plus depuis longtemps. Ma lèvre était toujours enflée et mon œil à moitié fermé. J'avais mal au ventre et au cou. Mon cartable pendait à mon épaule pendant que je traversais lentement la cour. J'ai attendu la cloche, qui a retenti à 9 heures précises, puis nous avons dû nous présenter à l'appel. Pendant que je m'avançais avec mes sœurs, M. Timmons m'a remarquée.

— Clare Briscoe. Clare Briscoe, viens ici tout de suite.

En me dirigeant vers le proviseur, j'essayais d'ouvrir mon œil tout en avalant ma lèvre inférieure pour qu'elle paraisse moins grosse.

— Oui, monsieur ?

— Qu'est-ce que tu as au visage, mon enfant ?

— Rien, monsieur.

— J'ai dit : qu'est-ce que tu as au visage ?

— Rien, monsieur.

— Monte dans mon bureau et attends-moi.

J'ai gravi l'escalier et je me suis arrêtée devant sa porte. J'étais en train de rater l'appel et mon premier cours, et j'ignorais pourquoi. Qu'avais-je encore fait ? Peu avant 11 heures, M. Timmons est enfin apparu. Sans un mot, il m'a fait signe d'entrer avant de s'installer à son bureau. C'était un meuble magnifique en bois sombre verni.

— Qu'est-ce que tu as au visage, Clare ?

— Rien, monsieur.

— Tu peux tout me dire… Que s'est-il passé ?

— Je ne sais pas, monsieur.

— Tu dois bien savoir ce qu'il s'est passé.

— On m'a frappée, monsieur.

— Qui ?

— Je ne sais pas, monsieur.

— C'est arrivé à la maison ?

— Oui, monsieur.

— Tes frères ou tes sœurs ?

— Oh non, monsieur.

— Je vois... Comment te sens-tu aujourd'hui, Clare ?

— Pas bien, monsieur. Je ne me sens pas bien.

— Veux-tu t'allonger un moment ?

— Je vais prendre du retard dans mon travail.

— Laisse-moi m'occuper de ça. Viens, Clare, viens avec moi.

Il m'a emmenée à la classe de cuisine, à l'autre bout du couloir. Il a parlé à la professeur, qui a sorti un trousseau de clés pour ouvrir l'infirmerie. Derrière la salle de soins, se trouvait une sorte de petite chambre aux murs peints en orange et bleu. Elle était munie d'une table et de quelques fauteuils, et un épais tapis était jeté au milieu de la pièce.

— Reste ici jusqu'à ce que tu te sentes mieux. Tu pourras retourner en classe après, a-t-il dit.

— Merci, monsieur.

La professeur de cuisine et M. Timmons ont disparu. J'ai contemplé cette pièce assez bizarre, dont j'ignorais l'existence jusqu'à présent. Au bout d'un moment, j'ai enlevé mon blazer pour le poser sur un fauteuil avec mon sac. Le tapis était très doux et accueillant. J'ai ouvert la ceinture qui tenait ma jupe et dénoué ma cravate. Ayant encore très mal au ventre, je me suis couchée sur le dos et je me suis endormie.

À midi, ma professeur principale est passée. Mes sœurs commençaient à s'inquiéter. Normalement, elles auraient dû me retrouver dans la file d'attente à la cantine. Vers 13 heures, mes douleurs à l'estomac ont empiré et j'entendais les professeurs réunis dans la pièce qui se demandaient quoi faire.

Ils ont décidé d'appeler ma mère : c'était à elle de gérer cette situation.

Peu après 14 heures, on m'a encore réveillée. Cette fois, c'était ma mère. On m'avait mis un oreiller sous la tête pendant que je dormais. Les professeurs expliquaient que je n'allais pas bien, que j'avais dormi toute la matinée et qu'il vaudrait mieux consulter un médecin ou bien me faire examiner à l'hôpital.

— Clearie chérie, qu'est-ce qui ne va pas ? a demandé ma mère avec une immense gentillesse.

J'ai fait semblant de continuer à dormir.

— Clearie chérie, a répété ma mère devant les professeurs réunis.

J'ai ouvert les yeux pour la regarder.

— Tu ne vas pas bien, Clearie chérie, qu'est-ce qui se passe ?

— On m'a frappée.

— Et si tu récupérais tes affaires, on pourrait rentrer à la maison ?

Au début, j'ai cru que je ne l'avais pas bien entendue. Les professeurs m'ont aidée à m'asseoir. Ma mère a montré mon blazer et mon sac en demandant si c'étaient les miens.

— Je n'irai pas à la maison.

Elle a fait volte-face.

— Que dis-tu, Clearie chérie ?

— Je ne rentre pas à la maison.

— Non, nous n'allons pas à la maison. D'abord, nous allons passer voir le docteur, et ensuite nous rentrerons.

— Je ne rentre pas avec toi. Je n'irai pas à la maison, maman, je n'irai pas à la maison.

— Oh, Clearie chérie, tu as une grosse bosse sur le crâne. Plus tôt tu rentreras, mieux ça vaudra. Où sont tes chaussures ?

Elle s'est mise à les chercher, toujours sous le regard des professeurs. Je me suis redressée et une douleur atroce m'a traversé le ventre.

— Je ne rentrerai pas avec toi, ni maintenant ni jamais… et tu sais très bien pourquoi.

Ma mère m'a regardée. Ses « Clearie chérie » idiots ne la menaient nulle part. Elle a jeté un œil vers les professeurs avant de me fixer.

— Si tu ne veux pas rentrer à la maison, rien ne t'y oblige.

— Non, je ne veux pas, pas avec toi. Je préfère qu'on me place dans un foyer.

— Eh bien, si Clare ne veut pas rentrer, je ne peux pas la forcer.

Là-dessus, elle a tourné les talons et a quitté la pièce. Elle avait disparu bien avant que les professeurs aient eu le temps de réagir ou de lui demander ce qu'ils pourraient bien faire de moi. Je me suis rallongée et j'ai fermé les yeux. L'heure du déjeuner était passée depuis longtemps et j'avais raté mon repas gratuit. Vers 15 heures, ils sont revenus me voir. Je me sentais beaucoup mieux. Ils ont à nouveau tenté de me persuader de rentrer.

— Donne-moi une seule bonne raison pour ne pas retourner chez toi, a dit M. Timmons. Une seule.

— Je ne veux pas, c'est tout, monsieur.

Un peu plus tard, Miss Korchinskye est passée. En raison de son accent, nous pensions tous qu'elle venait de Pologne ou de Russie.

— Clare, pourquoi es-tu dans cet état ?

Je m'étais toujours bien entendue avec Miss K, comme je l'appellerais dorénavant. Je n'avais jamais chahuté dans sa classe et j'avais de bonnes notes. Elle enseignait la dactylographie, la comptabilité et le secrétariat.

— Je ne veux pas rentrer chez moi, madame.

— Pourquoi, Clare ? À cause de quelque chose dont tu ne veux pas parler ?

— C'est ça, madame.

— Ton visage ? Ça aussi, tu ne veux pas en parler ?

— Non, madame.

— Autre chose, Clare ?

J'ai montré mon ventre.

— Bon... Eh bien, tu pourrais peut-être venir chez moi. Je vis seule. Il y a la place.

D'autres professeurs étaient présents et je savais ce qu'ils pensaient. Pour entrer au Sacré-Cœur, les enfants doivent s'inscrire des années à l'avance et, malgré cela, tous ne sont pas admis. Parmi nos élèves, nous avons deux futurs prêtres et trois futures nonnes. Que peut-on demander de plus à la meilleure école du quartier ? Tout le monde sait qu'elle fabrique de bons catholiques. Heureusement, touchons du bois, il ne s'y est jamais produit aucun désastre, aucune petite idiote ne s'est retrouvée enceinte avant le mariage. Imaginez la honte : la voir remonter l'allée dans l'église avec son gros ventre devant tout le monde. Quel scandale. Seigneur, non, faites que cela n'arrive jamais ici. Et voilà que se profile une affaire tout aussi terrible : une élève qui demande à être placée dans un foyer.

Par Jésus-Christ, et si les services sociaux mettaient leur nez dans cette histoire ? Qu'adviendrait-il de notre réputation ? De la réputation du Sacré-Cœur. Soyez bénie Sainte Vierge Marie, Mère de Dieu. Oh, Marie, qu'allons-nous faire ?

Hughes, l'adjoint du proviseur, s'épongeait le front.

— Vous êtes sûre qu'elle ne veut pas rentrer chez elle ?

— Oui, a répondu Miss K. Elle refuse toujours.

— Où sont ses sœurs ? Elles pourront peut-être la convaincre.

— Je ne pense pas que ce soit une bonne idée.

— Pourquoi pas ? Ces trois filles s'entendent bien, n'est-ce pas ?

— Je crois qu'elle préfère rester seule pour l'instant.

Hughes s'est à nouveau essuyé le front.

— Sainte Marie, Mère de Dieu, où es-tu quand nous avons besoin de toi ?

— Je pense qu'il vaut mieux la laisser tranquille, a dit Miss K. Après tout, si nous la logeons, il se peut qu'au bout de quelque temps, Clare accepte de rentrer chez elle. La pire des choses serait de nous laisser entraîner dans un scandale.

— Mais, par la Vierge Marie, dites-moi un peu comment nous allons la loger ? C'est justement là, le problème. Nous ne pouvons pas l'héberger même si nous le voulons.

Je me suis retournée sur le côté pour ne plus les voir. J'étais bien certaine d'une chose : je ne rentrerais pas à la maison.

—Il y a un moyen. Ce ne serait qu'une mesure temporaire, bien sûr, mais d'ici quelques jours, elle aura peut-être changé d'avis.

—Pour l'amour de Dieu, quel est ce moyen ?

—Eh bien, nous pourrions autoriser Clare à venir s'installer chez moi le temps qu'elle se calme. Il suffit de demander la permission à sa mère. Si elle accepte, je la prendrai.

17

Un goût de paradis

1971

Un silence stupéfait a régné pendant quelques secondes, tandis que M. Hughes digérait ce que venait de dire Miss K.

— Et si sa mère refuse ?

— Elle ne refusera pas.

— Et si Clare décide néanmoins d'aller dans un foyer ?

— Je pense pouvoir gagner sa confiance, monsieur Hughes. C'est la seule solution et il nous faut aussi penser à la réputation de l'école.

— Eh bien, si vous obtenez la permission de sa mère et si cela ne vous dérange pas de la prendre chez vous, nous vous devrons une fière chandelle.

— J'appelle Mme Briscoe et nous verrons ce qu'il en est.

Miss K a disparu et j'ai fermé les yeux. M. Hughes m'a contournée pour venir face à moi.

— Ça va, petite ?

Je n'ai pas bronché.

— Nous allons régler cette histoire, d'une manière ou d'une autre. Tu es réveillée ?

— Oui, monsieur.

Il a baissé la voix.

— Clare, pourquoi ne veux-tu pas rentrer chez toi ? Ce serait plus facile pour tout le monde. Les choses ne peuvent quand même pas aller si mal.

— Je ne veux pas rentrer à la maison, monsieur.

— Mais tu pourrais changer d'avis d'ici un jour ou deux ?

— Peut-être, monsieur, mais je n'en suis pas sûre.

Miss K est revenue. J'avais l'autorisation d'aller vivre chez elle quelques jours, le temps de retrouver un peu de bon sens. Maintenant que ma mère avait donné sa permission, M. Hughes ne trouvait plus l'idée si mauvaise. Ayant refusé de rentrer chez moi alors que je me trouvais dans l'enceinte de l'école, celle-ci avait le devoir, en tant qu'institution catholique, de me trouver un endroit où dormir plutôt que de me laisser errer dans les rues. Miss K ayant obtenu l'accord de ma mère et étant prête à m'accueillir, le collège n'était désormais en rien concerné. Il s'agissait d'une affaire privée entre ma mère et elle.

Miss K est venue me chercher à 16 h 25 et nous avons pris sa voiture. Elle habitait dans Streatham un appartement situé au deuxième étage. Entièrement peint en blanc, il était très joli et spacieux. Dans le salon, un énorme poêle à gaz était installé dans la cheminée au bas de laquelle on avait jeté un grand tapis en poils de chèvre. Tout était impeccable. Pas de vêtement qui traînait, pas d'assiette dans l'évier, aucune miette par terre. La chambre à coucher, dans des tons bleu et rose, possédait des rideaux de dentelle. Un petit panier en osier était posé au pied du lit. Elle m'a dit de m'installer et de faire comme chez moi. Puis elle a allumé le poêle. Elle a dû s'y reprendre à trois fois avant qu'une sorte de violent courant d'air provoque une impressionnante détonation. Les flammes se sont dressées. C'était magnifique. Miss K m'a proposé de m'étendre sur l'épais tapis pour me mettre à l'aise. Je pouvais aussi appeler ma mère si je le désirais. Je ne l'ai pas fait.

Une fois allongée, j'ai repensé aux événements de la journée. Il fallait absolument faire en sorte que Miss K ne se lasse pas de moi. Elle n'avait jamais eu d'enfant, m'avait-elle dit dans la voiture. Elle venait de Pologne – ce qui expliquait son accent – et elle vivait seule. Elle n'était pas mariée.

En allant me coucher, j'étais terrifiée à l'idée de mouiller mon lit. Je n'ai pratiquement pas dormi, ne cessant d'aller aux toilettes dans l'espoir de me vider la vessie. Si Miss K découvrait que je ne savais toujours pas me retenir à mon âge, elle me chasserait de chez elle sur-le-champ. J'ignore comment, mais cette première nuit s'est passée sans accident. Le lendemain matin, nous sommes allées à l'école ensemble. Pauline et Patsy m'attendaient.

— Tu rentres à la maison, Clare ?

— Non.

— Bon, voilà tes livres, tes cahiers et des culottes propres.

— Merci, ai-je dit en rangeant le tout dans mon cartable.

Plus tard dans la semaine, elles m'ont rapporté d'autres affaires. Je n'avais aucun problème avec mes sœurs. Je m'entendais bien avec elles, ou plutôt ni mieux ni moins mal qu'avant. La différence, c'est que, maintenant, j'étais libre. Pas totalement, bien sûr, mais nettement plus que chez ma mère. J'ai parlé à Miss K de mon travail chez Roses et nous avons cherché ensemble le meilleur moyen d'aller de Streatham à Walworth Road.

Soudain, la vie est devenue beaucoup plus facile. Pendant tout le temps que j'ai passé chez Miss K, je n'ai pas mouillé mon lit une seule fois. Elle était très gentille. Quant à ma mère, du moment qu'on ne la rendait responsable de rien, elle était ravie d'être débarrassée de moi. Miss K ne lui a jamais demandé la moindre contribution pour ma pension.

Tous les matins, elle me déposait derrière l'église du Sacré-Cœur que je contournais pour rejoindre le portail de l'école, tandis qu'elle garait sa voiture sur le parking et passait par l'entrée des professeurs. Le soir après les cours, j'attendais dans le hall d'appel jusqu'à 16 h 15, avant d'aller la rejoindre derrière l'église. Tout se passait très bien. Au bout d'une ou deux semaines, plus personne ne parlait de mon retour à la maison. Mon travail à l'école s'est amélioré de façon spectaculaire, mes notes ont grimpé. C'est en classe d'art que j'ai obtenu les résultats les plus impressionnants : j'avais davantage de temps pour développer ma créativité. Je ne parlais jamais de ma nouvelle maison à mes camarades. Cela ne les concernait pas et le moindre ragot risquait de me renvoyer chez moi.

Un jour, alors que nous rentrions, j'ai évoqué devant Miss K mon désir de devenir avocate. Elle a éclaté de rire et flanqué une claque sur le volant.

—Tu as raison, jeune fille, il faut viser haut. Il n'y a qu'une personne sur cette terre qui puisse t'arrêter. N'oublie jamais ça, Clare, et écoute bien Anya Korchinskye : il n'y a qu'une seule personne sur cette terre qui peut t'empêcher de devenir ce que tu veux.

— Et c'est qui, cette personne ?

— Toi, Clare, toi. Il n'y a que toi qui peux t'empêcher de devenir ce que tu veux. Tu as les moyens d'aller loin. Alors, fonce.

Après cela, nous avons roulé en silence. Je n'avais jamais envisagé que je pouvais être un obstacle à moi-même. Pourquoi diable irais-je faire une chose pareille ? Peu après, les examens sont arrivés et mes notes sont tombées : elles étaient très bonnes. Mes professeurs étaient ravis.

Clare ne se cherche plus d'excuse. Elle rend désormais son travail en temps et en heure, et on sent qu'elle y a beaucoup réfléchi. Excellents résultats. Bravo.

Jeune fille très capable. Ira loin.

Clare accomplit des progrès constants. Si cela continue, ses prochains résultats devraient s'en ressentir.

Une jeune fille vraiment délicieuse et intelligente, dotée d'une excellente mémoire. Devrait réussir dans la vie.

Pauline a récupéré mon bulletin de classe pour le transmettre à ma mère. Elle me l'a rendu le lendemain. L'enveloppe n'avait même pas été ouverte.

Le moment était venu de reprendre contact avec M. Mansfield.

Cher Monsieur Mansfield,

J'espère que cela ne vous dérange pas si je vous écris. Je voulais vous dire que je viens de passer mes examens.

Tout s'est très bien passé et je compte toujours devenir avocate. Je vous contacterai à nouveau quand j'aurai d'autres nouvelles.

Clare Briscoe

Pour les vacances de Pâques, j'ai demandé à Miss K si elle voulait bien que je reste chez elle. Elle a accepté en ajoutant que je pouvais rentrer chez moi à n'importe quel moment et que, si je choisissais cette solution, nous resterions toujours amies et je pourrais toujours venir chez elle quand j'en aurais envie. Elle serait toujours là pour moi. J'étais la fille qu'elle n'avait jamais eue.

Je savais qu'elle n'avait pas demandé le moindre sou pour moi, aussi, au bout de trois mois, je lui ai proposé huit livres que j'avais économisées grâce à mon travail chez Roses.

— Ne sois pas idiote et range ça tout de suite, m'a-t-elle dit.

En secret, je lui ai acheté une grande boîte de chocolats Cadbury que j'ai mise sur son oreiller dans sa chambre. Quand elle est allée se coucher, je l'ai entendue pleurer. Elle pleurait, pleurait, pleurait, et moi j'avais de plus en plus peur. Je me demandais si je devais aller la voir, mais je n'ai pas osé. Le lendemain, c'était comme s'il ne s'était rien passé. Elle m'a dit de ne plus gâcher mon argent ainsi à l'avenir. Puis elle m'a remerciée : c'était le geste le plus gentil qu'on avait fait pour elle depuis son arrivée en Angleterre. Ses parents et elle avaient fui les camps de concentration en Pologne et, maintenant, elle se retrouvait à enseigner la comptabilité, le secrétariat et la dactylographie. Elle adorait son métier. Son plus grand regret dans la vie, c'était de ne pas avoir eu d'enfant.

— Comment aurions-nous pu à l'époque ? disait-elle avec son accent à couper au couteau. C'était impossible, tout simplement impossible.

Elle secouait la tête, et ses yeux se mouillaient et devenaient tout rouges.

C'était un mercredi, un jour joyeux. Les cours étaient intéressants et on nous avait servi mon repas préféré à la cantine : du gâteau au chocolat avec de la crème et, avant, de la tourte aux rognons avec des petits pois, des pommes de terre écrasées, des carottes et de la sauce. J'ai retrouvé mes sœurs après le déjeuner. À les entendre, rien n'avait vraiment changé à la maison.

— Combien de temps tu vas encore rester là-bas ? m'ont-elles demandé.

— Je ne sais pas mais je ne rentrerai pas.

— Maman dit que Miss K va en avoir marre de laver tes draps tous les jours.

— C'est ça qui est drôle, figure-toi. Depuis que je suis chez Miss K, je n'ai pas fait pipi une seule fois.

— Menteuse.

— Je le jure devant Dieu, à la vie à la mort.

— Maman dit que tu reviendras tôt ou tard, la queue entre les jambes.

— Je n'ai pas de queue.

La cloche a sonné et nous nous sommes mises en rang avant de rentrer sagement en classe.

Grâce à Roses, je possédais désormais un certain nombre de jolies robes. J'avais un bon contact avec les clientes. Elles avaient beau se choisir des tenues qui les grossissaient ou même qui les rendaient franchement ridicules, je trouvais toujours un mot gentil ou une remarque qui les décidaient à acheter. Oui, j'étais douée et Eileen le savait. Elle m'a offert une augmentation. Tout le monde était très content des progrès de Clare Briscoe.

Le 18 mai, pour mon anniversaire, Miss K m'a offert un livre : *La Petite Princesse* de Frances Hodgson-Burnett. Il s'agissait d'une première édition en excellent état, emballée dans un superbe papier cadeau. Les pages étaient épaisses, légèrement brunies, et les caractères très faciles à lire. J'aimais tellement Miss K – c'était la mère que je n'avais jamais eue. Quand j'ai vu mon cadeau, j'en ai eu les larmes aux yeux. L'une d'entre elles s'est écrasée sur la couverture.

— Miss K, c'est le plus beau cadeau de ma vie.

Je l'ai embrassée et elle m'a serrée dans ses bras. Puis elle s'est écartée.

— Allons, allons, Clare. Ne nous laissons pas emporter par l'émotion. Ce n'est qu'un livre et il n'est même pas neuf.

Nous nous sommes regardées et elle a éclaté de rire. Elle m'a tapoté le bout du nez.

— Aux devoirs, a-t-elle dit.

Je lui ai tapoté le bout du nez.

— Aux devoirs, ai-je répété.

Mes sœurs s'étaient cotisées pour m'acheter des sels de bain de chez Woolworth et des savons à la lavande et au miel. Ma mère ne leur avait rien donné pour moi. N'ayant jamais rien reçu de sa part par le passé, je pouvais difficilement attendre quoi que ce soit maintenant. Pas de carte d'anniversaire non plus. Même pas un : « Va te faire voir, Clearie chérie. »

La Petite Princesse est un livre déchirant. Cette pauvre fille dont le père meurt se retrouve sous la garde de gens horribles, qui l'obligent à vivre dans des conditions abominables. Malgré tout ce qu'elle subit, elle ne renonce jamais, jamais, et, à la fin, tout s'arrange. J'ai pleuré, pleuré, pleuré en lisant cette histoire, et j'ai pleuré encore à la fin, malgré le dénouement heureux. Miss K et moi en avons parlé pendant des semaines.

— Ce livre contient un message, Clare : ne jamais abandonner, jamais. On peut toujours y arriver, à condition de le vouloir assez.

Mon travail à l'école ne cessait de s'améliorer. Début juin, M. Timmons m'a convoquée dans son bureau pour m'annoncer que je passerais au niveau supérieur à la rentrée prochaine. Mes progrès en classe étaient un exemple pour tous et il espérait bien que j'aurais de bonnes notes à mes examens de fin d'année. J'étais ravie. C'était facile, désormais, de faire mes devoirs car j'avais beaucoup plus de temps. Quand j'ai parlé de cet entretien avec Miss K, elle a dit que c'était une excellente nouvelle. Il fallait juste continuer à m'appliquer et rester concentrée. J'ai travaillé très dur, révisant et passant des examens blancs. Le moment venu, j'étais prête. Juste avant que les résultats soient publiés, M. Timmons m'a à nouveau fait venir et il m'a serré la main.

— Bravo, Clare. En septembre, tu seras admise en niveau A. Je crois même savoir que tu seras déléguée de classe et capitaine des sports[1]. Félicitations.

C'était une très bonne nouvelle mais j'ignorais toujours mes notes. D'un autre côté, elles ne devaient pas être trop mauvaises.

Mais, ce même jour, j'ai reçu un coup très dur. Miss K est passée me prendre après les cours.

— Clare, il va falloir que tu retournes chez ta mère. Je suis désolée, mais je ne peux pas te garder pendant les vacances d'été.

J'étais sidérée.

— Vous ne voulez plus de moi ?

Elle m'a serré le genou.

— Mais non, mais non, ce n'est pas du tout ça. Je dois aller en Pologne en août et je ne peux pas t'emmener là-bas avec moi. Je ne peux pas non plus te laisser seule ici.

— Oh, Miss K, mais ce sera juste pour les vacances d'été, n'est-ce pas ?

— Si c'est ce que tu veux, oui.

— Oui, je le veux. Quand pourrai-je revenir ?

Dès son retour en Angleterre à la fin août, m'a-t-elle dit. Finalement, ce n'était pas si terrible que cela.

Le jour venu, nous nous sommes levées très tôt. Miss K a rangé toutes mes affaires dans une grande valise munie d'une serrure, qui resterait dans la voiture jusqu'à cet après-midi.

---

1. Distinctions qu'on accorde aux élèves méritants dans les écoles anglaises.

À l'école, c'était le chaos habituel de fin d'année. Après avoir rendu mes livres scolaires, j'ai passé l'essentiel de mon temps à dire au revoir à mes camarades. Mes sœurs étaient ravies de mon retour : en mon absence, elles avaient hérité de ma part de corvées. Chez nous, les tâches ménagères ne concernaient que les filles, on n'attendait pas des garçons qu'ils exécutent le moindre travail domestique. L'heure de la sortie est arrivée.

— Clare, on t'attend ici ? m'ont demandé Pauline et Patsy devant le portail.

Je leur ai répondu que ce n'était pas la peine. J'ai rejoint Miss K, qui était assise dans sa voiture derrière l'église. En me voyant arriver dans son rétroviseur, elle est sortie.

— Bonjour, madame.

— Appelle-moi Anya.

— Merci, madame.

Je l'ai regardée : elle ne semblait pas avoir pleuré mais elle paraissait troublée. Elle a insisté pour me raccompagner, mais j'ai décliné sa proposition et elle a fini par se laisser convaincre. C'était moi qui avais refusé de rentrer à la maison. C'était donc à moi de me présenter seule chez moi. Il arriverait ce qu'il arriverait, mais ce n'était que pour six semaines après tout. Dès le retour de Miss K, je repartirais.

— Je ne t'enverrai pas de carte postale, Clare. Je vais beaucoup voyager et ce sera difficile.

— Pas de problème, madame.

Miss K a dit qu'en son absence, je devais continuer à bien faire mes devoirs de vacances et qu'elle vérifierait ce que j'avais appris. Je l'ai serrée dans mes bras, je lui ai confié qu'elle allait me manquer puis je suis partie. Je n'ai pas entendu sa voiture démarrer. En traversant Camberwell New Road, je ne l'avais toujours pas entendue. J'ai marché jusqu'à l'arrêt de bus.

Six semaines avec ma mère.

18

Le paradis perdu

1971

Ma chambre à coucher n'avait pas changé. Mon lit était fait, mais l'alarme avait été débranchée et une couche de poussière s'était déposée sur le boîtier. J'avais complètement oublié cet engin. Depuis que j'avais quitté la maison, je n'en avais jamais eu besoin. Je ne me souvenais pas de la dernière fois où j'avais fait pipi au lit. En tout cas, ça n'était jamais arrivé chez Miss K. Les piles de draps mouillés dans un coin avaient disparu et il régnait une fraîcheur assez agréable dans la pièce. Mes vieux vêtements étaient toujours pendus dans mon armoire et j'ai même retrouvé un paquet de Jammy Dodgers, mais tous mes parfums bon marché s'étaient volatilisés. Pendant que je déballais mes affaires, Pauline a passé la tête par la porte. Puis Patsy l'a poussée dans la chambre, avant d'être elle-même bousculée par Beauté et Denise.

— Maman veut te dire un mot, a déclaré Pauline.

— Pas la peine de te presser, a ajouté Carl. C'est seulement quand tu auras le temps… Sauf si tu préfères qu'elle monte te voir ?

— Non, je vais descendre.

Laissant mes livres sur mon lit, j'ai dû passer entre mes frères et sœurs. Dès que j'ai été dans l'escalier, ils se sont tous postés le long de la rampe. C'était à qui aurait la meilleure place. En bas, j'ai frappé à la porte du salon et j'ai attendu. Puis, j'ai frappé à nouveau et je suis entrée.

— Dehors ! Et attends qu'on t'invite, a lancé ma mère.

Je suis ressortie. J'ai frappé à nouveau. Pas de réponse. Inutile de recommencer. Elle m'avait vue et entendue. C'était elle qui voulait me voir, après tout. Pas moi.

— Entre, a-t-elle enfin dit.

J'ai attendu.

— Entre.

Je n'ai toujours pas bougé.

Pourquoi me presser ? J'avais six semaines devant moi. Quand je l'ai entendue reposer sa tasse et quitter son fauteuil, je me suis décidée à entrer.

— Bonjour, maman.

— Ah, c'est toi. Ça y est ? La bonne fée en a eu marre de la fille prodigue.

— Carl a dit que tu voulais me voir.

— Qu'est-ce que tu fais ici ?

— Carl a dit que tu voulais me voir.

— Je veux dire qu'est-ce que tu fais chez moi ?

— Comment ça ?

— Eh bien, est-ce que je t'ai donné la permission de revenir ? Est-ce que tu m'as demandé si tu pouvais revenir ? Non. Alors, qu'est-ce que tu fous ici ?

— Je peux partir si tu veux.

— Ça te plairait, hein, et t'irais encore te plaindre en disant que je t'ai flanquée à la porte.

— Je ne suis pas revenue pour me disputer avec toi.

— Pourquoi t'es revenue, alors ? On veut pas de toi ici, pourquoi tu ne retournes pas là d'où tu viens ?

— Mais je vais y retourner. Dans six semaines. Maintenant, si tu veux que je parte tout de suite, c'est à toi de voir. J'ai où aller, de toute manière. George a dit qu'il aurait toujours un endroit où me loger. C'est simple, si tu ne veux pas de moi ici, je remonte faire ma valise.

Ma mère s'est laissée tomber dans son fauteuil sans répondre. Je crois que, d'une certaine manière, elle avait autant peur de moi que moi d'elle. Cynthia et Norma étaient assises à ses pieds. Eastman était vautré dans un coin.

— Autre chose ? ai-je demandé.

— Oui, tu peux prendre tes cliques et tes claques. C'est pas un asile de nuit ici.

J'ai refermé la porte derrière moi. Carl m'a demandé si j'allais repartir et j'ai hoché la tête. J'ai mis mes jolies robes et quelques vieux vêtements dans la valise que m'avait donnée Miss K. J'ai aussi emporté *La Petite Princesse* et j'ai quitté cette maison.

Mon père m'avait fourni une adresse en cas d'urgence : 52 Ethnard Road, Peckham SE15. J'y étais déjà allée une ou deux fois, mais je ne me rappelais plus très bien comment y aller. J'ai pris le 12 jusqu'à Camberwell Green puis le 36 jusqu'à Peckham. À Peckham High Street, juste avant la rue qui mène à Sumner Road, je suis descendue du bus et j'ai demandé mon chemin au poste de police. Sur l'immense plan épinglé derrière lui, l'agent m'a montré l'endroit où nous étions et celui où je voulais aller. Ses indications m'ont conduite derrière une grande cité HLM, dans une petite rue résidentielle, très calme. J'ai frappé au 52 et une grosse femme est venue ouvrir. Elle s'est présentée comme la petite amie de mon père, Dolores.

— Il n'est pas là, a-t-elle dit. Tu peux aller l'attendre au 215 Camberwell New Road.

Le 36 m'a ramenée jusqu'à Camberwell New Road et m'a déposée pratiquement devant la porte de George. Quand j'ai sonné, les locataires m'ont indiqué qu'il se trouvait sans doute au 41 Offley Road, près de l'Oval, le terrain de cricket. Ce n'était pas trop loin à pied, je suis donc repartie avec ma valise. Il n'était pas là non plus et personne ne savait comment le joindre. Je me suis souvenue que, de l'autre côté de l'Oval, vivait une de ses amies, Miss Lindsey, qui m'avait déjà hébergée à l'occasion, par le passé. En me promenant parmi les immeubles, j'ai fini par trouver celui qui me semblait le bon. Je suis montée dans les étages et j'ai frappé à une porte. Un homme en tricot de corps est apparu. En me voyant, il a appelé sa femme et il m'a laissée là. Son épouse, une femme immense en pantoufles et avec plein de rouge à lèvres, m'a demandé ce que je voulais. Je lui ai expliqué que je cherchais Miss Lindsey. Elle ne connaissait pas son nom mais elle a reconnu sa description.

— Elle est à l'étage du dessus, petite. À gauche en sortant de l'escalier, deuxième porte à droite.

Je l'ai remerciée et je suis montée. Dieu merci, c'est bien Miss Lindsey qui m'a ouvert. D'emblée, elle m'a demandé si ma mère savait que j'étais là, si George le savait et, finalement, si quelqu'un le savait. Quand je lui ai expliqué mon périple, elle m'a laissée entrer. Elle m'a conduite dans la chambre que je connaissais déjà et qui n'avait pas beaucoup changé, à cette nuance près qu'elle semblait avoir été récemment occupée.

— Il m'arrive souvent d'héberger des gens, mon cœur. Mets-toi à l'aise. Fais comme chez toi.

Elle est allée préparer un thé et je suis restée seule avec mes pensées. Personne ne savait où j'étais. Ma mère s'en moquait éperdument et mon père se trouvait Dieu savait où. Quant à Miss K, elle devait être en route pour la Pologne.

Miss Lindsey s'est montrée très gentille avec moi. Elle essayait sans cesse de contacter mon père mais il a fallu attendre trois jours avant qu'il passe. Il ignorait que j'avais été mise à la porte de la maison. Il avait découvert mon absence en allant voir ses enfants à Sutherland Square. Quand il avait demandé de mes nouvelles, Pauline lui avait dit que je devais être chez lui. Ce qui l'avait pour le moins étonné. Il avait donc appelé sa petite amie qui lui avait appris ma visite trois jours plus tôt, avant de lui expliquer qu'elle m'avait envoyée à Camberwell New Road. À partir de là, il avait suivi ma piste et c'était ainsi qu'il avait fini par arriver chez Miss Lindsey. Il m'a annoncé qu'il ne pouvait pas me prendre avec lui : il était trop occupé, jamais au même endroit, toujours en déplacement. Par ailleurs, et même si c'était un peu contradictoire, comme il était clair que Carmen ne voulait pas de moi, il comptait entamer des démarches pour obtenir la garde des enfants. Miss Lindsey a affirmé que cela ne lui posait aucun problème de me garder. Je pouvais rester aussi longtemps que je le désirais, surtout si je n'avais nulle part où aller. Mon père était d'accord: pour le moment, il valait mieux pour tout le monde que j'habite ici. Il est parti en lui donnant un peu d'argent, ajoutant que c'était juste en attendant de trouver une solution plus permanente.

Il s'est passé quatre jours avant que je le revoie et, cette fois, il n'est resté que dix minutes. Il avait apporté de la nourriture, une bouteille de Guinness pour Miss Lindsey et, pour moi, un paquet de bonbons et des gâteaux. Une semaine plus tard, il a déclaré qu'il avait vu ses avocats et que tout serait bientôt réglé. Ce n'était pas que j'étais malheureuse avec Miss Lindsey. Elle était très gentille avec moi et elle me permettait de porter certains vêtements qui traînaient chez elle. Je pouvais toujours continuer à travailler chez Roses le samedi. L'arrêt du 159 se trouvait pratiquement en bas de l'immeuble. Je descendais de l'autre côté de l'Oval et, de là, je pouvais soit marcher, soit prendre un autre bus si j'avais la flemme. Eileen m'avait demandé de travailler tout l'été, pendant les congés des autres vendeuses. L'argent était bon à prendre et me permettait de m'acheter à manger en rentrant le soir. Quant à Miss Lindsey, elle était ravie d'avoir de la compagnie, ça lui permettait de papoter sans arrêt à propos de l'appartement, du ménage, de l'aspirateur et ainsi de suite. Grâce à moi, elle restait occupée.

Un dimanche matin, mon père a débarqué de bonne heure avec un grand poulet, des fruits et des légumes. Carmen faisait des histoires, a-t-il annoncé. Son avocat était entré en contact avec elle. Elle avait refusé tout net d'abandonner la garde des enfants. Elle avait même ajouté que je devais lui être rendue sur-le-champ, car je vivais de façon illégale sous la garde de mon père et que, s'il ne me renvoyait pas chez elle, elle le dénoncerait à la police pour enlèvement d'enfant.

J'ai refusé de partir. Selon mon père, si ma mère ne voulait pas nous lâcher, ce n'était pas par amour mais surtout à cause des allocations familiales. Avec six Briscoe à charge, elle touchait une jolie somme chaque semaine. Si George obtenait la garde, elle perdrait tout. Cela dit, s'il avait l'autorisation de nous reprendre, où nous mettrait-il ? À Ethnard Road ? Sa petite amie ne voudrait jamais en entendre parler. Quant au 215 Camberwell New Road, l'immeuble était rempli de locataires. Il ne pouvait pas les chasser pour nous faire de la place. Offley Road ? Même problème. Tout cela offrait matière à réflexion et il se demandait si, peut-être, je ne ferais pas mieux de rentrer, juste histoire de gagner un peu de temps. Je n'ai pas voulu en entendre parler et il ne m'a pas forcée. Mais une chose était claire : même s'il jugeait préférable de nous prendre avec lui, il ignorait comment faire.

Je suis donc restée chez Miss Lindsey. Au début du trimestre de rentrée, j'ai décidé de me passer d'un blazer neuf. Celui que j'avais me suffisait amplement. Pareil avec ma jupe. Par ailleurs, je ne tenais vraiment pas à retourner chercher des affaires chez moi. D'ici quelques jours, je vivrais à nouveau avec Miss K. Si ça ne tenait qu'à moi, je n'aurais plus jamais adressé la parole à ma mère. Par l'intermédiaire de mon père, elle continuait à me faire parvenir des messages, m'enjoignant tous de rentrer. Je les ignorais.

Le jour de la rentrée, la cour de l'école était bondée. Les nouveaux erraient comme des têtards dans un bocal, l'air vraiment perdus. Je ne connaissais pratiquement aucune de mes nouvelles camarades de classe mais j'ai été ravie de constater qu'elles non plus n'avaient pas éprouvé le besoin de s'acheter un nouveau blazer, une nouvelle jupe ou une nouvelle chemise... Quand j'y repense, elles étaient toutes assez débraillées. Bien sûr, cela pouvait avoir un rapport avec le fait qu'on les considérait comme très intelligentes, et que donc elles n'avaient pas besoin d'un blazer neuf pour faire impression. Leur intellect suffisait. À la différence de mon ancienne classe, il n'y avait pas de pagaille pendant les cours. Personne pour lancer des bouts de craies ou pour tenter d'interrompre la leçon. Les élèves étaient là pour apprendre. Tous avaient fait leurs devoirs de vacances.

À la récréation, je suis partie à la recherche de Miss K. Personne ne l'avait vue, elle ne s'était pas présentée et il n'y avait aucun message ou note pour ses élèves. La classe de comptabilité et de dactylographie était tout simplement fermée. J'étais certaine que si Miss K avait été de retour, elle m'aurait donné de ses nouvelles. Elle était comme ça. Les bonnes manières étaient une seconde nature pour elle. Je suis allée attendre devant le bureau de M. Timmons et j'y suis restée jusqu'à ce qu'il me remarque et me fasse signe d'entrer. À l'intérieur, l'odeur de cire à parquet était si forte que j'en ai eu la nausée. J'ai expliqué que je désirais juste savoir quand Miss K reviendrait. M. Timmons s'est fâché tout rouge et m'a dit que ça ne me regardait pas. J'étais mortifiée.

Trois semaines ont passé et toujours pas la moindre nouvelle. Pas un mot, rien, et je n'avais personne à qui m'adresser. Je ne savais pas me rendre chez elle à pied et l'école refusait de me donner son adresse. Au début de la quatrième semaine, je suis allée voir la professeur de cuisine. Elle avait été présente quand j'avais refusé de rentrer à la maison l'année passée. Peut-être accepterait-elle de me donner la date de retour de Miss K. Elle ne m'aurait pas abandonnée, je le savais. Jamais.

L'air grave, elle m'a prise à l'écart pour m'expliquer que Miss K n'allait pas très bien et que nul ne savait si elle pourrait un jour revenir enseigner. Pendant son voyage en Pologne, elle avait fait beaucoup de voiture pour aller voir des parents ou des amis. En revenant d'une de ses visites, son véhicule s'était apparemment retrouvé coincé sur les voies à un passage à niveau. Un train arrivait et n'avait pas pu s'arrêter à temps. La pauvre Miss K avait été prise au piège. L'impact, terrible, lui avait causé de très graves blessures aux membres inférieurs. Les chirurgiens avaient fait tout leur possible mais ils avaient dû se résoudre à l'amputer d'une jambe. L'autre était en si mauvais état qu'ils avaient bien failli la couper, elle aussi. Ils y avaient renoncé en raison des dommages psychologiques que cela aurait pu entraîner : ils craignaient qu'elle ne supporte pas la perte de ses deux membres. Miss K avait envoyé une lettre : elle aimerait bien revenir à l'école dès qu'elle en serait capable mais, pour le moment, elle n'était pas en état de s'occuper de qui que ce soit. Tout cela devait rester entre nous, m'a dit la professeur. Miss K se trouvait toujours en Pologne, mais elle devait rentrer en fin de semaine en avion. Les médecins avaient enfin donné leur accord pour un tel voyage.

Sans m'en rendre compte, je pleurais depuis un bon moment. Les larmes coulaient, coulaient. Pauvre Anya. Pauvre Miss K. Elle avait perdu une jambe et elle risquait encore de perdre l'autre. C'était abominable et je me demandais comment elle supportait le choc. Et moi qui étais là à me plaindre de mon sort alors qu'elle subissait une telle épreuve...

— C'est loin, la Pologne ? ai-je demandé à la professeur de cuisine.

— Oui, c'est loin.

— Combien ça coûterait d'aller là-bas ?

— Très cher, je le crains. Et si tu te contentais de prier pour Miss K, pour qu'elle fasse un bon voyage ? Tu peux aussi prier pour sa jambe valide. Ce serait un grand soulagement pour elle de pouvoir la garder. À ta place, je prierais de toutes mes forces. Miss K en a bien besoin. Elle n'est pas encore tirée d'affaire.

— Merci, madame.

Complètement hébétée, je suis partie en classe de couture. Non seulement Miss K avait perdu une jambe mais elle risquait de mourir. Je pourrais m'occuper d'elle. Si elle revenait à Londres, je pourrais la soigner. En fait, nous pourrions veiller l'une sur l'autre, un peu comme nous l'avions fait l'an dernier. Mme Jones n'a pas apprécié mon point de croix et me l'a fait refaire quatre fois.

À la messe le vendredi, nous avons tous prié pour la guérison de Miss K mais, comme le prêtre l'a fait remarquer, chacun d'entre nous a sa mission sur cette terre et nul ne doit remettre en question les choix du Seigneur. Quoi qu'il se soit passé, Miss K était toujours ma meilleure amie et ma professeur préférée. Sans elle, sans sa présence rassurante, le premier trimestre m'a paru interminable. Notre vie commune me manquait.

Les jours ont commencé à raccourcir. Alors que commençaient les préparatifs de Noël, je ne cessais de penser à Miss K. Que faisait-elle ? Avait-elle encore sa jambe ? Se souvenait-elle de moi et des semaines que nous avions passées ensemble ? Je voulais lui dire que j'avais relu *La Petite Princesse* mais, tout au fond de moi, j'avais le triste pressentiment que je n'en aurais plus jamais l'occasion.

À l'école, je devenais plus renfermée. Par ailleurs, sans doute à cause de l'absence de Miss K qui s'ajoutait à mes autres difficultés, j'ai commencé à perdre mes cheveux. Au début, ça a été graduel. J'en retrouvais quelques-uns entre les dents du peigne. Un jour, c'est une mèche entière qui est tombée. En essayant de libérer le peigne, elle s'est carrément détachée. J'ai essayé une brosse, avec un résultat identique. Et quand j'ai passé la main, une pleine poignée m'est restée entre les doigts. J'avais deux grosses plaques chauves sur le sommet du crâne. J'ai enfilé ma perruque Michael Jackson.

J'avais peut-être besoin d'un bon shampooing? Je me suis lavé les cheveux le soir même. Cela n'a rien changé. Je les perdais par touffes entières. Pour couronner le tout, mon père est venu me chercher à la sortie de l'école pour me dire que je devais rentrer à la maison. Selon lui, si je voulais avoir une chance de pouvoir partir de façon définitive, je devais y retourner, ne serait-ce qu'un moment. Je ne comprenais pas vraiment son raisonnement, mais c'était mon père et il savait mieux que moi ce qu'il fallait faire.

Le cœur très lourd, je suis donc revenue. Ma mère a été ravie de me récupérer. Il y avait toutes ces corvées qui n'attendaient que moi: le ménage, la poussière, la cuisine et la lessive. Non, elle n'avait pas oublié que, ces sept derniers mois, je m'étais baladée ici et là, à me faire dorloter par des idiotes qui ne savaient pas quelle infecte petite crapule j'étais.

— Ne t'imagine pas que tu vas te la couler douce, a-t-elle dit. Y a pas de bonne fée dans cette maison… Ne l'oublie pas.

Dès mon premier soir, un vacarme m'a réveillée au beau milieu de la nuit. Les lumières de l'alarme clignotaient, aveuglantes, et la sonnerie me perçait les tympans. J'avais à nouveau fait pipi. Et les mauvaises nouvelles ne se sont pas arrêtées là. Mon père a été avisé qu'il n'avait aucune chance de récupérer notre garde… Pas une chance sur cent. Mme Carmen Briscoe était bien connue des services sociaux. Quand mon père l'avait abandonnée avec six bouches à nourrir, pour aller dilapider ses gains au loto, elle avait travaillé très dur pour nous donner un toit et pour mettre de quoi manger sur la table. Elle avait un excellent dossier auprès des services concernés. Alors qu'elle venait tout juste d'accoucher, elle avait même adopté un nourrisson à la maternité et elle l'avait toujours traité comme sa propre fille, en dépit de l'opposition obstinée de son mari. Il n'y avait jamais eu aucun problème avec Denise. Et jamais le moindre signe de mauvais traitement dans la famille. Carmen Briscoe était une mère modèle. Quant à mon père ? Où vivait-il au juste, avait remarqué l'avocat. Comment pourrait-il se débrouiller avec six enfants à charge ? Depuis qu'il avait touché le gros lot, il n'avait jamais travaillé et n'avait jamais su pourvoir aux besoins de sa progéniture. Prenez par exemple la fois où Clare avait voulu se faire admettre dans un foyer. Il avait téléphoné pour dire que c'était la meilleure solution. Comment un père, et un père fortuné de surcroît, pouvait-il laisser sa fille aller dans un foyer ? Quel juge accepterait de lui donner la garde de six gosses ? J'ai dit à Mary que j'avais presque envie d'abandonner.

19

Un autre Noël

1971

Le repas de Noël à la cantine – qui avait lieu avant les vacances – valait le détour, surtout pour nous qui y avions droit gratuitement. On nous donnait un chapeau en papier et la salle était décorée avec un sapin et des guirlandes. Tout le monde venait faire la queue de bonne heure, de peur qu'il n'y ait pas assez à manger. De mon côté, j'avais pris soin de ne rien avaler de la journée. En récupérant mon assiette, j'en ai essuyé le rebord avec ma manche. Comme cela ne suffisait pas, j'ai craché et j'ai frotté une deuxième fois. Voilà qui était mieux. J'étais fin prête. Si ça n'avait tenu qu'à moi, j'aurais demandé triple dose.

— Oui, s'il vous plaît, chef. Oui, encore, encore, s'il vous plaît.

— Ne vous inquiétez pas, a dit la chef. Y en aura pour tout le monde

De là où j'étais dans la file, je voyais les pommes de terre rôties, la dinde, les carottes, la farce, les choux de Bruxelles, la sauce aux canneberges.

— Oui, chef, s'il vous plaît. Oui, s'il vous plaît.

Mon assiette a été copieusement remplie. J'ai dû faire très attention à ne rien renverser en rejoignant une table. J'ai finalement réussi à m'asseoir sans en perdre une miette. J'ai tout mangé en silence. Puis je suis retournée chercher les desserts : des tartelettes de Noël, du pudding, de la crème anglaise et de la glace avec une cerise dessus.

— Oui, s'il vous plaît. Oui, s'il vous plaît. Oui, s'il vous plaît, mais sans cerise.

— Tu es sûre ? a demandé la chef. Ça ne te ressemble pas de refuser la cerise.

— Pas aujourd'hui. Merci, chef.

— Un peu plus de crème, alors ?

— Oh oui, merci.

Je me suis tellement rempli le ventre que j'ai bien cru qu'il allait éclater et j'ai failli rater la cloche. Heureusement, il ne s'est pas passé grand-chose cet après-midi-là. Après un repas pareil, je pouvais tenir plusieurs jours sans rien avaler.

Ma mère aussi s'occupait des préparatifs de Noël. Elle avait même acheté des cadeaux au marché. Le dimanche matin, elle nous a réveillées de bonne heure, Pauline, Patsy et moi. Nous devions aller voir notre père.

— Dites-lui que c'est Noël et que s'il veut que ses mioches aient de quoi bouffer, il a intérêt à mettre quelque chose sur la table.

Nous avons pris le bus jusqu'à Ethnard Road. Il n'était pas 7 heures quand nous sommes arrivées et notre père était encore couché. Nous n'avons pas été autorisées à entrer dans sa chambre. Nous l'avons donc attendu au salon. Il n'a pas été ravi de nous voir. D'un autre côté, il ne pouvait se soustraire à certaines obligations paternelles. Pauline lui a transmis le message et il s'est aussitôt récrié :

— Dites à la vieille qu'elle peut compter sur moi. Est-ce que je vous ai jamais fait faux bond, hein ?

Aucune d'entre nous n'a répondu. Nous avons pris la Capri pour aller au marché de Petticoat Lane. Une fois là, il nous a dit de rester dans la voiture. Nous avons attendu son retour en observant les gens qui faisaient leurs courses de Noël et qui marchandaient avec les vendeurs. Il a fini par revenir avec un poulet sur l'épaule et un sac plein à la main. Sur le chemin de la maison, il s'est arrêté dans un magasin et quelqu'un est sorti de la boutique pour lui donner un autre sac qu'il a rangé avec le reste dans le coffre. À 10 heures, nous étions de retour et mon père a déchargé la voiture. Christine, Carl et Martin sont venus nous rejoindre dehors tandis que ma mère restait sur le pas de la porte, les mains sur les hanches.

— Salut, la vieille, a dit mon père.

— Tu as acheté ce qu'il fallait ou tu as encore cherché à économiser trois sous ?

— Et toi, tu es encore avec ce crétin ? a répliqué mon père.

Pas de réponse.

— Tu es une idiote, Carmen, mais tu le sais déjà, pas vrai ?

Il a posé les commissions sur le trottoir à peu près au moment où ma mère a commencé à avancer. Elle a foncé sur lui tandis qu'il remontait dans la voiture. Pendant qu'il mettait sa ceinture, elle est arrivée à sa hauteur. Là, elle lui a tourné le dos pour flanquer un formidable coup de pied arrière dans la portière, y imprimant la marque bien visible de son talon. George a baissé sa vitre un tout petit peu, juste assez pour lui crier :

— Tu es une vieille folle, Carmen. Toi et ton crétin, vous devez être très heureux ensemble.

Là-dessus, il a démarré.

— Ramenez-moi ça à l'intérieur, a-t-elle ordonné.

Cette année-là, les Eastman et les Briscoe ont pris leur repas de Noël ensemble. C'était toujours ça de gagné pour les Eastman : ils ont pu profiter de la nourriture achetée par mon père. Pour une fois, personne n'a reproché aux Briscoe de prendre de trop grandes portions : tout le monde savait qui avait payé.

Le déjeuner s'est éternisé jusqu'en fin d'après-midi et nous, les filles Briscoe, avons fait la vaisselle pendant que les Eastman regardaient la télé. Après cela, je me suis changée : l'heure des cadeaux était arrivée. J'étais presque entièrement chauve et, même si j'avais vu un dermatologue une quinzaine de jours plus tôt, le traitement ne donnait aucun résultat. Cela ne se voyait pas sous ma perruque mais, tôt ou tard, il faudrait bien que je m'occupe de ma calvitie.

Les Briscoe et les Eastman se sont rassemblés dans le salon. Winston, le bébé, dormait. Cynthia et Norma ont été les premières à ouvrir leurs cadeaux. Elles en recevaient toujours plus que nous à cause de leur idiot de père : il mettait un point d'honneur à ce qu'elles en aient plus que les Briscoe, que, pour elles, ce soit toujours plus gros et plus beau. En fait, quand j'y repense, il ne nous a jamais rien offert à Noël. Avec moi, c'était compréhensible, j'étais une cause perdue. Il ne pourrait jamais m'obliger à l'aimer.

Les Eastman ont donc ouvert leur première tournée de cadeaux pendant que les Briscoe attendaient. À la deuxième, tout le monde a eu droit à quelque chose. Des tas de nouveaux jouets et de nouveaux vêtements. J'ai déballé mon premier paquet. C'était Dollie. Cette bonne vieille Dollie. Honnêtement, je ne m'étais pas rendu compte qu'elle avait à nouveau disparu mais j'étais quand même contente de la récupérer. Le second a exigé pas mal d'efforts. Il était d'une forme bizarre et tout entouré de ruban adhésif. Quand j'ai enfin réussi à l'ouvrir, j'ai découvert ma toupie. J'ai remercié ma mère, en me disant que, désormais, il valait mieux que je cache Dollie. Je ne voulais pas la recevoir encore en cadeau l'année prochaine.

Quand Eastman a déballé le sien, je n'ai pas regardé. L'idée que quelqu'un avait perdu du temps à lui choisir quelque chose m'était tout bonnement inconcevable. Ce dont il avait besoin, c'était d'un livre d'images pour enfant analphabète. Il a offert à ma mère un joli cardigan rose pâle tricoté main, avec six petits boutons de rose cousus autour du cou qui donnaient l'impression de former une seule fleur. Elle a aussi reçu des sels de bain, un service à thé en porcelaine, une bouillotte, un nouveau tablier, du parfum, du talc, un baume hydratant pour le corps et une nouvelle paire de pantoufles. Les garçons ont eu des trains électriques et un pistolet avec des capes.

Noël était terminé. Je suis remontée dans ma chambre et j'ai rangé Dollie au fond de mon armoire.

Quant à la toupie, je l'ai laissée par terre. Je m'en étais beaucoup servie autrefois mais cela faisait pas mal d'années qu'elle avait perdu de sa magie à mes yeux. Autant la donner à quelqu'un qui serait ravi de l'avoir.

20

Bye bye Bem

1972

Le jour de la rentrée à l'école, j'ai été convoquée en classe de comptabilité et de dactylographie. J'ai gravi l'escalier sans savoir ce qui m'attendait. Je ne pensais pas avoir oublié de rendre mes devoirs de fin de trimestre et, à ma connaissance, je n'avais rien fait de mal. Quand je suis entrée… Miss K était là, assise à son bureau !

— Miss K !

— Entre, Clare, entre et assieds-toi. Maintenant, dis-moi, comment vas-tu ?

Je n'ai pas répondu car je regardais sous la table. Miss K portait un pantalon – ce qu'elle ne faisait jamais avant. Et encore moins dans l'enceinte du Sacré-Cœur. Elle était toujours en jupe de tweed. Néanmoins, c'était un pantalon très bien coupé et très élégant. En l'observant de plus près, j'ai remarqué que, sous le tissu, une de ses jambes était beaucoup plus maigre que l'autre et que ses chaussures étaient bizarres. Dépareillées. J'en reconnaissais une avec laquelle je l'avais déjà vue, mais l'autre ressemblait plutôt à une sorte de bottillon.

— Comment vas-tu, Clare ? a-t-elle répété.

— Et vous, madame, comment allez-vous ? J'ai été désolée quand j'ai appris pour votre jambe.

Miss K m'a dévisagée un long moment puis elle m'a à nouveau demandé comment j'allais.

— Bien. Je vais très bien, madame. Est-ce qu'on peut rentrer à la maison maintenant, madame ?

Miss K s'est mise à rire puis elle s'est mise à pleurer.

— Non, a-t-elle répondu.

J'étais dévastée. Le choc m'a laissée hébétée puis je lui ai demandé de m'excuser et, sans attendre sa réponse, j'ai filé à toutes jambes. Si seulement j'avais eu une baguette magique, j'aurais rendu le bonheur à tous les enfants de la terre. Les enfants ont droit au bonheur, sinon à quoi bon les mettre au monde ? Toute ma vie, j'avais voulu que quelqu'un veille sur moi et, si je mourais demain, j'aurais voulu qu'il existe ne serait-ce qu'une personne à qui j'aurais manqué. Selon moi, chaque enfant devait recevoir des cadeaux deux fois par an et des vêtements neufs une fois par mois. Il était aussi absolument nécessaire que chacun ait un lit propre. Quant aux parents qui battaient leurs enfants, ils devaient récolter ce qu'ils méritaient. Aucun parent ne devrait avoir le droit de maltraiter un enfant. Le bonheur… Cela faisait si longtemps que je l'attendais. Oh, pas le-grand-bonheur-qui-dure-toujours, mais juste un-petit-bonheur-de-temps-en-temps. S'il arrivait, je saurais le reconnaître. D'abord, et avant tout le reste, je débrancherais mon alarme. Ensuite, je rangerais toute la nourriture dans le frigo ou dans les placards et plus jamais au fond de mon armoire. Oui, quand le bonheur viendrait frapper à ma porte, je lui ouvrirais et je dirais :

— Où étais-tu ? Qu'est-ce qui t'a pris si longtemps ? Bon, donne-moi juste le temps de faire ma valise et je viens avec toi.

Il ne m'était jamais venu à l'esprit que Miss K refuserait de me reprendre. Après l'avoir quittée, je suis allée m'enfermer aux toilettes, les pieds décollés du sol au cas où quelqu'un regarderait sous la porte. Manquer les cours était un crime. Je suis restée là un moment, plongée dans mon malheur, avant de retourner en classe.

Elle m'attendait devant la porte. Elle semblait fatiguée. Elle m'a demandé de la suivre et j'ai obéi. Quand elle s'est mise en marche, j'ai réalisé pourquoi elle ne m'avait pas rattrapée quand j'avais filé. Elle devait traîner sa mauvaise jambe derrière elle. Et quand nous avons emprunté l'escalier, j'ai aussi compris pourquoi elle ne voulait pas de moi chez elle. En levant son pied chaussé du bottillon, celui-ci a heurté la marche mais elle a réussi à se récupérer en prenant sa jambe de pantalon avec la main. Elle a étouffé un juron. Puis elle a hissé sa bonne jambe sur la marche suivante. À nouveau, elle a levé son mauvais pied en lui imprimant une trajectoire un peu circulaire jusqu'à ce qu'il aille se poser devant elle. Prenant appui sur son bottillon, elle a réussi à gravir une autre marche. Tout en se déplaçant, elle plissait les yeux… La douleur devait être atroce. Nous avons fini par remonter dans sa classe.

Après m'avoir fait entrer, elle s'est adossée au mur, sa mauvaise jambe pendant devant elle. Pauvre Miss K. Elle n'allait pas bien du tout.

— Clare, a-t-elle dit avec un accent polonais plus prononcé qu'à l'ordinaire, je voudrais tant que toi et moi, nous puissions être comme avant, mais je ne suis pas en état de m'occuper de toi. Regarde-moi, mon enfant... Regarde.

Elle s'est penchée pour relever son pantalon. Dessous, sa jambe ressemblait à celles des mannequins de Roses.

— Tu vois ? Elle est creuse. C'est un membre inutile. Bon à rien.

Elle l'a détachée, tout en prenant appui sur le mur.

— Comment pourrais-je m'occuper de toi, Clare ? Je sais que tu te sens trahie, comme moi, je me sens trahie.

Elle a voulu remettre sa jambe mais c'était trop difficile, alors je l'ai aidée à replacer son moignon dans la prothèse. À nous deux, nous avons réussi à la fixer. Quand nous avons terminé, Miss K s'est mise à pleurer.

— Oui, je t'ai trahie, Clare. Comment vas-tu faire maintenant ? Ne crois pas que j'ai passé un seul jour sans prier. Je voudrais que cela ne soit jamais arrivé et, si je pouvais, je remonterais le temps. Mais je me dis que j'ai déjà eu la chance d'échapper aux camps de concentration. Il se peut que ceci soit la rançon à payer.

Elle a continué à pleurer et j'ai baissé son pantalon pour cacher son bottillon.

— Et si vous vous asseyiez, Miss ? ai-je suggéré avec toute la gentillesse dont j'étais capable.

J'ai tiré une chaise près d'elle et elle s'est laissée tomber.

— Je ne sais même pas où je vais habiter, m'a-t-elle dit, le visage barbouillé de larmes. Je ne peux pas monter les escaliers. Je dois me trouver un appartement au rez-de-chaussée.

— Je pourrais vous aider, Miss. Vous avez été si gentille avec moi. Je peux vous aider. Mais oui, Miss ! C'est ça ! On peut s'aider l'une l'autre. Je vous aiderai avec votre jambe et vous m'aiderez pour mes devoirs et tout ira bien.

Elle s'est mise à rire avant de pleurer encore.

— Tu es si pleine de vie, Clare. J'aimerais beaucoup que nous habitions ensemble mais je suis une infirme et ta vie commence à peine. Tu dois continuer à avancer, Clare, et m'oublier.

Nous pleurions toutes les deux. Même s'il était évident que nous ne pouvions pas continuer comme avant, je voulais tout de même essayer.

— Mais, Miss, je peux vous soigner, ai-je dit tandis que les larmes ruisselaient sur mes joues. Je sais faire le poulet aux pommes de terre. Je sais cuire le riz, les petits pois et les carottes. En plus, je suis douée pour le ménage et je sais faire les courses et la lessive. Nous serons très bien, Miss. Je ne ferai pas de bruit et vous ne vous rendrez même pas compte de ma présence. Tout ce que vous aurez à faire, Miss, c'est m'appeler et je serai là.

La morve qui coulait de son nez se joignait à ses larmes. Elle s'est essuyée avec le dos de la main avant de me dévisager.

— Je sais, Clare, mais pourquoi troquer une prison pour une autre alors que tu peux être libre ?

De retour à la maison après l'école, j'ai eu des problèmes avec Eastman. Cynthia avait été très vilaine et s'était attirée la colère de ma mère. Pour faire diversion, il a provoqué une dispute avec moi. Il a commencé par faire exprès de se cogner à moi sur le palier, devant ma chambre. Je m'y suis réfugiée et il a ouvert la porte pour me traiter de sale négresse. Deux fois. Quand je suis allée aux toilettes, il m'attendait à mon retour pour me demander pourquoi je me donnais cette peine vu que je pouvais aussi bien pisser au lit. C'en était trop. J'ai perdu mon calme. La journée avait été très éprouvante et je ne m'étais pas encore remise de ma rencontre avec Miss K. Alors, je l'ai bousculé à mon tour. Je me trouvais dans l'escalier. D'un coup de coude, il m'a fait tomber sur les marches. Je me suis retournée pour le frapper et il m'a prise par le cou pour m'étrangler. La semaine précédente, j'avais vu un match de catch à la télé et j'avais appris ce qu'était un coup bas.

Je l'ai attrapé entre les jambes et j'ai tiré. Je ne sais pas trop ce que j'ai saisi parce qu'il portait un de ces pantalons Oxford très amples, mais il m'a à nouveau jetée sur les marches. J'ai refusé de lâcher prise. Dos contre l'escalier, j'ai posé mes deux pieds sur ses genoux et j'ai continué à tirer, me servant de mes deux mains et de mes jambes pour me donner encore plus de force. Eastman s'est mis à hurler. Ma mère et Bem sont arrivés en même temps pour voir ce qui se passait. Eastman ne pouvait plus me toucher car, à chaque fois qu'il essayait, je tendais mes jambes et je tirais de toutes mes forces... ce qui semblait provoquer chez lui une douleur insoutenable.

— Bon Dieu, Carmen, arrête-la. Regarde où elle me tient. Bon Dieu, Carmen, j'ai perdu mes couilles. Elle m'a arraché les couilles.

Ma mère a tenté de me frapper derrière les genoux pour m'obliger à les plier, mais j'ai tenu bon.

— Bon Dieu, Carmen, elle est en train de me les arracher.

Tout tremblant, Bem se tenait maintenant en haut des marches. Malgré sa peur, il a réussi à parler.

— C'est Eastman qui a commencé, Carmen. Je l'ai vu. Il a frappé la petite en premier.

Ma mère essayait toujours de me faire plier les genoux. Elle n'y arrivait pas et Eastman souffrait le martyre.

— Lâche-le, a-t-elle ordonné.

— Pourquoi ? C'est lui qui a commencé.

Elle m'a planté ses ongles dans les mains. Eastman a hurlé. Elle m'avait ratée et les avait enfoncés dans ce que je tenais. Une tache de sang est apparue sur son pantalon Oxford. Bem s'est mis à crier tout en tremblant de plus belle.

— Vous allez la tuer, cette gosse. Laisse-la tranquille, Carmen. C'est Eastman qui a commencé, je l'ai vu.

Ma mère me cognait toujours les jambes tandis qu'Eastman se tenait à la rampe. À un moment donné, mon pied a glissé et j'ai bien cru lui avoir pour de bon arraché quelque chose. Ma mère a saisi l'occasion pour s'interposer entre nous et j'ai battu en retraite vers le haut de l'escalier.

Bem m'appelait.

— Clare, viens. Viens avec moi, Clare.

Dès que je suis arrivée près de lui, il m'a poussée dans sa chambre et a verrouillé la porte. Nous y sommes restés toute la nuit. Il a fermement refusé d'ouvrir à ma mère quand elle est venue me chercher. Après, c'est Eastman qui a cogné plusieurs fois, mais Bem lui a dit que je dormais et qu'il n'avait qu'à repasser le lendemain matin. Enfin, ma mère est remontée vers minuit et nous n'avons pas répondu, faisant semblant de dormir. S'il avait su ce qui allait lui arriver, Bem y aurait sans doute réfléchi à deux fois avant de m'aider. La suite des événements allait s'avérer désastreuse pour lui.

Pendant plusieurs jours, Eastman m'a évitée. Ma mère, quant à elle, ne me parlait pas : même si nous habitions la même maison, il nous était facile de ne jamais nous rencontrer. Bem, en raison de son état, restait la plupart du temps dans sa chambre mais, un dimanche matin, il est descendu pour me demander de l'aider à se raser. Alors qu'il se trouvait encore dans l'escalier, Eastman a surgi de la cuisine.

— Toi, a-t-il lancé en pointant son doigt tordu vers Bem. Toi, le vieux salopard, t'as dit que j'étais un menteur.

J'ai ouvert ma porte pour entendre la conversation.

— Eastman, a répondu Bem, c'est quoi ton problème ?

— Salopard, a répété Eastman. T'as dit que j'ai attaqué Clare. Tu m'as vu l'attaquer ? Tu m'as vu poser un doigt sur elle ? T'as la tremblote, le vieux. Et ton cerveau aussi, y marche pas droit.

Pas de réponse. Bem descendait toujours. Il lui fallait du temps.

— Hé, toi... C'est à toi que j'cause.

Eastman venait de se planter face à Bem, qui avait encore cinq marches à franchir : pour ne pas tomber, il devait se tenir, une main sur la rampe, une autre sur le mur.

— Tu m'entends ? a dit Eastman en lui prenant le pied.

Déséquilibré, le vieux Bem est tombé brutalement sur le dos. Eastman a continué à tirer. Je suis sortie sur le palier pendant qu'il le traînait par la jambe sur les marches. Bem semblait au bord de l'attaque. Ses tremblements étaient incontrôlables.

— Salopard de parasite. Tu vis ici gratos et tu me traites de menteur.

Bem était en train de mourir et Eastman, ce crétin d'Eastman, n'en avait rien à faire. Je lui ai sauté sur le dos et je me suis mise à le cogner à la tête et à le griffer.

— Vite, Bem ! ai-je crié. Remonte.

— Quoi, a dit Eastman. C'est qui, ça ?

— Vite, Bem. Va-t'en.

Eastman ne le lâchait pas. Il avait réussi à l'amener jusqu'au palier. Alors, je lui ai enfoncé les doigts dans les yeux et je lui ai tiré les oreilles. Puis, toujours accrochée à lui, je l'ai frappé deux fois à la nuque. C'était un truc que j'avais vu pendant le match de catch. Le Géant avait envoyé son adversaire au tapis en lui mettant une manchette derrière la tête. J'en ai fait autant mais, évidemment, ça n'a pas marché.

— Vite, Bem… Dégage-toi.

Bem n'a pas bougé. Pauline et Patsy ont surgi, dévalant l'escalier. Me voyant à cheval sur le dos d'Eastman en train de lui flanquer des coups, elles ont appelé maman. Elle est arrivée avec une ceinture.

— Lâche-le, a-t-elle ordonné.

Je l'ai ignorée. Je tenais bon et j'en ai profité pour lui balancer encore quelques coups. Soudain, Eastman s'est penché en avant et je suis passée par-dessus sa tête. J'ai atterri sur le dos, le souffle coupé. Après quoi, il m'a clouée au sol en me posant son énorme pied sur la poitrine.

— C'est encore toi. Toujours toi. T'arrêtes pas de me chercher. Toujours à vouloir me faire des ennuis. Ça pouvait pas être quelqu'un d'autre.

Il m'a donné un coup de pied dans le ventre. Ma mère l'a tiré en arrière en lui rappelant son injonction. Les enfants ont aidé Bem à se relever. Une fois qu'il a été debout, il s'est plaint auprès de ma mère en disant qu'Eastman était devenu fou et qu'il l'avait attaqué sans raison. Ma mère l'a écouté avant de demander à Eastman ce qu'il avait à répondre. Il a nié avoir attaqué Bem, alors je me suis mise à crier que je l'avais vu.

Bem pleurait et tremblait de tous ses membres. Mais ça ne l'a pas empêché de dire à Eastman qu'il n'était pas mon père et qu'il n'avait pas le droit de me taper dessus comme ça. Et ça durait depuis des années. Ensuite, il a accusé ma mère de me maltraiter et de ne rien faire pour me protéger. Eastman et elle n'en croyaient pas leurs oreilles. Bem, Bem le taiseux, l'homme qu'on n'entendait jamais, avait enfin décidé de parler, de protester contre des comportements qu'il jugeait inadmissibles.

Quand il s'est tu, ma mère a échangé un regard avec Eastman. Ils m'ont considérée d'un sale œil avant de se tourner vers Bem. Elle a pris la parole.

— Si c'est ce que tu penses, t'as plus qu'à faire tes valises et te barrer d'ici.

— Et grouille-toi si tu veux pas que je m'énerve, a renchéri Eastman.

Bem tremblait toujours et je l'ai aidé à remonter, marche après marche. Je lui ai dit de ne pas faire attention à eux, qu'elle n'était pas sérieuse. Il était si secoué qu'il a dû prendre une pilule pour se calmer. Ma mère m'a crié de retourner dans ma chambre. J'ai répliqué que j'aidais Bem. Elle m'a expliqué, de façon très claire, ce qui se passerait si je ne retournais pas dans ma chambre. Elle m'attendait sur le palier. Je suis passée devant elle et son crétin. Ils n'ont pas levé la main sur moi et sont redescendus. Quand j'ai été certaine qu'ils ne ressortiraient pas de leur chambre, je suis remontée voir Bem. Il était assis sur son lit, à sangloter. Je l'ai pris dans mes bras. La jambe gauche de son pantalon était remontée jusqu'au genou et du sang coulait sur son tibia. Je l'ai aidé à se nettoyer puis il s'est allongé. Il avait cessé de pleurer. Je me suis assise par terre. Bem avait toujours été un gentleman. Il n'avait jamais critiqué personne, ni ma mère ni mon père. Il avait assisté à bien des choses et n'en avait jamais parlé à qui que ce soit, et maintenant Eastman – Eastman !

– l'avait fait tomber dans l'escalier et avait bien failli le tuer. Il allait devoir payer pour ça.

Le lendemain matin, en me levant, j'ai entendu ma mère crier contre Bem. Elle disait qu'elle allait bientôt sortir et qu'à son retour, il aurait intérêt à ne plus être chez elle. Elle ne voulait pas le mettre à la rue, mais, s'il le fallait, elle ne se gênerait pas. J'ai dit à Bem de ne pas s'en faire, mais il en avait assez. Cette dernière humiliation était la goutte de trop. Il avait été incapable de se défendre quand Eastman l'avait attaqué.

Il a fait sa valise, enfilé son costume en tweed et mis son chapeau melon. Puis il s'est assis sur son lit. Il m'a demandé d'aller voir mon père. Quand je lui ai raconté ce qu'il s'était passé, ce dernier a foncé tout droit en voiture au 19 Sutherland Square. Bem n'avait pas bougé : il était toujours assis au bord du lit avec son chapeau melon. Je lui ai annoncé que mon père l'attendait dehors. Il s'est levé en me demandant de vérifier s'il n'avait pas oublié son rasoir, puis il est descendu péniblement, sa valise à la main. Arrivé au rez-de-chaussée, il a frappé à la porte du salon avant d'entrer. J'étais dans le vestibule, tremblante. Il a enlevé la clé qui était accrochée par un anneau à la ceinture de son pantalon et l'a tendue à ma mère. Elle a détourné la tête, faisant semblant de ne pas le voir. Il la lui a jetée sur les genoux. Il l'a remerciée de l'avoir hébergé pendant toutes ces années, puis il a touché le rebord de son chapeau melon et il est sorti en traînant la patte. Il est monté dans la voiture de mon père, refusant que je l'aide avec sa valise. Il avait les yeux humides mais il restait très digne. Mon père a démarré et c'est la dernière fois que j'ai vu Bem. Il ne s'est jamais remis du choc de son expulsion : il est mort peu de temps après, au Maudsley Hospital.

Nous étions parvenues à un accord, Miss K et moi. Elle continuait à me prodiguer ses conseils, m'expliquant pourquoi je devais consacrer toujours plus de temps à mes études. De mon côté, je venais plus tôt à l'école pour l'accompagner dans sa classe. Je passais aussi la voir en fin de journée pour m'assurer que tout allait bien et pour l'aider en cas de besoin.

Un lundi matin, en arrivant, je suis montée la voir dans sa classe. Elle n'était pas à son bureau et un autre professeur avait été chargé de la remplacer. Miss K n'est pas venue de la semaine et, le vendredi suivant, nous avons été informés lors de la messe que des complications avaient surgi dans sa jambe restante et qu'elle avait besoin de toutes nos prières. Connaissant sa fierté, je savais qu'elle ne nous aurait jamais demandé de prier pour elle, mais je l'ai fait quand même. De toutes mes forces.

Une semaine encore plus tard, le père nous a appris qu'elle avait dû se faire à nouveau amputer et que nos prières constantes l'aideraient à se remettre. Dès lors, c'est devenu un sujet tabou à l'école : on n'a plus reparlé d'elle qu'aux prières du vendredi.

Je n'ai jamais revu Miss K.

Vers le milieu du trimestre, on nous a annoncé lors de l'appel qu'elle ne reviendrait pas, mais que nos pensées et nos prières l'accompagneraient toujours. Miss K n'a jamais repris contact avec moi. Elle avait ses propres démons qu'elle devait combattre seule, à sa façon. Quant à moi, je ne voulais pas qu'elle ait l'impression de m'avoir laissée tomber, alors qu'elle m'avait donné tant d'espoir. Miss K m'avait fait comprendre que tout était possible : il me suffisait de me fixer un but et de tout mettre en œuvre pour y arriver. Et c'était bien ce que je comptais faire. Au bout de quelque temps, le père a cessé de la mentionner dans ses prières.

Un samedi au début des vacances d'été, ma mère m'a demandé de l'accompagner au centre commercial d'Elephant and Castle. Voilà qui était inhabituel. En fait, elle avait surtout besoin qu'on l'aide à porter les commissions. En raison de mon travail chez Roses, je n'étais jamais libre le samedi. Aujourd'hui, je n'avais pas le choix. Apparemment, une nouvelle boutique venait d'ouvrir et pratiquait des prix défiant toute concurrence. Ma mère a vidé le chariot à provisions de sa réserve de vieux journaux et de sacs en papier, et nous sommes parties. Je marchais derrière elle dans la rue, ne voulant pas prendre le risque de provoquer sa colère. Et puis, il était toujours possible que, prise d'un incroyable accès de générosité, elle veuille m'offrir quelque chose. On pouvait toujours rêver. Nous avons pris le 40 : il n'y avait que quatre arrêts jusqu'à l'immense rotonde d'Elephant and Castle. Le centre commercial se trouvait sur l'îlot central. Suivant les pancartes, nous avons emprunté les passages souterrains pour piétons. La boutique était située au premier étage. Un homme, blanc et de petite taille, était assis sur une chaise, devant la vitrine. Il était très maigre et la peau qui lui recouvrait les os faisait penser à du miel quand il coule de la cuillère. Une plume était plantée dans la bande de son chapeau marron à larges bords perché sur son crâne. Une ceinture en cuir très usé maintenait son pantalon qu'il remontait très haut. Du coup, on avait l'impression qu'il n'avait pas de torse, ce qui le faisait paraître encore plus petit. Malgré sa taille, il avait de très, très grosses mains, qui ne le gênaient pas du tout pour compter la monnaie.

La boutique était noire de monde. Des boîtes de sucre, de haricots et de corn flakes formaient des piles géantes posées à même le sol. Des conserves de sardines étaient jetées n'importe comment dans une sorte d'immense baignoire en métal. D'énormes sacs de jute contenaient du riz. On pouvait en prendre autant qu'on le voulait, à condition de payer bien sûr. Le petit homme n'avait aucun employé. Il était très rapide. Tout en encaissant une cliente, il demandait déjà à la suivante ce qu'elle désirait.

Quand ça a été le tour de ma mère, elle a énoncé les produits qui l'intéressaient et il les a empilés dans le chariot à la vitesse de l'éclair. Celui-ci a vite été rempli mais nous n'avions pas encore terminé. Les articles suivants sont allés dans le grand sac à commissions dont j'avais hérité. Quand le petit homme me l'a rendu, il était tellement bourré que les poignées ne se rejoignaient pas. Ma mère l'a payé et nous avons quitté la boutique. Elle était ravie d'avoir économisé autant d'argent.

De retour dans le passage souterrain, je n'arrivais déjà plus à porter mon fardeau et ma mère s'impatientait de plus en plus. Soudain, elle s'est arrêtée pour me crier dessus. Quoi que je fasse, je la décevais. C'était toujours la même chose avec moi. Et là, devant tout le monde dans ce tunnel, elle a parlé de mes problèmes urinaires. J'ai posé le sac qui me sciait les mains. Tandis que les gens passaient, elle continuait à brailler. La seule raison pour laquelle elle m'avait demandé de venir avec elle, criait-elle, ce n'était pas parce qu'elle m'aimait – oh non, que je n'aille surtout pas m'imaginer un truc pareil – la seule raison, c'est qu'elle avait besoin qu'on l'aide à porter les courses. Résultat ? Même ça, j'en étais incapable ! J'étais vraiment un cas désespéré, une bonne à rien. Là-dessus, elle a repris son chariot et est repartie à toute allure. J'ai empoigné le sac pour tenter de la suivre tant bien que mal. Je ne me suis pas trop mal débrouillée… jusqu'à la rampe de sortie où j'ai trébuché. Une partie des commissions est tombée du sac. Trois boîtes de conserve roulaient par terre devant moi, en direction de ma mère. Comprenant ce qui risquait de se passer, je me suis figée sur place avant de me secouer et de me précipiter pour les ramasser. La dernière se trouvait juste derrière ses pieds. Au moment où je me penchais pour la prendre, elle s'est retournée brusquement et là, devant tout le monde, elle m'a arraché ma perruque.

— Regarde où tu fourres ton nez, sale garce. Espèce de bonne à rien. Un nez pareil, c'est pas de ma famille qu'il vient.

Elle a retourné la perruque, mettant les cheveux à l'intérieur, puis elle l'a roulée en boule pour la fourrer dans sa poche.

Les gens commençaient à me regarder bizarrement. Ma tête chauve faisait vraiment peine à voir et j'étais bien d'accord que j'aurais eu meilleure mine avec ma perruque. Mais, quand même, je les trouvais très impolis de me fixer comme ça. N'avaient-ils encore jamais vu une fille chauve ? D'ailleurs, je ne l'étais pas tout à fait, quelques rares touffes éparses s'accrochaient encore ici et là. Instinctivement, je me suis couvert le crâne avec mon bras, si bien que la boîte de conserve que je venais de récupérer se trouvait maintenant près de mon oreille. Les gens continuaient à me dévisager. Ma mère, qui avait tous ses cheveux et qui était encore très séduisante, se promenait avec un enfant-monstre. Ils devaient avoir de la peine pour elle. Comment une aussi belle femme avait-elle pu donner naissance à une telle horreur ? Je voyais leurs grimaces, la façon dont ils se couvraient la bouche avec la main et comment ils se retournaient, mais uniquement après avoir mis une bonne distance entre eux et moi. J'ai rangé la boîte de conserve dans le sac et je me suis remise à marcher.

— On prend quel bus ? ai-je demandé à ma mère.

Pendant un instant, elle est restée interloquée. Elle s'attendait à ce que je réclame ma perruque. Finalement, elle ne m'a pas répondu et est repartie. Je l'ai suivie. À l'arrêt de bus, les gens continuaient à me fixer mais, à présent, je me rendais compte qu'ils avaient de la peine pour moi. J'avais sûrement un problème, sinon je ne serais pas chauve, et ce sac était visiblement beaucoup trop lourd pour moi. La femme qui m'accompagnait se contentait de tirer un chariot et ne semblait guère s'en soucier.

Consciente que je commençais à attirer une certaine sympathie, ma mère m'a dit de ne pas rester derrière elle et de venir à ses côtés. J'ai obéi mais les gens nous regardaient toujours. Il était trop tard maintenant pour qu'elle me rende ma perruque alors, pour montrer qu'elle compatissait, elle m'a demandé si j'avais froid en me tapotant le crâne.

Quand le bus est arrivé, les gens se sont écartés pour nous laisser passer, par gentillesse ou peut-être par peur que ma calvitie soit contagieuse. Pendant le trajet, et même si le car était bondé, personne n'est venu s'asseoir sur les deux sièges libres en face de nous. Ma mère s'abîmait dans la contemplation du paysage, l'air très concentrée, comme si elle s'assurait que le bus prenait la bonne direction.

Quand nous sommes arrivées, elle est allée tout droit dans sa chambre se changer, me laissant seule pour ranger les commissions. J'ai appelé Pauline et Patsy afin qu'elles m'aident. Pauline n'a fait aucun commentaire sur mon crâne chauve mais Patsy a éclaté de rire. Plus tard, ma mère a donné ma perruque à Eastman en lui disant de s'en débarrasser. Il l'a flanquée à la poubelle. Je l'ai récupérée un peu plus tard en cachette et je l'ai lavée. Après ce jour, je l'ai toujours solidement fixée avec des épingles.

Quelques semaines plus tard, Eastman a quitté la maison. Il serait plus juste de dire qu'il s'est évaporé au milieu de la nuit. Cette disparition n'a fait l'objet d'aucune discussion, ni avant ni après, et je n'ai rien demandé, de peur de provoquer son retour. Tout d'un coup, les Eastman et les Briscoe ont commencé à mieux s'entendre. Nous étions plus nombreux et, sans leur père, ils ne faisaient pas le poids. Un après-midi, en rentrant de l'école, j'ai été consternée de découvrir qu'il était revenu. Il se trouvait dans la chambre de ma mère… J'entendais sa voix. Il est resté quelques heures et, en partant, il a emporté trois grands sacs avec lui. J'étais heureuse qu'il s'en aille et j'espérais bien qu'on ne le reverrait plus, mais il a continué à passer, souvent l'après-midi, et traînant jusque dans la soirée avant de filer.

Deux ou trois semaines plus tard, je me suis introduite en douce dans la chambre de ma mère. Elle était presque vide. Beaucoup de ses effets personnels avaient disparu et de nombreuses boîtes en carton étaient empilées dans un coin, près de la vitrine. Ma mère allait déménager et n'avait pas jugé bon de nous prévenir. Quand je l'ai dit à Pauline, elle m'a répondu que je me faisais des idées. Pourtant, deux jours plus tard, pendant nos vacances de milieu de trimestre, une camionnette s'est garée devant la maison.

Un homme en est sorti et ma mère l'a fait entrer dans sa chambre. Eastman, qui se trouvait à l'arrière du véhicule, est apparu. Avec le chauffeur, ils ont aidé ma mère à charger ses cartons. Ils sont partis et revenus. Ils ont dû faire ainsi au moins trois voyages. Au dernier, ma mère a appelé les Eastman. Cynthia et Norma ont dévalé l'escalier en courant et elle les a fait grimper avec elle à l'avant de la camionnette. Gina et Winston étaient déjà partis un peu plus tôt avec Eastman. En mettant sa ceinture, elle a crié à

Carl, Martin, Beauté et Denise de se préparer. Elle serait de retour d'ici une heure.

En fait, elle n'est revenue que deux heures plus tard. Elle est montée dans la cuisine se préparer une tasse de thé. La maison était bien plus calme à présent. J'étais assise sur la dernière marche, face à elle. Elle semblait éreintée. Son thé terminé, elle a appelé tous les Briscoe, sauf moi. Ils sont descendus à toute allure. Je suis restée là où j'étais. Elle ne m'avait pas appelée... mais elle n'en avait pas besoin : j'étais assise en face d'elle.

Une fois que tout le monde est arrivé, elle leur a dit de préparer leurs affaires d'école, ajoutant à l'intention de Pauline et de Patsy que, pour elles, ce n'était pas la peine. Carlton et Martin ont été les premiers à revenir dans la cuisine, bientôt suivis par Beauté et Denise. Elle leur a dit de la suivre. La camionnette était garée dehors. Le chauffeur a ouvert la portière et ils se sont tous installés à l'avant. Je les avais suivis et j'ai attendu sur le trottoir avec Pauline et Patsy.

— P, a déclaré ma mère, comme je te l'ai dit, on va s'installer dans l'autre maison. Patsy et toi, vous pouvez venir la visiter tout à l'heure mais il n'y a pas assez de place pour que vous habitiez avec nous pour l'instant.

Elle a tendu à ma sœur un bout de papier où était griffonnée une adresse, ainsi qu'un peu d'argent.

— Prenez le 45 et demandez à descendre à Vaughan Road. L'arrêt est juste devant le numéro 5. Je vous retrouve là-bas dans trois quarts d'heure.

J'ai dû crier pour couvrir le bruit du moteur.

— Et moi ?

— Quoi, toi ? Je ne me souviens pas t'avoir invitée où que ce soit. Tu es une grande femme, maintenant. Si tu peux faire traduire Eastman en justice, tu dois aussi être capable de te débrouiller par tes propres moyens. Quoi, toi ? a-t-elle répété. J'en ai ma claque de toi.

Le chauffeur a effectué un demi-tour sur place. La camionnette a tourné à droite au premier carrefour avant de disparaître.

Pauline et Patsy ont couru dans la maison, pris leurs affaires et foncé jusqu'à l'arrêt de bus. Je ne les ai pas revues pendant deux jours.

21

Seule à la maison

1972

Quand elles sont revenues, j'ai été informée que ma mère, Eastman et le reste de la famille avaient déménagé au 5 Vaughan Road, où ils disposaient de deux étages et demi. C'était, apparemment, une immense maison, avec des locataires au rez-de-chaussée. Comme il n'y avait pas assez de place pour tout le monde, Pauline, Patsy et moi devions continuer à vivre à Sutherland Square, où nous occupions chacune un étage. Pauline et Patsy pouvaient aller au 5 Vaughan Road quand cela leur plaisait. Pas moi. Je n'étais pas invitée.

En inspectant la cuisine, nous avons découvert que notre mère avait emporté toutes les assiettes et la plupart des poêles et casseroles. Dans la maison, il ne restait plus que les lits sur lesquels nous dormions, la cuisinière, un réfrigérateur muni d'un compartiment à glace et la table de la cuisine. Jusqu'au moment où elle est effectivement partie dans cette camionnette, je n'avais pas cru que ma mère nous abandonnerait. Il n'y avait plus rien à manger dans les placards, pas de lait dans le frigo. Les provisions qui se trouvaient généralement empilées dans son salon, près du balcon, avaient disparu.

Les premiers jours, nous avons continué comme avant, nous attendant plus ou moins à la voir surgir pour nous dire que nous étions ses enfants et que nous allions tous vivre ensemble, comme une vraie famille. Elle n'est revenue que le vendredi suivant. Elle a appelé Pauline et Patsy en bas, dans son ancien salon. Elles y sont allées et je me suis assise dans l'escalier. La porte est restée ouverte. Elle a annoncé à Pauline que, désormais, ce serait elle qui occuperait le rez-de-chaussée. Patsy aurait le dernier étage. Je resterais où j'étais car il n'y avait que moi pour vivre dans une pièce qui puait autant. La perspective de ne plus avoir à supporter la présence de ma mère me rendait très heureuse. Plus de maman... Hip hip hip ! hourra ! Elle a à nouveau invité mes sœurs à venir dîner le samedi et le dimanche dans la nouvelle maison, sans me mentionner. Elles pouvaient aussi y passer après l'école quand ça leur chantait. Ce n'était pas loin à pied du Sacré-Cœur.

Pendant les premières semaines, cette nouvelle vie a été très agréable. La maison était calme et paisible. J'ai même débranché mon alarme et rangé la machine. Une fois la première excitation passée, je me suis installée dans une sorte de routine. Je m'occupais toujours de mes devoirs dès que je rentrais. Après, et seulement après, je me préparais quelque chose à manger. Le compteur à gaz fonctionnait avec des pièces d'une demi-couronne et il fallait en insérer plusieurs pour avoir du gaz en permanence. Le compteur d'électricité se trouvait dans l'entrée, au-dessus du boîtier à fusibles. Ma mère, ayant quitté Sutherland Square, estimait que c'était à nous de payer le gaz. Dans la mesure où j'étais la seule à gagner de l'argent, il était facile de deviner à qui incombait cette responsabilité. Quand Pauline l'a interrogée à ce sujet, ma mère s'est contentée de répondre :

— Si vous voulez manger et si vous voulez de l'eau chaude, vous trouverez l'argent.

Mes sœurs et moi avons donc décidé, d'un commun accord, de faire des économies. Nous n'utiliserions la cuisinière qu'en cas de nécessité absolue et nous essaierions de limiter notre consommation d'eau.

Nous avons réorganisé l'agencement de la maison. J'ai pris une chaise dans la cuisine pour l'installer dans l'ancienne pièce des jumelles. C'est là que je faisais mes devoirs. Ma chambre à coucher n'a pas beaucoup changé avec toujours le lit, l'armoire et ma coiffeuse. Pauline s'est attribuée le domaine de ma mère et Patsy a choisi de dormir dans l'ancienne chambre des garçons afin de transformer la sienne en boudoir.

Nous nous sommes vite adaptées à cette situation. Il n'y avait pas de réelles querelles entre nous. En fait, nous nous croisions à peine sinon, de temps à autre, dans la cuisine ou dans la salle de bains. Je ne courais pas après leur compagnie. Je n'ai pas tardé à découvrir que l'argent que je gagnais chez Roses ne suffisait pas à payer le strict nécessaire. Pour me nourrir, je n'avais pas le choix, je devais me contenter de hamburgers ou de fish and chips. Dès que j'achetais des provisions, mes sœurs dévalisaient le frigo. Elles soutenaient qu'elles cherchaient elles aussi un travail le samedi mais, pour elles, ça n'était pas aussi important : elles pouvaient toujours se remplir le ventre au 5 Vaughan Road.

J'avais une amie adulte qui s'appelait Angela Fuentes. Elle avait bien connu ma mère mais ne la fréquentait plus guère. Angela n'aimait pas ma mère. Elle la trouvait très difficile. Une fois, elle l'avait vue m'attraper par le col et me cogner la tête contre un mur. Elle était aussi passée prendre une tasse de thé le lendemain du jour où ma mère m'avait enlevé mon lit. Elle ne parvenait pas à comprendre comment on pouvait empêcher son propre enfant de dormir dans un lit. Depuis, elle gardait ses distances. De mon côté, j'aidais ses quatre garçons qui avaient des difficultés en anglais. J'allais chez elle une ou deux fois par semaine leur donner des cours et ils se débrouillaient désormais beaucoup mieux. Angela et moi étions devenues très proches. Elle n'appréciait pas trop Pauline et Patsy, trouvant qu'elles tenaient un peu trop de ma mère.

Angela supervisait un service de nettoyage et avait à sa charge tout un pâté d'immeubles de bureaux dans le West End. Trois semaines environ après le départ de ma mère, je lui ai demandé s'il était possible qu'elle me trouve un emploi. Elle a commencé par dire non. J'étais trop jeune pour travailler et, d'ailleurs, il me fallait une carte et un numéro de sécurité sociale. Je n'avais ni l'un ni l'autre. À ce moment-là, elle ignorait que je vivais seule. Ce n'était pas quelque chose dont je parlais, car je n'avais aucune envie de retourner habiter chez ma mère. La situation me convenait.

Depuis que j'avais davantage de temps pour étudier, mes résultats scolaires s'amélioraient. Mes cheveux ont commencé à repousser, mais lentement, et j'ignorais si j'allais tous les récupérer. Un dimanche après la messe, j'ai décidé d'aller rendre visite à Angela. J'ai tapé à sa porte vers 10 heures du matin. Elle m'a fait entrer, m'a obligée à m'asseoir sur un tabouret haut dans la cuisine et m'a offert une tasse de café bien fort sans que je lui demande rien. Elle s'en est préparé une pour elle aussi avant de me regarder, appuyée au plan de travail.

— Dis-moi, Klare, m'a-t-elle dit avec son fort accent espagnol, qu'est-ce qui se passe ?

Elle avait toujours accentué la première consonne de mon nom.

— Pas grand-chose.

— Ah, tu te moques de moi. Avec ta mère, il se passe toujours quelque chose.

Angela avait une peau olivâtre et des cheveux noirs comme le jais qu'elle portait assez courts, la raie sur le côté. Avec ses boucles qui encadraient son visage à la Greta Garbo, elle était vraiment très belle. Grande et mince, plus d'un mètre soixante-quinze, elle était toujours en pantalon, jamais en robe ni en jupe, et avait sans cesse une cigarette à la bouche ou à la main. Quand elle fumait, elle rejetait la tête en arrière, légèrement de côté, et expulsait la fumée d'une seule bouffée. Les quatre garçons s'excitaient autour d'elle tandis qu'elle buvait son café.

— Qu'est-ce que cette femme a encore trouvé, Klare ? Dis-moi. C'est une très mauvaise femme. Très mauvaise. Pas une vraie mère. Tu sais ce qui ne va pas chez elle ? Elle est avide. Avec elle, c'est donnez-moi, donnez-moi, donnez-moi. Tout le temps, donnez-moi.

Alors, je lui ai avoué que je n'avais pas revu ma mère depuis trois mois.

— Comment ça... trois mois ? s'est exclamée Angela. Vous vivez dans la même maison.

Je lui ai dit qu'elle était partie et nous avait laissées seules. Elle a secoué la tête.

— Une très mauvaise femme. Raconte-moi tout, Klare.

J'ai commencé par le déménagement d'Eastman.

— J'ai jamais aimé cet homme, a commenté Angela. Il me flanque la chair de poule. Aaah, très mauvais homme.

Puis je lui ai expliqué comment ma mère avait emmené les autres en nous abandonnant, Pauline, Patsy et moi ; finalement, je lui ai à nouveau demandé si elle pouvait me trouver du travail. Ça ne me dérangeait pas de me débrouiller par moi-même, à condition de gagner un peu d'argent. Elle m'a dit de lui laisser quelques jours puis de la rappeler. Ce qui m'intéressait, c'était de travailler le matin avant d'aller à l'école. Je n'avais aucune expérience dans le nettoyage des bureaux mais je pouvais apprendre. Et puis, j'avais une très vaste expérience du ménage à la maison. Ça ne devait pas être si différent.

— Il faut que je parle à quelqu'un, d'abord. Je vais voir ce que je peux faire. Peut-être... Peut-être, hein, c'est pas sûr, que je vais pouvoir t'aider.

Après, nous avons évoqué Pauline, Patsy et mon frère Carlton, qui étaient amis avec son fils,

Louis. Peu après, le mari d'Angela est entré dans la cuisine.

— Bonjour, Clare, a-t-il dit avant de ressortir aussitôt.

Angela a fait la grimace. Son mari travaillait comme chef la nuit, quelque part dans le West End, et elle ne s'entendait guère avec lui. Il criait tout le temps après « ses garçons », leur interdisant de faire le moindre bruit dans la journée pendant qu'il dormait. Une obligation bien difficile à tenir pour quatre gamins turbulents vivant dans un petit trois-pièces. Angela adorait « ses garçons » et ils le lui rendaient bien.

M. Fuentes était un individu assez intéressant. Le crâne lisse comme un œuf, avec juste une mince couronne de cheveux qui allait d'une oreille à l'autre. Ce qui n'était pas si choquant chez un homme. Il avait le même teint qu'Angela mais mesurait à peine un mètre cinquante. Il passait son temps à marmonner, sauf quand il criait après les garçons. Il avait une petite bedaine, le dos voûté, des jambes très courtes et un torse très long. Quand il marchait, ses mains, qui lui arrivaient bien en dessous des genoux, restaient parfaitement immobiles le long de son corps. Angela s'adressait toujours à lui sur un ton condescendant et ne se privait pas de lui dire que tout le monde se portait beaucoup mieux quand il dormait ou bien quand il était absent. Les enfants, Louis, Richard et les jumeaux, Ivan et Terry, traitaient leur père avec le même manque de respect. Nous avons fini nos cafés et nous nous sommes dit au revoir, en promettant de nous reparler bientôt.

22

Les terreurs de l'école

1972

Super repas à la cantine. Des pommes de terre rôties un lundi, c'était du jamais-vu. Sans compter le Yorkshire pudding[1], les légumes et la sauce. Extraordinaire. Des petits pois pour ceux qui en voulaient, c'est-à-dire personne. Demain, nous n'y couperions pas, ce serait purée de petit pois pour tout le monde. En dessert, on nous a servi, au choix, des roulés à la confiture ou du pain perdu et du pudding au beurre, le tout baignant dans une crème pleine de grumeaux. La technique consistait à les enlever et à les laisser sur le bord de l'assiette.

Mes amies avaient la fâcheuse habitude de se disputer pour un oui ou pour un non. Il y en avait toujours une qui n'adressait plus la parole à une autre, ce qui avait pour conséquence de nous obliger à prendre parti. C'était idiot. Bien sûr, chaque camp voulait être le plus fort et donner l'impression qu'il ne céderait jamais. La plupart du temps, les motifs de ces querelles m'échappaient complètement. Ça devait avoir un rapport avec Lizzie Lock et Brenda,

1. Accompagnement traditionnel du bœuf rôti, à base de pâte à crêpes.

Irish Brenda. Ayant réussi à convaincre quatre filles de les suivre, chacune avait pris la tête d'un clan. Elles étaient donc cinq de chaque côté. Ce jour-là, les deux bandes étaient assises face à face mais ne se parlaient pas. J'ai demandé à Lizzie si je pouvais lui échanger mes pommes de terre contre quelques-uns de ses roulés, avant de proposer un peu de mon Yorkshire pudding à Brenda. Elle en voulait bien la moitié et je la lui ai donnée. Pendant que je mangeais ma part, une des filles de la bande à Lizzie a braillé que je n'étais qu'une hypocrite. Avant que je puisse répondre, une des copines de Brenda a beuglé que j'étais une moucharde. L'escalade verbale a été très rapide, les deux camps m'accusant tour à tour d'être une hypocrite, puis une salope et même une pétasse, et enfin une sale conne. La raison de cette colère : je n'avais pas voulu faire partie d'une des deux bandes. Celles-ci ayant le même nombre de membres, mon ralliement aurait pu faire pencher la balance.

Les menaces qui ont bientôt fusé m'ont intimidée. Je redoutais surtout les acolytes de Brenda, qui étaient les plus grandes et les plus solides. Je leur ai dit de se taire et de me laisser manger tranquille. Du coup, c'est le groupe de Lizzie qui a recommencé de plus belle. J'en ai eu assez. Je suis partie m'installer à une autre table, emportant mes roulés avec moi. Mon repas terminé, je suis allée ranger mon assiette et mes couverts.

— Garce ! Tu paies rien pour attendre.

Voilà ce que j'ai entendu juste avant de recevoir un coup derrière la tête. Il était si violent que j'en ai lâché mon assiette qui s'est brisée par terre. Celle qui m'avait attaquée a filé avant que je puisse voir de qui il s'agissait. En me retournant, j'ai vu les deux groupes de filles qui rigolaient.

Je suis sortie dans la cour pour les attendre dans le coin que nous avions pris l'habitude de squatter. Aucune des deux bandes n'est venue, préférant rester à bonne distance, chacune de son côté. Elles avaient à présent un nouvel objet de haine commun : moi.

J'ai retrouvé mes sœurs sans leur parler de tout ça. À la fin de la pause-déjeuner, je me suis mise en rang en repensant à ce qui s'était passé. Lizzie était plutôt une bonne amie. Quand elle avait eu des ennuis, j'avais toujours été de son côté, je ne l'avais jamais laissée tomber. J'étais donc assez surprise qu'elle me voie comme une moucharde et une traîtresse. Soudain, elle m'a rattrapée. Elle était désolée à propos de toute cette histoire, elle n'avait pas su quoi faire. Je lui ai répondu que ce n'était pas grave, que je ne lui en voulais pas. Nous nous dirigions vers les classes quand quelqu'un m'a à nouveau frappée à la tête par-derrière – la deuxième fois en moins d'une heure. Cette fois, ça m'a fait vraiment mal. J'ai perdu l'équilibre et je serais tombée si un mur n'avait pas arrêté ma chute. Je me suis cogné le front.

Lorsque je me suis retournée, une des filles de la bande à Brenda était là. Elle ricanait, en serrant le poing contre son gros ventre d'un air menaçant. Je n'avais jamais eu aucune histoire avec Brenda. Ce n'était pas mon genre de me bagarrer. J'étais plutôt petite pour mon âge, j'étais même la plus petite de toutes, à l'exception de Brenda et Lizzie, qui l'étaient encore plus que moi. La copine de Brenda m'a regardée pendant que Lizzie venait près de moi.

— Hé, pétasse. J'te retrouve à la sortie.

Puis elle m'a flanqué un autre coup dans l'épaule et elle a filé avec ses acolytes avant que je puisse répliquer. Elle tenait vraiment à gagner ses galons de chef.

Lizzie m'a demandé si ça allait. J'étais un peu sonnée, mais c'était le cadet de mes soucis. J'avais reçu une invitation directe à me battre après les cours. Je n'aimais pas particulièrement ça, mais me défiler, alors qu'on m'avait défiée en public, aurait été trop humiliant. Lizzie devait aller en classe d'art. Moi, j'avais anglais. À mon grand désarroi, la grosse m'attendait devant la salle avec toutes ses copines.

— Hé, la pétasse !

J'ai continué à marcher.

— Oui, toi, la pétasse. C'est à toi que je parle. Fais pas semblant de pas m'entendre.

Elle s'est avancée vers moi, l'air sûre d'elle. Les autres, qui étaient encore mes amies une heure plus tôt, l'encourageaient à me démolir sur-le-champ. La grosse m'a poussée au niveau de la poitrine.

— T'as entendu ce que je t'ai dit.

— Non, rappelle-moi.

— Tout à l'heure, après l'école… Toi et moi.

Elle est partie en me criant qu'elle m'attendrait.

Le cours d'anglais était intéressant. Nous étudiions Oscar Wilde et sa relation avec Lord Bosie. Après, j'ai eu maths. Je ne me sentais pas très bien à cause des deux coups à la tête. Le cours s'est terminé un peu en avance et je suis rentrée directement, sans attendre mes sœurs. La bagarre m'était complètement sortie de l'esprit.

À la maison, j'ai passé un sale moment. Mon cou était tout raide, j'avais mal au dos et la nausée. Mes devoirs en ont souffert et je me suis couchée tôt. Le lendemain matin, je suis allée à l'école avec mes sœurs. Au moment où nous avons traversé Camberwell New Road, la grosse et ses copines étaient là, à m'attendre. Quand elles ont vu mes sœurs, elles ont filé dans l'école et se sont alignées le long du mur d'enceinte. Personne n'a rien dit quand nous sommes arrivées, mais j'ai vu la grosse se passer la main en travers de la gorge avant de pointer le doigt vers moi.

Je ne sais comment mais j'ai réussi à les éviter jusqu'au déjeuner. Quand j'ai pris mon pudding à la semoule, quelqu'un m'a aspergée de purée de petits pois. Je me suis retournée. La grosse rigolait. Je l'ai ignorée mais des morceaux de choux, de carottes et de prunes se sont mis à pleuvoir. Lizzie, et quelques autres de sa bande, étaient dans la salle, elles aussi. Elles n'ont pas bougé.

Après le repas, j'ai évité la cour parce que je savais qu'elles m'y attendraient, et je me suis enfermée dans les toilettes des filles. Je suis restée assise sur le siège, les jambes relevées. Quand la cloche a sonné, j'ai attendu encore un peu avant de sortir. Mon dernier cours de la journée était à 15 heures. J'étais un peu inquiète à propos de ce qui risquait de se passer alors j'ai écrit un mot au professeur, expliquant que j'allais me faire casser la figure à la sortie. J'ai levé la main et demandé la permission de m'approcher. Après avoir lu mon mot, il m'a dit de l'accompagner dans le couloir. Là, j'ai révélé ce que la grosse comptait faire. Il m'a demandé pourquoi et je lui ai tout raconté. Il m'a répondu de ne pas m'en faire, qu'il allait s'en occuper.

À 16 heures, quand je suis sortie, la bande m'attendait dans la rue. J'ai ralenti le pas avant de remarquer que la grosse n'était pas là. Aucune des autres n'a eu envie de la remplacer. Le cœur léger, je suis rentrée en bus.

Le lendemain, la grosse m'a clairement expliqué que, si elle ne m'avait pas démolie, c'était parce que, au moment de quitter l'école, un des professeurs l'avait appelée et lui avait ordonné de l'attendre dans le couloir. Elle y était allée mais celui-ci n'était arrivé qu'au bout d'une demi-heure, en disant qu'il avait oublié pour quelle raison il l'avait convoquée. Entre-temps, j'avais déjà filé comme la trouillarde que j'étais. Toute la journée, j'ai ignoré ses menaces et ses intimidations. Même quand elle est venue se planter devant moi pour lancer : « À ce soir », j'ai réprimé mon envie de la bousculer.

À 16 heures, j'ai été retenue par le professeur, qui m'a demandé si j'avais résolu mon différend avec les autres filles. J'ai répondu que oui. J'ai pris mes affaires et j'ai quitté l'école. La grosse n'était nulle part en vue et les autres semblaient toutes être rentrées chez elles. Soulagée, j'ai traversé la rue. À mi-chemin environ de l'arrêt de bus, alors que je passais devant une ruelle, elle a surgi de derrière un camion et, l'une après l'autre, ses copines sont apparues autour d'elle. La grosse parlait beaucoup, criant, me menaçant, me repoussant, encouragée par les autres. Au total, il y avait vingt ou trente filles et quelques garçons. Les bagarres attiraient toujours beaucoup de monde et, dans l'école, les rumeurs se répandaient plus vite qu'un feu de brousse.

Pendant qu'elle me bousculait et me provoquait, j'ai dit que je voulais bien me battre. Tout le monde s'est arrêté.

— C'est d'accord ! ai-je crié. Je vais me battre !

— Ça, t'y couperas pas, a répondu la grosse.

— Mais d'abord, faut que je me prépare.

— Des excuses, encore des excuses, a-t-elle dit en m'expédiant un coup de poing.

Mais maintenant que j'avais relevé le défi, elle devait respecter certaines règles. Il ne fallait pas décevoir le public qui était venu nous voir en découdre. J'ai donc pu enlever mon blazer, le plier et le poser dans un coin. Ensuite, je me suis débarrassée de ma cravate et de mon pull en demandant à une fille de me les garder.

Après cela, j'ai commencé à faire des étirements et des exercices d'assouplissement. La foule était silencieuse, à présent. Depuis que j'avais vu ces matchs de catch à la télévision, je savais que la bonne technique consistait à surgir de mon coin pour surprendre mon adversaire. Ne lui laisser aucune chance. Mais, d'abord, je ne risquais rien à tenter de l'intimider. La grosse me regardait, ne sachant plus trop quoi faire. J'ai levé les deux poings devant moi, à la manière de Cassius Clay, et j'ai commencé à balancer des directs du droit dans le vide. Je ne la lâchais pas des yeux. Soudain, j'ai changé de tactique, et j'ai écarté les jambes à la manière d'un lutteur. La grosse me contemplait avec stupeur. Elle en avait perdu la voix, tout comme ses acolytes. Je continuais toujours à frapper en succession rapide, droite, gauche, gauche... Puis j'ai fait semblant de bondir vers elle. Ses copines avaient déjà battu en retraite. J'ai vu Lizzie du coin de l'œil. Assise sur le capot d'une voiture, elle tenait un livre qui lui cachait le bas du visage. Elle rigolait tellement qu'elle en pleurait. Les larmes lui coulaient sur les joues.

La grosse était toute pâle tandis que je m'approchais en effectuant une série de bonds de crapaud. Arrivée à deux trois mètres d'elle, j'ai à nouveau changé de tactique. J'ai balancé ma droite dans un énorme crochet sur une cible mystérieuse. J'y avais mis tellement de cœur que, emportée par mon élan, j'ai exécuté un tour complet sur moi-même, un peu comme une pirouette. Puis je me suis à nouveau avancée, cette fois à petits pas rapides. Mon adversaire était complètement déboussolée maintenant. Quant à Lizzie, elle avait glissé du capot de la voiture et se tenait les côtes.

— Qu'est-ce qui t'arrive, la grosse ? ai-je demandé.

Elle s'est retournée vers sa bande, qui l'avait abandonnée depuis longtemps, et je l'ai cognée derrière la tête, exactement comme elle me l'avait fait.

— Bats-toi, poule mouillée, ai-je crié en lui balançant un autre coup à l'épaule, toujours comme celui qu'elle m'avait envoyé. Celui-là, c'est pour le chou et les carottes.

Elle ne bougeait plus. Je lui ai dit de lever les poings. Elle a essayé mais un bon direct dans le ventre lui a coupé le souffle.

— C'était pas moi, a-t-elle couiné. Je voulais pas t'attaquer.

Tout le monde savait qu'elle mentait.

— Demande pardon, ai-je ordonné.

— Pardon, pardon.

— Bon, est-ce que tu veux toujours te battre ou bien est-ce que tu abandonnes comme une poule mouillée ?

Elle a accepté d'arrêter et j'ai baissé les poings. Désormais, elle n'avait plus aucune chance de devenir chef de bande. Lizzie s'est empressée de récupérer mon blazer, ma cravate et mon cartable. La grosse a détalé avec quelques filles qui n'avaient plus trop envie d'être vues en sa compagnie.

Après cela, j'ai pris le bus et je suis arrivée à la maison un peu plus tard que d'habitude. Le lendemain, à l'école, mes ennemies de la veille semblaient avoir disparu. Au déjeuner, j'ai pris mon plat et je suis allée m'asseoir dans la salle. Lizzie est venue me demander s'il y avait quelqu'un à côté de moi. J'ai dit non et elle s'est installée là avec quelques-unes de ses copines. Quelques minutes plus tard, plusieurs filles du groupe de la grosse ont voulu savoir si elles pouvaient s'asseoir avec nous. J'ai répondu oui et elles ont pris place avec nous. La grosse était seule dans son coin. Elle picorait son assiette sans réel enthousiasme. Je l'ai appelée pour lui dire de venir avec nous. Elle a hésité.

— Si ça ne te dérange pas, a-t-elle dit finalement.

Personne n'a parlé de la bagarre.

Dans les jours qui ont suivi, les deux bandes se sont réconciliées. Lizzie répugnait à assumer le rôle de chef général. Quant à moi, ça ne m'intéressait pas. La grosse n'a plus jamais tenté de m'intimider… ni moi ni personne d'autre d'ailleurs. Nous sommes devenues amies.

23

Mon argent à moi

1972

Ma calvitie constituait toujours un vrai problème. Pendant la bagarre, ma plus grande crainte avait été de perdre ma perruque en public. J'avais repéré un cabinet spécialisé dans la chute des cheveux, en face du poste de police de Brixton, tout près du marché. À ma première consultation, le dermatologue ne m'a fait aucune promesse, mais, quand je lui ai demandé si je pourrais un jour avoir la même chevelure que Michael Jackson, il a souri et j'ai pris ça pour un oui. Cependant, après plusieurs semaines de soins, il n'y avait toujours pas eu le moindre progrès significatif. Nous avons décidé d'un commun accord de faire une dernière tentative avant de tout arrêter pendant quelque temps, afin de laisser mon crâne se reposer. Il m'a aussi suggéré d'arrêter de porter ma perruque pour exposer ma tête à l'air libre. Ça ne me disait rien qui vaille.

Il m'a néanmoins convaincue d'aller m'asseoir une vingtaine de minutes dehors au soleil avant d'appliquer la seconde partie du traitement. Cela ne me réjouissait pas trop mais j'ai obéi. Je me suis installée sur le petit muret de briques devant le cabinet. Juste en face, plusieurs individus traînaient autour de l'arrêt de bus, pour la plupart des ivrognes avec des canettes de bière. Soudain, l'un d'entre eux s'est dirigé vers moi pour me demander où étaient passés mes cheveux.

Je n'ai pas répondu. Je n'avais pas l'intention de parler à un inconnu qui semblait ivre, de surcroît.

— Qu'est-ce que t'as à la tête ? a-t-il insisté. Des poux ?

Non, je n'en avais pas et je le lui ai dit, mais il ne me lâchait toujours pas. Il ne se moquait pas de moi et il ne cherchait pas non plus à sympathiser. Il voulait juste savoir. J'ai fini par lui expliquer que j'ignorais ce qui était arrivé à mes cheveux. Ils étaient tombés, voilà tout. Il s'est penché pour m'examiner le crâne. Son nez se trouvait à moins de dix centimètres de moi.

— Pas mal, a-t-il commenté en avalant une nouvelle gorgée de bière. Mais pas bien non plus.

Soudain, il a tiré sur une de mes rares mèches, qui est restée entre ses gros doigts. Outrée, je lui ai demandé de me laisser tranquille, mais il a répondu qu'il ne me voulait que du bien. Je ne savais pas quoi faire.

— Arrête de perdre ton temps avec eux, a-t-il alors dit en montrant le cabinet de consultation. Avec ces types, t'arriveras à rien, autant te faire pipi sur la tête. Écoute plutôt les conseils d'un pauv'gars.

Il lui manquait deux dents et les autres étaient sales et ébréchées. Quand il riait, c'était terrible. Sa bouche était un appel au secours à la fraise du dentiste.

— Ma sœur était chauve comme un œuf, continuait-il. Plus un poil sur le caillou. Douze mois plus tard, on aurait pu tisser une couverture avec ce qu'elle avait sur le crâne. Les plus beaux cheveux du pays et qui s'arrêtaient plus de pousser.

— Pourquoi les avait-elle perdus ? ai-je demandé.

— C'est ça qui est drôle : pour pas grand-chose. Le paternel lui avait collé une gifle. J'aurais jamais cru qu'elle réagirait comme ça, mais ça l'a rendue toute nerveuse et elle en a perdu ses tifs. Une vraie boule de billard.

— Comment a-t-elle fait pour les récupérer ?

— Grâce à not'mère. Qui tenait ça de sa mère. Faut juste mélanger quelques oignons avec un peu de vinaigre. C'truc, ça puait comme sous le bras d'une gitane mais, crois-moi, ça valait la peine... En un rien de temps, elle s'est retrouvée avec une crinière de lion.

— Vous vous moquez de moi ?

Il ne semblait pas le genre d'homme qui s'y connaissait en secrets de beauté féminine. Pourquoi perdre mon temps avec lui ?

— Pourquoi j'me moquerais d'une pauv'gosse qu'aurait bien besoin d'avoir quelques cheveux sur le caillou. Écoute le vieux singe. Essaie... et tu m'en diras des nouvelles.

Il est reparti en titubant vers l'abribus. En voulant s'asseoir, il a perdu l'équilibre et s'est cogné la tête. Il s'est rattrapé de justesse pour éviter de s'étaler de tout son long. Il a bu une nouvelle rasade de bière. Quand le bus est arrivé, il est péniblement monté à bord. Le chauffeur a actionné la sonnette deux fois et mon expert en croissance capillaire a disparu, toujours accroché à sa canette.

J'ai sorti ma perruque de ma poche pour l'enfiler le plus discrètement possible et je suis rentrée chez moi. Sur le chemin, j'ai acheté une grande bouteille de vinaigre et quatre oignons. Après mes devoirs, je les ai épluchés avant de les découper en petits dés. Le mélange effectué, je l'ai versé dans un récipient hermétique que j'ai rangé sous mon lit. J'étais prête à tester ce remède de grand-mère pendant quelque temps, juste pour voir.

En milieu de semaine, je me suis retrouvée à court d'argent et trois jours me séparaient encore de ma prochaine paie chez Roses. Il me fallait de toute urgence un autre travail. J'ai décidé de retourner voir Angela, au cas où elle aurait quelque chose. Par chance, elle était chez elle avec Louis et Richard. Les jumeaux jouaient dehors.

Je lui ai rappelé que ma mère avait déménagé, que je ne la voyais plus du tout. Il n'y avait plus rien à manger à la maison et je survivais grâce à la cantine. Angela a plissé les lèvres.

— Ta mère, c'est une mauvaise femme, Klare. Quand voudrais-tu commencer ?

— Le plus vite possible.

— Bon, c'est d'accord alors. Lundi, tu viens avec moi, mais il va falloir que tu te lèves tôt. Je passe te prendre à 5 h 15.

Je travaillerais de 6 heures à 8 heures, après quoi je pourrais faire une rapide toilette sur place avant d'aller à l'école. Angela m'aiderait pendant quelques jours, le temps de me mettre au courant, ensuite je devrais me débrouiller seule. Elle m'a conseillé de porter mon uniforme sous une ample combinaison de travail, de façon à perdre le moins de temps possible. Je lui ai promis de me montrer digne de la confiance qu'elle m'accordait et de ne rien dire à personne à propos de mon âge ou du fait que j'étais encore scolarisée. En tant que responsable du service de nettoyage, Angela prenait de gros risques pour moi. Je ne la laisserais pas tomber.

Le samedi, il y a eu beaucoup de monde chez Roses, je ne savais plus où donner de la tête. Eileen était très contente : le tiroir-caisse ne cessait de tinter. À midi, il fallait déjà le vider. L'après-midi a été encore plus frénétique que la matinée et, quand est arrivée l'heure de la fermeture, nous avons toutes été ravies de voir la dernière cliente quitter la boutique. Cette nuit-là, j'ai fait un terrible cauchemar. J'ai rêvé que ma mère était dans ma chambre et qu'elle me torturait les tétons, comme elle seule savait le faire. Lorsque j'ai ouvert les yeux, ma chemise de nuit était trempée de sueur mais ma mère n'était pas là. Je me suis tâté la poitrine. Rien d'anormal. Je me suis rendormie.

Quand mon réveil a sonné le lundi matin, j'ai sauté de mon lit pour faire une rapide toilette, avant d'enfiler ma perruque et mon uniforme ainsi qu'un épais collant noir, mon bonnet noir et une écharpe. À cette heure, il faisait un froid de canard. J'ai rangé mon cartable, mon blazer et ma cravate dans mon grand sac fourre-tout. Ensuite, j'ai mis mes gants en laine et je me suis assise sur mon lit pour attendre Angela. À 5 h 20, elle n'était toujours pas arrivée. Je suis allée la guetter à la fenêtre. Elle était en retard. Finalement, vers 5 h 25, j'ai vu son élégante silhouette remonter la rue. Elle aussi portait un bonnet. Attrapant mon sac au passage, je suis descendue. Il faisait encore nuit et je ne m'étais jamais retrouvée dehors aussi tôt, sauf la nuit où ma mère nous avait empêchées de rentrer, mes sœurs et moi, après le bal.

— T'y croyais plus, hein, Klare ? a dit Angela. Tu pensais plus que j'allais venir. C'est la faute à mon idiot de mari. Quelle couche, celui-là. Je suis désolée.

J'ai mis mon bras sous le sien et nous sommes parties vers l'arrêt de bus, où plusieurs femmes attendaient déjà, l'air mal réveillées, en blouse de travail et foulard sur la tête. Je n'avais encore jamais vu autant de femmes qui fumaient. Après une brève attente, notre bus est arrivé et nous a amenées à Trafalgar Square. La plupart des passagères sont descendues avec nous. Nous avons emprunté quelques ruelles jusqu'à Northumberland Avenue. Il faisait toujours aussi sombre et aussi froid, et je m'accrochais au bras d'Angela. Nous étions arrivées dans le West End.

Nous sommes entrées dans un grand bâtiment hideux, où Angela a récupéré un trousseau de clés auprès d'un gardien. Nous avons enfilé nos combinaisons et nous avons pris deux serpillières, deux seaux, un balai, des plumeaux et un aspirateur, avant de monter en ascenseur au quatrième étage. Le couloir semblait interminable avec des pièces de chaque côté. Quand Angela m'a annoncé que j'étais censée nettoyer tout ça, j'ai failli m'évanouir. Je n'aurais jamais fini avant l'école. Elle m'a rassurée : elle allait m'aider et me montrer comment faire. Par la suite, je ne devrais m'occuper que de la moitié des pièces, la moitié restante étant à la charge d'une autre femme de ménage. Deux heures suffisaient largement.

Angela m'a donné un grand sac noir en me disant de vider toutes les corbeilles et tous les cendriers de tous les bureaux. Elle en a fait autant, commençant à l'autre bout du couloir, et nous nous sommes retrouvées pratiquement au milieu avec nos sacs-poubelle que nous avons laissés près de l'ascenseur. La tâche suivante consistait à faire les toilettes, hommes et femmes. Là aussi, il fallait vider les corbeilles, puis remplacer le papier toilette et les serviettes. Ensuite, nous avons récupéré nos serpillières et nos seaux pour laver le carrelage. Nous avons commencé par verser du Domestos dans les canalisations, avant de bien frotter en reculant jusqu'à la porte pour ne pas laisser de trace. Après, venait le tour des bureaux. Il fallait passer un chiffon sur les meubles, l'aspirateur sur la moquette, et remettre les chaises à leur place. Nous travaillions ensemble, pièce après pièce, donnant un coup d'aspirateur dans le couloir entre chacune. Angela me supervisait et vérifiait que le travail était bien fait. C'était vraiment étonnant tout ce qu'on pouvait accomplir en deux heures.

Vers 7 h 40, nous avons effectué un tour d'inspection. Angela m'a félicitée, ajoutant que ça irait de mieux en mieux. À 7 h 50, nous avons descendu les sacs-poubelle au rez-de-chaussée. Je me suis lavé la figure dans les toilettes des femmes et j'ai enlevé la poussière accrochée à mes collants. Nous étions prêtes à partir.

— Tu vois, c'est facile, a dit Angela.

Elle m'aiderait pendant encore deux ou trois jours avant de me livrer à moi-même. À l'arrêt de bus, je portais toujours ma combinaison, Angela pensant qu'il valait mieux éviter qu'on me voie dans mon uniforme si près de l'immeuble de bureaux. Nous avons fait le trajet ensemble et, quand nous sommes arrivées à Walworth Road, elle m'a demandé :

— Klare, tu veux la bonne nouvelle ou la mauvaise nouvelle ?

J'ai répondu la bonne.

— Il ne te reste que quatre jours à attendre avant de toucher ta paie.

— Et la mauvaise ?

— Je passe te prendre demain à la même heure.

Nous avons ri toutes les deux. Je suis allée directement à Camberwell Gate. Il était encore un peu tôt pour l'école, alors je me suis trouvée une ruelle discrète pour me changer et enlever ma combinaison de ménage. J'étais présentable, en dehors des quelques grains de poussière encore accrochés à mes collants. J'ai retiré ma perruque pour la secouer avec vigueur avant de la remettre. Non seulement elle me tenait chaud, mais elle évitait que la puanteur du mélange vinaigre-oignons ne se répande autour de moi. Mes cheveux semblaient avoir cessé de tomber, mais l'odeur était épouvantable. Dans mon cartable, j'avais du parfum bon marché que la représentante de chez Avon avait laissé chez nous, après une visite à ma mère. Il n'était pas parfait mais il sentait nettement moins mauvais que ma décoction miracle. Je m'en suis aspergée, tant et si bien que j'ai été prise d'une quinte de toux. J'étais maintenant prête à aller en classe et je sentais la rose... ou, plus exactement, la lavande.

La journée s'est bien passée. À la cantine, j'ai eu droit à trois saucisses géantes, de la purée de pommes de terre, des petits pois et de la sauce. J'ai vu mes sœurs qui avaient passé la nuit chez ma mère. Elles semblaient en pleine forme. Je n'avais pas grand-chose à leur dire et j'avais encore moins envie de les interroger à propos de ma mère. Après l'école, je suis rentrée directement, je me suis fait à manger avant d'attaquer mes devoirs. Dès qu'ils ont été terminés, je me suis couchée, épuisée. Demain, je me levais à la même heure.

Le deuxième jour, le travail m'a paru plus facile. Sans attendre les indications d'Angela, j'ai aussitôt commencé par vider les poubelles et les cendriers. À 7 h 40, tout était terminé et Angela était persuadée que je pourrais bientôt me débrouiller seule. D'ailleurs, dès le lendemain, je ferais ma moitié du couloir et elle ne m'aiderait que si c'était nécessaire. En descendant les poubelles au rez-de-chaussée, j'ai commencé à regretter le fait de devoir me lever si tôt. Ce serait tellement agréable de pouvoir rester au lit jusqu'à l'heure de l'école, comme n'importe quel autre enfant. J'ignorais combien j'allais toucher mais Angela, étant la chef de service, ferait en sorte qu'on m'accorde un salaire décent.

Ce jour-là, à l'école, les premiers signes de fléchissement sont apparus. J'ai raté un devoir et les professeurs s'inquiétaient de mon manque d'attention. Bien sûr, ils ignoraient tous l'absence de ma mère et il n'était pas question de leur avouer que je devais gagner ma vie seule et sans aide.

Le jeudi fut un véritable désastre. Malgré des efforts acharnés, à 7 h 40, il me restait encore la poussière à faire et l'aspirateur à passer. Quand Angela est venue voir comment je m'en sortais, elle a été catastrophée. Je ne comprenais pas ce qui s'était passé. Jusque-là, j'avais cru contrôler la situation. Elle s'est emparée de l'aspirateur et a commencé à s'occuper des bureaux pendant que je terminais la poussière et descendais les poubelles. À mon retour, elle avait déjà fait une dizaine de pièces, ce qui était proprement incroyable. À nous deux, nous avons fini vers 8 h 30, à peu près au moment où les premiers employés arrivaient. Angela s'est montrée très gentille. Elle m'a dit de ne pas m'inquiéter, que ce n'était qu'une question d'entraînement et que je deviendrais très vite une excellente femme de ménage. Je suis arrivée à l'école juste à temps. Les cours étaient ennuyeux et je me suis endormie deux fois en classe.

Quand Angela est passée me prendre le vendredi, j'étais bien décidée à me racheter de la veille. J'avais honte de ne pas me montrer aussi efficace que les autres femmes plus âgées. Quand j'ai demandé si je pouvais nettoyer les bureaux toute seule, elle m'a répondu de ne pas m'inquiéter, que je débutais à peine. À nous deux, nous avons fait du bon travail et, encore une fois avec son aide, j'ai fini de bonne heure. Après avoir descendu les poubelles, elle est allée chercher la paie de toutes les employées. À son retour, elle m'a tendu une enveloppe brune. À l'intérieur, il y avait quatorze livres ! Pendant que nous marchions vers l'arrêt de bus, elle a voulu savoir quand j'avais vu ma mère pour la dernière fois. Je n'en avais pas la moindre idée. Secouant la tête, elle m'a demandé comment ça se passait avec Pauline et Patsy. J'ai expliqué que je les voyais à l'école, mais qu'elles n'étaient pas souvent à la maison. Je me doutais bien de ce que pensait Angela, mais ça m'était égal. Je n'étais pas abandonnée. J'étais tout à fait capable de subvenir à mes besoins.

Le vendredi à l'école, c'était toujours fish and chips, et ensuite une tarte à la confiture avec de la crème anglaise. Génial. Et demain, samedi, pas besoin de me lever aux aurores pour aller nettoyer des bureaux. Que demander de plus ? En rentrant ce soir-là, j'ai décidé de m'offrir une petite gâterie, des bonbons à la gelée… Oh puis zut, et un paquet d'acidulés aussi. J'adorais ma toute nouvelle indépendance.

À la maison, j'ai eu envie d'un long bain. J'ai mis une demi-couronne dans le compteur à gaz et j'ai fait couler l'eau chaude. J'étais si heureuse que j'aurais pu y rester jusqu'à la fin de mes jours. Dès que le bain refroidissait, j'enlevais le bouchon de la bonde et j'ajoutais de l'eau chaude. Puisque c'était moi qui payais, personne ne pouvait me l'interdire. Mes sœurs ne sont pas revenues le vendredi soir et, quand je suis partie le samedi matin, elles n'étaient toujours pas rentrées. Dieu merci, j'avais Roses. Je m'étais parfaitement intégrée et toutes les vendeuses m'aimaient bien. Elles me confiaient toutes sortes de petites tâches : préparer le thé pour l'équipe, aller chercher un sandwich pour Eileen ou bien une paire de collants pour une des filles qui avait filé le sien en s'accrochant à un cintre. Grâce à Roses, je sortais enfin de la maison… et j'étais au courant de la dernière mode. Cerise sur le gâteau, je m'habillais pour pas cher. Oui, c'était génial : j'étais payée pour passer la journée au milieu de robes merveilleuses.

Mes sœurs sont repassées à la maison tard dans la soirée du samedi. Je ne leur ai pas demandé où elles étaient allées. En fait, je les ai ignorées et je suis restée dans ma chambre, sans leur offrir de partager mes bonbons. Trois mois s'étaient écoulés et ma mère ne m'avait toujours pas invitée à venir voir sa nouvelle maison.

Il a fallu à peine deux semaines pour que mon travail avant l'école devienne une simple habitude et une part bien établie de ma vie. Je n'avais plus besoin de chaperon. Bien sûr, Angela passait toujours me prendre de bon matin, mais, en tant que responsable, elle devait aussi parfois travailler dans un autre immeuble ou bien partir plus tôt. Quand elle ne m'accompagnait pas, je faisais le voyage en bus avec les autres femmes. Elles se montraient très amicales avec moi. Avec mon bonnet et mon écharpe, je faisais jeune, mais pas si jeune que cela. Peu à peu, la routine s'est installée : les ménages pendant la semaine, la boutique le samedi et mes devoirs le dimanche après l'église. Je les ai toujours rendus en temps et en heure. Jamais en retard. En fait, il m'est souvent arrivé de les terminer dans un des bureaux que je venais de nettoyer, le matin avant d'aller en classe.

Un soir, j'étais en train de réviser mes examens quand j'ai cru entendre quelqu'un entrer dans la maison. Bizarre. Mes sœurs étaient déjà là et aucune d'entre nous n'invitait jamais personne. Ce devait être mon imagination. J'ai repris mon travail. Mes examens étaient dans six semaines et je tenais à les réussir.

Après avoir terminé ma grammaire, mon devoir de littérature anglaise et enfin celui d'instruction religieuse, j'ai décidé de m'accorder une petite pause. J'ai envisagé de me faire à manger. Je n'avais pas vu le temps passer, il était 20 h 30 environ et je révisais depuis que j'étais rentrée de l'école. J'étais occupée à ranger mes livres quand j'ai à nouveau entendu du bruit. Et si c'était un cambrioleur ? En tout cas, il y avait bien quelqu'un en bas qui déplaçait des meubles avec précaution, tentant de faire le moins de bruit possible. Soudain, j'ai entendu la porte d'entrée s'ouvrir et se refermer.

J'étais terrifiée. Je ne savais pas s'il fallait rester là sans bouger ou bien crier. Je me suis enfermée dans ma chambre et j'ai coincé une chaise sous la poignée de la porte. Tout à coup, j'ai à nouveau entendu la porte de la maison. L'inconnu était revenu... et il grimpait l'escalier ! Je me suis figée avant de me rendre compte que la lumière allumée devait filtrer sous la porte. Je l'ai éteinte. Les pas se sont arrêtés juste de l'autre côté. Je n'osais plus respirer... et je me suis aperçue que je me trouvais en face du trou de la serrure. Le plus silencieusement possible, j'ai poussé la robe qui était pendue au dos de la porte de façon à ce qu'elle le recouvre. À ce moment-là, j'ai senti que, de l'autre côté, quelqu'un se penchait pour regarder par le trou. Quand la poignée a tourné en silence, j'ai failli m'évanouir. Je croyais que le bon Dieu m'avait envoyé les *duppies* pour me punir de toutes ces années où j'avais mouillé mon lit. On a poussé la porte. Je me suis mise à prier.

— Mon Dieu, je Te promets de ne plus jamais faire pipi au lit. Et je n'invoquerai plus jamais Ton nom en vain. Oh, mon Dieu, mon Dieu.

Soudain, la pression sur le battant a cessé et les pas se sont éloignés. Je les ai entendus descendre l'escalier. J'ai cru que l'inconnu allait sortir mais il y a eu encore du remue-ménage en bas. Tout cela s'était déroulé sans que le moindre mot soit prononcé. Pas de « Bonjour, il y a quelqu'un ? ». Rien. Figée sur place, j'ai attendu, attendu, et les bruits se sont enfin arrêtés. Le silence à nouveau, jusqu'à ce que la porte d'entrée s'ouvre et se referme. J'étais en nage et je priais de toutes mes forces pour que l'inconnu ne revienne pas.

Je suis restée plusieurs heures assise sur ma chaise collée à la porte, somnolant et me réveillant en sursaut à cause de l'inconfort de ma position. Je ne savais pas si je devais me coucher ou bien rester éveillée. Finalement, j'ai dû m'endormir pour de bon. Quand j'ai rouvert les yeux, le réveil annonçait 10 h 30. Il faisait nuit, ce devait donc être 22 h 30. J'ai quitté ma chaise, enfilé ma chemise de nuit, avant de traîner mon lit devant la porte pour la coincer. Je me suis couchée en laissant la lumière allumée.

Le lendemain, comme d'habitude, je me suis levée de bonne heure, prête à aller travailler. J'ai enfilé une grande blouse rose par-dessus mon uniforme. Il faisait encore nuit. J'ai retrouvé la foule habituelle à l'arrêt de bus : les femmes avec leurs bigoudis et leurs cigarettes. Il régnait toujours une joyeuse ambiance entre elles. Je me suis mise au bout de la file d'attente et, quand le car est arrivé, elles m'ont fait passer devant, l'une d'elles ajoutant en rigolant : « La jeunesse avant la beauté. » Je suis arrivée à Trafalgar Square à 6 heures moins 7 minutes et à l'école à 9 heures moins le quart. Impeccable !

J'ai commencé à sentir la fatigue pendant la récréation de milieu de matinée. Plutôt que d'aller dans la cour, je me suis assise dans le hall. J'ai dû m'endormir aussitôt car la seule chose dont je me souviens, c'est un professeur me demandant si j'avais besoin d'aller à l'infirmerie. Ce n'était pas nécessaire mais ils m'ont néanmoins obligée. Une fois là, je me suis rendormie tout de suite pour me réveiller à l'heure du repas. On avait décidé que j'irais manger et que je reviendrais me coucher. L'infirmière voulait savoir si j'avais des problèmes. J'ai dit que non, que je me sentais juste un peu fatiguée, c'était tout, et que ça irait mieux demain.

Finalement, on m'a autorisée à retourner en classe après le déjeuner. J'ai eu un cours de géographie et un autre de français. J'avais mal aux bras et les jambes lourdes. Ça ne me ressemblait pas de m'endormir ainsi, mais les étranges allées et venues de la veille m'avaient mise sur les nerfs et j'avais très mal dormi. De plus, je ne savais toujours pas ce qui s'était passé, qui était cet inconnu. À la fin de la journée, je suis rentrée tout droit à la maison. J'étais si épuisée qu'à l'instant où j'ai enlevé mon uniforme, je me suis allongée pour rattraper mon retard de sommeil.

Au moment où je commençais à m'endormir, j'ai eu la certitude de ne pas être seule dans la maison.

C'était une sensation très bizarre. Mes sœurs n'étaient pas là. Je les aurais entendues. Ma porte était entrouverte et j'ai cru discerner une ombre sur le palier. Pétrifiée dans mon lit, j'ai écarquillé les yeux. C'était ma mère.

— Bonjour, maman.

Elle n'a pas répondu. Elle s'est contentée de rentrer dans la chambre et de l'examiner. Elle ne parlait toujours pas. Je me suis demandé comment elle était entrée. Je ne l'avais pas entendue, mais après tout c'était sa maison.

— Tu n'espères quand même pas vivre chez moi gratuitement ? a-t-elle enfin dit. On a reçu la facture d'électricité. Tu dois payer ta part.

Cette fois, c'est moi qui n'ai pas répondu. C'était plus prudent.

— Qui va payer cette facture ? Ne compte pas sur moi. Je n'habite plus ici.

— Je ne sais pas qui va payer. Je n'ai pas d'argent.

— Tu travailles, non ? Et tu es bien contente d'avoir de la lumière ? Tu n'es pas aveugle, à ce que je sache ?

— Non, je ne suis pas aveugle, mais que veux-tu que je fasse ?

— Tu vas me payer un tiers de cette facture.

— À combien se monte-t-elle ?

Elle n'a pas répondu à ça, se contentant de dire qu'elle voulait quatorze livres, sinon…

— Sinon quoi ?

— Sinon, c'est tout, a répliqué ma mère. Je te conseille d'avoir cet argent quand je reviendrai.

Je ne savais pas où me procurer une telle somme. J'avais bien mes ménages et mon travail chez Roses, mais cela suffisait à peine à couvrir le strict nécessaire. Il m'était impossible de donner un penny de plus. J'ai décidé d'ignorer sa demande, et d'attendre et voir.

Même si j'appréciais mon indépendance, quitter un lit douillet de très bon matin pour aller nettoyer des bureaux n'était pas une sinécure. Par ailleurs, je n'avais pas vraiment d'amies : j'étais trop occupée pour cela. Je suppose qu'on me considérait comme quelqu'un de très secret, mais, d'un autre côté, cela ne me déplaisait pas : j'aimais être moi. C'était ma mère qui ne m'aimait pas telle que j'étais.

Elle est revenue une semaine plus tard. J'étais assise sur mon lit quand elle est entrée.

— Où est l'argent de la facture ?

J'ai répondu que je n'avais pas d'argent et qu'en plus, ce n'était pas à moi, une enfant, de payer les factures. J'étais forcée de vivre ici, je n'avais pas le choix.

— Si tu veux vivre sous mon toit, tu dois obéir à mes règles, a déclaré ma mère. Sinon, tu sais où est la porte.

Je lui ai demandé comment elle espérait que je paie ces factures. Elle m'a dit de me lever de son lit.

— Comment ça, ton lit ?

— Le lit sur lequel tu te vautres m'appartient. Quitte-le.

Je l'ai donc quitté.

— Cette couverture, aussi, m'appartient, a-t-elle continué en l'arrachant. Et tu vois cet oreiller ?

— Oui.

— Passe-le-moi, s'il te plaît. Il est aussi à moi.

— Mais qu'est-ce que je vais faire si tu m'enlèves mon oreiller ?

— Ne pose pas de question. Donne-le-moi, c'est tout.

Je le lui ai donc donné. Elle s'est mise en devoir de le plier en quatre, chassant l'air qui s'y trouvait, pour l'enfoncer dans un sac en plastique qu'elle a sorti de sa poche.

— Tu dors dans mon lit, tu te sers de ma couverture et de mon oreiller. Tu te chauffes avec mon gaz et mon électricité et tu voudrais ne rien payer ? Eh bien, c'est ce qu'on va voir.

Elle a quitté la chambre. Puis j'ai entendu la porte de la maison claquer. Je suis allée à la fenêtre qui donnait sur la rue pour voir ma mère s'éloigner, la couverture jetée sur l'épaule et l'oreiller dans le sac.

J'ai continué à aller normalement à l'école, après avoir fait mes ménages. L'argent que je gagnais suffisait à peine à m'assurer le minimum vital.

Pour me nourrir, j'avais la cantine. Je pouvais faire au moins un repas complet par jour. Le secret pour obtenir une assiette copieusement garnie, c'était de manger tout ce dont les autres ne voulaient pas. J'attendais le plus tard possible pour entrer dans la file. À ce moment-là, la chef voulait à tout prix se débarrasser de ce qui n'avait pas trouvé preneur : carottes, choux de Bruxelles, brocolis, chou-fleur, les légumes surtout, ainsi que toutes les boulettes de viande qui s'étaient désagrégées. Un repas pareil me suffisait pour la journée. Au petit déjeuner, j'avalais quatre tasses de thé. Le soir, je n'avais pas besoin de manger.

Mes études se déroulaient plutôt bien. Ma mère, n'ayant jamais rencontré un seul de mes professeurs de toute ma scolarité, ne se doutait pas de mes progrès. Clare l'idiote n'était plus qu'un vague souvenir. Mes examens approchant, j'ai voulu fournir un effort supplémentaire, juste pour voir ce dont j'étais capable. Je me suis fixée des obligations. Tous les jours, en rentrant à la maison, je travaillais pendant au moins quatre heures. Du coup, la semaine devenait épuisante, mais j'ai tenu bon. Même le dimanche, j'étais contente de réviser.

Deux semaines après notre dernière rencontre, ma mère est revenue. C'était le soir et je faisais mes devoirs dans ma chambre. Elle n'a rien dit en entrant mais je savais que c'était elle. Mes sœurs étaient déjà là et, à part nous, elle seule possédait la clé de la maison. Elle est montée tout droit dans ma chambre.

— Eh bien ? a-t-elle demandé.

— Eh bien, quoi ?

— Où est l'argent ?

J'ai encore expliqué que je n'avais pas les moyens de régler les factures et que je ne voyais pas comment je pourrais les avoir.

— Donc tu refuses de payer ta part ?

Elle m'a flanqué un coup de poing à la tempe. La chaise sur laquelle je me trouvais a failli tomber. Le deuxième coup m'a envoyée valdinguer. Je me suis retrouvée par terre, pas tout à fait sonnée, mais pas tout à fait lucide non plus.

— Eh bien ?

— Je n'ai pas d'argent.

Je n'avais pas osé le dire à haute voix.

Elle a hoché la tête.

— Bon, je suppose que je ne peux pas te forcer.

Elle s'est tournée vers mon lit pour arracher les derniers draps qui me restaient.

— Comment va ta vessie ?

— J'ai arrêté.

— Vraiment ?

Mais elle était bien forcée de le reconnaître : les draps étaient secs et l'air dans la pièce sentait le frais.

— Tu te crois maligne, hein ? a-t-elle repris. Tu t'es toujours crue plus forte que tout le monde.

— Non, je ne me crois pas plus forte que tout le monde, mais je veux juste me reposer. Je suis fatiguée et je dois me lever tôt demain pour aller travailler.

Elle a continué à enlever ma literie.

— Tu veux dormir dans mon lit sans payer de loyer. Eh bien, sache que, sur cette terre, on n'a rien pour rien.

Comme la fois précédente, elle s'est mise en devoir de plier mes draps avant de tenter de les fourrer dans la poche de son manteau. Elle s'acharnait. C'était grotesque et elle a bien fini par s'en rendre compte. Ensuite, elle m'a demandé si je comptais m'acheter une couverture, des draps et un oreiller avec l'argent que je gagnais. Je n'ai pas su quoi répondre. Elle s'est enfin décidée à partir et la porte d'entrée a claqué. Je n'avais qu'une envie : quitter cette maison le plus tôt possible.

Les visites nocturnes de ma mère se sont multipliées. La fois suivante, elle a commencé par déplacer des meubles en bas. Je n'ai pas bougé de ma chambre, redoutant de l'entendre monter. Mais elle avait un nouveau tour dans son sac. J'étais en train de réviser quand, soudain, toute la maison a été plongée dans le noir. Elle avait enlevé les fusibles. Comme si cet avertissement ne suffisait pas, elle est partie, les emportant avec elle. J'avais un réveil électrique. Comment allais-je me lever demain matin ? Et comment allais-je faire mes devoirs ? Les examens étaient dans trois semaines à peine. J'ai appelé mais personne n'a répondu alors je suis retournée vers mon lit, ou plutôt ce qu'il en restait, ce qu'elle n'avait pas encore pris.

Au matin, quand je me suis réveillée, ma montre annonçait 5 heures. C'était difficile de m'y retrouver dans le noir. J'ai fait mon cartable à tâtons avant de descendre les marches avec prudence. En bas, j'ai essayé l'interrupteur. Rien.

À l'école, les observations concernant mes derniers devoirs disaient qu'ils semblaient bâclés. C'était la vérité, bien sûr ! Comment aurait-il pu en être autrement ? De retour à la maison, il n'y avait toujours pas d'électricité. Je suis donc ressortie pour acheter une boîte de bougies chez Woolworth. J'en ai allumé trois et je me suis mise au travail, assise par terre. J'ignorais quand ma mère nous rendrait les fusibles mais, tôt ou tard, elle finirait bien par s'y résoudre.

D'ici là, mieux valait réviser et préparer mes affaires pour lundi. J'avais éducation physique et je ne savais pas où étaient passés ma jupe et mon tee-shirt de gym.

24

Moments difficiles

1972

Cela faisait longtemps que je n'avais plus vu mon père. Il pouvait peut-être me trouver un endroit où vivre. Il possédait un tas de maisons et je n'avais besoin que d'une seule chambre. Je n'avais toujours aucun moyen de joindre Miss K. Je ne savais même pas où elle vivait et, à vrai dire, je m'étais promis de ne pas la contacter si elle ne le faisait pas d'abord. Miss Lindsey accepterait sans doute de me reprendre, mais cela risquerait de causer des ennuis à mon père. Ma mère ne voulait pas de moi mais elle ne voulait pas, non plus, que quelqu'un d'autre s'occupe de moi. Au moins, nous étions d'accord sur un point : j'étais parfaitement capable de me débrouiller seule. Depuis sa dernière visite, je m'étais mis en tête de m'acheter ma propre literie, ne serait-ce que pour qu'elle arrête de me la voler. J'en venais également à me dire que je ferais aussi bien de la dédommager pour les services qu'elle me fournissait : après tout, l'électricité n'était pas gratuite et je payais déjà le gaz. J'avais remplacé mes draps et ma couverture par un tas de vieux vêtements et de vieilles serviettes de bain. Je n'avais pas froid – en fait, j'avais même trop chaud – mais c'était très inconfortable. Dormir sur des boutons et des tissus qui se chiffonnaient et ne sentaient pas toujours très bon n'avait rien d'agréable.

Mes problèmes de cheveux n'étaient pas encore tout à fait réglés. Quand j'examinais mon crâne, je distinguais bien des milliers et des milliers de racines qui repoussaient. J'avais beaucoup dépensé en vinaigre et en oignons et, sans cette puanteur, j'aurais été ravie du résultat. Tous les soirs, en faisant ma toilette, j'enlevais ma perruque pour me frictionner la tête avec ma décoction. Désormais, ce n'étaient pas juste mes vêtements qui sentaient mauvais mais ma literie aussi. Partout où j'allais, je laissais dans mon sillage une odeur de vinaigre. D'ici peu, je me contenterais d'appliquer mon remède une seule fois par semaine.

À cette époque, je ne m'entendais pas très bien avec Pauline et Patsy. Nous nous croisions à peine, vivant comme des fantômes dans une maison hantée. Nous n'avions rien en commun. L'école, aussi, exigeait beaucoup et, malgré mes efforts, je n'avais tout simplement pas le temps de tout faire. Il fallait que les choses changent.

Un jour, en rentrant, je suis passée au 215 Camberwell New Road au cas où, par chance, mon père serait là. Il n'y était pas, j'ai donc marché jusqu'à Wyndham Road pour prendre le bus et aller voir les oreillers chez Woolworth. Il restait deux modèles d'exposition sur lesquels on proposait un rabais. Le prix ne me paraissant pas déraisonnable, j'en ai acheté un. J'aurais bien voulu prendre aussi une couverture mais elles étaient trop chères. Bah, mon père en aurait bien une vieille à me donner. De retour à la maison, j'ai passé la soirée à faire mes devoirs au lit, la tête sur mon oreiller. Ce n'était pas très pratique mais j'étais trop contente. Ça me paraissait très adulte de posséder mon propre oreiller. J'étais certaine qu'aucune de mes amies n'en avait un.

Le dimanche suivant, nouvelle visite de ma mère. Il devait être 8 heures à peine. J'étais encore couchée quand je l'ai entendue en bas, dans le vestibule. Elle y est restée environ cinq minutes avant de monter dans la cuisine. Dieu sait ce qu'elle y fabriquait. Elle ouvrait et refermait des tiroirs, claquait les portes des placards. Quand elle est entrée dans ma chambre, j'avais eu le temps de m'habiller. Je l'attendais, assise sur mon lit. Nous nous sommes dévisagées un moment avant que je brise le silence.

— Bonjour, maman.

Elle n'a pas répondu. Elle examinait ma chambre, mon lit fait avec de vieux habits. Je ne la quittais pas des yeux, sachant à quel point elle pouvait se montrer imprévisible.

— Où est mon argent ? a-t-elle demandé.

— Je n'ai pas d'argent. Ou plutôt j'en ai juste assez pour survivre.

— Quand vas-tu te barrer ?

Je n'avais nulle part où aller, lui ai-je dit. Ce n'était pas que je ne voulais pas déménager. Je lui ai juré que je cherchais vraiment un endroit où « me barrer ». Elle m'a alors posé un ultimatum : soit je payais ma part des factures, soit je partais maintenant… sur-le-champ. J'ai déclaré que j'étais d'accord pour payer quelque chose mais qu'il fallait d'abord que j'y réfléchisse. C'est à ce moment-là qu'elle a repéré mon porte-monnaie sur la table. Elle s'en est emparée, l'a ouvert et a pris tout ce qu'il contenait.

— Je me contenterai de ça, le temps que tu réfléchisses.

— Si tu me confisques tout mon argent, je n'aurai pas de quoi prendre le bus pour aller faire mes ménages, ni pour aller à l'école.

Elle a sorti quelques pièces de sa poche.

— Voilà qui devrait suffire, et sinon, tu n'as qu'à marcher.

J'ai regardé ce qu'elle me laissait. Deux shillings et six pence. Une demi-couronne, à peine. Je n'ai pas répondu. C'était entièrement ma faute : je n'aurais jamais dû laisser traîner mon porte-monnaie. La prochaine fois, je serais plus prudente. Elle est retournée dans la cuisine mais n'a pas tardé à revenir.

— Quand vas-tu payer ton loyer ? a-t-elle demandé.

— Je ne vais pas payer un loyer. Je n'ai pas l'âge. C'est à toi de me fournir un toit.

Mais tout ce qui l'intéressait, c'était que je travaillais et que, donc, je gagnais un salaire.

— Disons trois livres par semaine, a-t-elle poursuivi. C'est pas cher, mais je me contenterai de ça pour l'instant. Je te ferai des quittances.

Elle m'a plantée là et elle est partie, claquant la porte derrière elle. Comment diable allais-je pouvoir payer un loyer ?

Après l'école, je me suis rendue au 215 Camberwell New Road mais mon père n'était toujours pas là, alors je suis allée à Offley Road. Il est arrivé au bout d'un moment, un gros cigare au coin de la bouche.

— Oh, comment vas-tu, Clare ? a-t-il demandé en me voyant.

J'ai dit que j'allais bien. J'allais toujours bien. Je lui ai expliqué que maman voulait que je lui paie un loyer à la fin du mois et que je ne pouvais pas me le permettre. Il s'est écrié que ma mère était folle et que je n'avais pas à payer un loyer puisque je n'étais qu'une enfant, bon Dieu. Je lui ai demandé s'il avait un endroit où je pourrais m'installer et il a répondu non, mais que, si j'étais désespérée, il me trouverait bien un coin où dormir. Quand je lui ai raconté que maman avait enlevé les fusibles et que nous n'avions plus d'électricité, il a ri en disant que Carmel était folle, folle, folle. En dehors de cela, il n'a pas été en mesure de m'offrir le moindre conseil pratique. Mais il m'a donné une livre pour m'acheter des bonbons.

Les semaines sont devenues des mois et rien ne changeait. Je n'aimais pas me lever le matin, mais, une fois que j'étais à l'arrêt de bus, je n'y pensais plus. Selon Angela, on était content du travail que je fournissais. Mes samedis chez Roses continuaient à être stimulants et amusants.

Les visites de ma mère s'espaçaient. À chaque fois qu'elle passait, c'était pour me faire payer une facture ou mon loyer. En échange de ses quittances, je réussissais, je ne sais comment, à lui donner trois livres par semaine. Un après-midi, elle m'attendait à mon retour de l'école, assise sur mon lit. Mon lit… Dès que j'ai posé mon cartable, elle a décrété que je ne pouvais pas continuer à vivre au 19 Sutherland Square pour trois livres par semaine. Mon loyer était donc doublé, et ce, à compter du début du mois. Elle reviendrait toucher les vingt-quatre livres que je lui devais dans quinze jours. Si je ne souhaitais pas payer cette somme, j'avais largement le temps de me retourner et de me trouver un autre point de chute. C'était tout simplement impossible pour moi et je le lui ai dit. Elle s'est contentée de se lever et de me frapper à la tête.

— Tu trouveras un moyen.

Quand j'ai répété ce que mon père avait déclaré – que je n'avais pas à payer un loyer parce que j'allais encore à l'école – elle m'a flanqué un nouveau coup de poing, cette fois dans le ventre. Elle a ajouté que je pouvais toujours aller chez lui, puisqu'il était si généreux. Soudain, elle a remarqué ma boîte de tampons sur la table.

— Alors, tu es une femme maintenant. Tu n'es plus une enfant… Eh bien, sache que les vraies femmes paient leurs loyers.

Au lieu de reposer les tampons là où elle les avait pris, elle les a mis dans sa poche avant d'ouvrir le tiroir de ma coiffeuse, qui contenait quelques serviettes périodiques.

— Tu as peur des fuites ?

Elle me les a prises, elles aussi.

— Maintenant que tu travailles, tu peux t'en racheter.

Elle s'est mise à fouiller tous mes tiroirs l'un après l'autre, examinant chaque vêtement avant de le jeter par terre. Elle a fini par trouver un très joli pull en cachemire, que j'avais réussi à m'acheter après avoir économisé pendant des mois et que j'avais caché. Elle s'est plantée devant le miroir en le collant contre sa poitrine. La couleur lui allait bien, un bleu pâle et brillant à la fois. Il a rejoint mes serviettes périodiques dans un sac en plastique.

— Tu veux que je te dise, Clare ? Mon plus grand regret dans la vie, c'est de t'avoir mise au monde et on sait toutes les deux qu'on ne peut plus revenir en arrière. Je le regretterai pour le restant de mes jours. Tu comprends ça, pas vrai, la Balafrée ? Tu pisses encore au lit ? Une personne normale aurait arrêté depuis des années, mais pas toi, bien sûr.

Comme je ne lui répondais pas, elle m'a arraché ma perruque et l'a jetée sur le lit. J'ai voulu la récupérer mais elle m'a devancée.

— Non seulement tu es hideuse et tu souilles ton lit, mais en plus tu es chauve. Quelle mère pourrait supporter ça ?

Je lui ai tourné le dos pour aller m'asseoir.

— S'il te plaît, maman, quand est-ce qu'on pourra récupérer la lumière ?

Elle m'a ordonné de me lever et de la regarder quand elle me parlait. J'ai obéi. Elle avait ma bougie à la main et elle s'en est servie pour me frapper à la tête.

— Le problème avec toi, Clare, c'est que tu ne sais pas te taire. C'est ça qui ne va pas chez toi. Tu veux de la lumière ? Tu n'as qu'à payer.

Je lui ai rappelé qu'elle avait pris tout l'argent qui se trouvait dans mon porte-monnaie et que, s'il n'y avait pas d'électricité à la maison, j'allais devoir le dire à mes professeurs. Ça l'a mise en rage. Elle a jeté ma perruque par terre pour la piétiner. Puis elle l'a ramassée pour me gifler avec, encore et encore. Pour finir, se servant des allumettes que j'utilisais pour les bougies, elle y a mis le feu et l'a jetée dans la cheminée. Des flammes étonnamment hautes se sont dressées pendant que ma perruque se désintégrait. Le brasier craquait et crachait des poils enflammés aux pieds de ma mère, illuminant toute la pièce.

— Voilà ! T'as assez de lumière comme ça ? Ça y est, t'y vois clair maintenant ?

Pendant que je contemplais la petite boule carbonisée dans le foyer, elle m'a bousculée, a dévalé l'escalier et a claqué la porte.

J'avais perdu ma perruque. Même si mes cheveux étaient en train de repousser, ils étaient encore beaucoup trop courts pour que j'ose me montrer en public. Le lendemain, je suis allée faire mes ménages avec un foulard noué autour de la tête, comme les autres femmes. Ensuite, au lieu de me rendre à l'école, j'ai pris le bus jusqu'au marché de Brixton, où une boutique vendait des perruques Michael Jackson. J'en ai essayé plusieurs avant d'en trouver une qui m'allait. J'ai demandé si je pouvais la garder et la vendeuse a coupé l'étiquette. J'ai payé avant de foncer à l'école. Je suis allée m'excuser de mon retard auprès de ma professeur principale, qui m'a autorisée à rejoindre ma classe.

J'ai réussi mes examens. Pas aussi bien que mes professeurs l'espéraient, mais suffisamment pour que cela ne soulève aucun problème. Je m'étais installée dans une sorte de routine, travail, école, devoirs, et finalement la vie n'était pas si mal. J'étais libre d'aller et venir – même si je ne le faisais jamais – personne n'était là à me surveiller. À la fin du mois, ma mère est repassée à la maison. J'étais certaine que c'était elle car les lumières étaient allumées et elle seule avait les fusibles. Je suis entrée avec prudence, m'attendant plus ou moins à ce qu'elle soit cachée là quelque part. Mais il n'y a pas eu d'attaque-surprise : elle était repartie. Non sans avoir fouillé ma chambre. Tous les tiroirs étaient ouverts, mes vêtements jonchaient le sol et plusieurs de mes bougies avaient disparu. Elle avait oublié un sac en plastique près du lit. J'ai commencé mes devoirs. Inutile de vérifier ce qu'il manquait, je ne pourrais jamais le récupérer. Ma chambre était glacée. Tout comme moi, ma mère n'avait jamais supporté l'odeur dans la pièce, aussi, dès qu'elle y pénétrait, elle commençait machinalement par ouvrir la fenêtre. Elle n'est revenue qu'au milieu du mois suivant. J'étais déjà au lit et je dormais. C'était comme si un très mauvais rêve devenait réalité. J'ai ouvert les yeux et elle était là.

— Je veux l'argent du loyer et des factures.

J'ai voulu regarder l'heure à ma montre Mickey Mouse mais je n'en ai pas eu le temps : elle m'a donné un coup de pied à la tête. Puis un deuxième. Après cela, il y a eu une nouvelle demande d'argent. Quand j'ai essayé de lui dire que j'avais du mal à joindre les deux bouts, elle a attrapé mon drap de dessous et a tiré. J'ai roulé sur moi-même, mais elle m'a rattrapée et m'a traînée hors du lit en me criant de ne pas se foutre de sa gueule et de lui donner son argent. Soudain, Pauline et Patsy sont apparues. Elles avaient cru qu'un cambrioleur s'était introduit dans la maison. Quand elles ont découvert ma mère, elles se sont, bien sûr, évaporées.

La querelle verbale a continué un moment. Ensuite, elle m'a frappée au front en disant que j'étais une bâtarde et qu'elle reviendrait le lendemain. Elle a emporté les draps avec elle. J'ai enfilé une vieille robe, au cas où elle repasserait plus tôt me faire une surprise, et je me suis recouchée.

Le matin suivant, quand j'ai appuyé sur l'interrupteur, il ne s'est rien passé. J'ai essayé dans le couloir. En vain. Nous étions à nouveau plongées dans les ténèbres.

Le temps avait changé et le fond de l'air était plutôt frais. C'était dur de se lever pour aller faire des ménages. Il faisait encore nuit à 4 h 45. M'habiller et me préparer dans le noir était pénible.

Je n'ai pas revu ma mère pendant dix jours. Puis, un soir, en rentrant de l'école, elle était là, assise dans le salon. Elle m'a appelée au moment où j'entrais dans la salle de bains. Je n'avais pas le cœur de me battre encore une fois avec elle, aussi j'ai prélevé vingt livres dans mon porte-monnaie avant de le cacher tout au fond de mon cartable. Je suis allée la voir et je lui ai tendu l'argent.

— Et le reste ? a-t-elle dit en prenant les billets. Tu me dois encore dix-sept livres. Quand vas-tu me les donner ?

— La semaine prochaine.

Là-dessus, j'ai repris mon cartable et j'ai quitté la maison. Je suis restée assise sur un banc de la cité voisine jusqu'à tard le soir. Je ne pouvais plus supporter le son de sa voix et la voir me rendait physiquement malade.

Dieu merci, elle n'était plus là quand je suis rentrée. J'ai demandé à Pauline et à Patsy si elle leur avait réclamé de l'argent à elles aussi. Oui, m'ont-elles répondu, mais sans insister. Elles n'avaient pas eu droit aux descentes terrifiantes au milieu de la nuit, ni aux coups sur la tête. Pauline n'était pas folle : elle avait posé un verrou sur la porte de sa chambre.

En gros, je devais payer quinze livres par semaine pour les frais, sans compter le loyer. Même si c'était beaucoup d'argent, il valait mieux les lui donner et éviter ces terribles visites. Par la suite, je n'ai plus refusé de lui régler le loyer, je disais juste que je n'avais pas l'argent. Elle venait à la fin de chaque mois. J'avais déjà préparé une enveloppe que je lui tendais sans même la regarder. Quand elle réclamait la somme manquante, je ne répondais pas. Malgré mes deux emplois, j'allais encore à l'école, je n'avais aucun moyen de gagner davantage. Encore heureux que j'avais droit à la cantine gratuite.

25

Une lueur d'espoir

1972-1975

À l'approche de mon quinzième anniversaire, je n'étais pas d'humeur à faire la fête. J'étais épuisée. J'avais mal jusqu'aux os le matin quand je me levais et c'était encore pire le soir quand je me couchais. J'étais éreintée en permanence, nuit et jour. Si c'était ça, être adulte, je n'étais pas sûre de survivre assez longtemps pour le devenir. Mais j'avais une lueur d'espoir, ma lueur d'espoir. J'ai à nouveau écrit à Mike Mansfield pour lui annoncer que je persévérais et que je comptais toujours devenir avocate.

Sa réponse est arrivée le 8 novembre. « Ravi d'avoir de vos nouvelles. N'hésitez pas à passer au cabinet. Bien à vous, Michael M. »

Pour une raison que j'ignore, j'ai pensé qu'il valait mieux avoir une solution de secours, au cas où Michael Mansfield ne pourrait me prendre comme stagiaire. Le lendemain, je suis donc retournée à la bibliothèque pour consulter *L'Annuaire du barreau,* qui répertorie tous les avocats de Londres. En le feuilletant, je me suis arrêtée sur le nom de Henry Pownall parce que je le trouvais joli. Et j'aimais bien aussi le nom de son cabinet, au 2 Harcourt Building, Temple, London EC4Y 9DS. Je lui ai écrit pour lui expliquer ma situation et le fait que Michael Mansfield avait promis de me prendre comme stagiaire. Je voulais savoir s'il pourrait m'aider au cas où l'accord avec M. Mansfield ne se réaliserait pas. Henry Pownall m'a répondu en janvier.

Chère Mademoiselle Briscoe,
J'ai rencontré Michael Mansfield. Il serait ravi de vous voir. Il est très occupé mais j'ai la conviction que, si vous le rencontriez, il n'en sortirait que du bon. Il n'a qu'une parole. Je vous conseille donc de téléphoner à sa secrétaire pour prendre rendez-vous.
Avec tous mes vœux.
Sincèrement vôtre,

Henry Pownall

P-S : Tenez-moi au courant des résultats de cet entretien.

Je n'ai pas pris ce rendez-vous car j'étais certaine que Michael M. ne reviendrait jamais sur sa parole. C'était à moi de faire ma part du travail, d'obtenir de bons résultats et d'entrer à l'université.

Cette année-là, Noël a été un jour comme les autres. J'ai passé la journée à lire dans ma chambre, sauf quand je suis allée me préparer mon repas : des œufs brouillés avec des haricots en boîte. Je n'avais pas été invitée avec le reste de la famille et le père Noël n'est pas venu frapper à ma porte. Peu m'importait : je n'avais envie que de calme et de tranquillité. C'était l'année de mon GCE[1] et j'avais besoin d'étudier sans être perturbée. Mes professeurs auraient voulu en parler avec mes parents, mais ni George ni Carmen n'ont jugé bon de se montrer à une réunion de parents d'élèves. Mes résultats auraient pu être meilleurs, mais ils n'étaient pas si mauvais et j'étais, selon mes enseignants: « Une délicieuse jeune personne disposant d'un immense potentiel.»

Mon emploi du temps pour les révisions et les devoirs était bien fixé, à cette circonstance près que je ne savais jamais à quoi m'attendre quand je rentrais à la maison. Je redoutais toujours que ma mère ne soit là à m'attendre. Parfois, je préférais revenir à pied de l'école plutôt que de prendre le bus, ainsi j'économisais un peu d'argent et, si elle était là, elle finirait peut-être par s'impatienter et partir. À d'autres moments, je faisais un détour par chez mon père, au 215 Camberwell New Road. J'avais l'impression d'être en état de siège permanent et que ma mère me traquait.

J'avais de plus en plus de mal à me concentrer. À la maison, je n'étais jamais détendue, restant toujours sur le qui-vive, guettant le bruit de la porte d'entrée. À chaque fois qu'elle s'ouvrait, je me pétrifiais… et, si je reconnaissais son pas dans l'escalier, je me réfugiais à toute allure sous mon lit. Quand elle arrivait dans ma chambre, celle-ci était plongée dans le noir et semblait inoccupée.

---

1. General Certificate of Education: examen passé à dix-huit ans correspondant au baccalauréat.

La vie me déprimait. C'était un combat incessant pour m'en sortir financièrement. J'économisais sans cesse davantage sur la nourriture, me contentant d'une tasse de thé le matin, d'une autre après mes ménages et de mes repas gratuits à la cantine.

J'ai fini par me confier à Angela, lui avouant mes problèmes d'argent. Elle m'a trouvé d'autres ménages, deux heures par jour, de 18 heures à 20 heures, du lundi au vendredi, à Trafalgar Square. C'était moins bien payé que mon travail du matin et il me fallait près d'une heure pour m'y rendre. Ma stratégie consistait à rester à l'école jusqu'à 16 h 45 pour faire une partie de mes devoirs à la bibliothèque ou bien dans la salle commune du quatrième étage. Sur le chemin de l'arrêt de bus, j'enfilais ma tenue de femme de ménage. Quand j'ai touché mon premier salaire le vendredi, j'ai été soulagée mais j'étais aussi épuisée. J'aurais donné cher pour faire la grasse matinée le samedi, mais il fallait me lever pour aller chez Roses. J'ai passé tout le dimanche à ranger et à faire mes devoirs.

La deuxième semaine a été encore plus traumatisante que la première. Je quittais la maison à 5 h 20 au plus tard et je n'y revenais pas avant 20 h 30, 20 h 45. Il me restait très peu de temps pour mon travail scolaire et, à une ou deux reprises, je me suis endormie pendant les cours. Mais j'étais impatiente de toucher ma paie. Au moins, je pourrais manger, me payer mes transports et ne pas m'inquiéter d'être mise à la porte de la maison sous prétexte que je n'avais pas les moyens de payer le loyer.

De façon compréhensible, la troisième semaine, mes enseignants ont commencé à critiquer mon travail. Si, financièrement, je ne m'étais jamais mieux portée, je n'arrivais plus à tenir le rythme. Une de mes professeurs a été si consternée par mon dernier devoir à la maison qu'elle m'a demandé de le refaire. Elle a refusé de me noter et m'a envoyée en colle.

Angela n'a pas été du tout surprise quand je lui ai annoncé que j'abandonnerais mon deuxième emploi dès qu'elle m'aurait trouvé une remplaçante. Selon elle, je n'aurais jamais dû travailler. Jamais. Parfois, elle était comme une mère pour moi. La mère que je n'avais jamais eue, et j'étais la fille qu'elle avait toujours voulue. Sa gentillesse me faisait pleurer.

Six semaines avant le début des examens, ma mère est revenue exiger le loyer. Je lui ai expliqué qu'ayant abandonné mon troisième travail, je n'avais pas l'argent. Elle a répondu qu'il n'y aurait pas de dispute cette fois, qu'elle en avait assez, de se disputer avec moi, que ça la rendait malade. En quittant la maison, elle a simplement emporté tous les fusibles avec elle. Même si ce comportement n'avait rien de surprenant, mon sentiment de panique permanent est revenu. Le lendemain, j'ai acheté des bougies chez Woolworth. Pauline et Patsy étaient elles aussi dans le noir. Pauline a demandé le retour de la lumière mais ma mère l'a envoyée promener.

Je ne l'ai plus revue avant mes examens. Après les avoir passés et pour fêter ça, je suis allée chez Angela prendre une grande tasse de thé et une grosse assiette de pâtes. Tout s'était bien déroulé mais j'étais toujours aussi anxieuse. Et si je n'étais pas admise en première ? Que pourrais-je bien dire à Michael M. et à Henry P.? De nombreuses filles de ma classe ne comptaient pas revenir à l'école l'an prochain et quelques garçons avaient décidé de tenter leur chance sur le marché du travail. Pendant les vacances d'été, j'ai travaillé aussi souvent que possible, remplaçant pendant leurs congés les vendeuses chez Roses et les autres femmes de ménage.

Le jour de la publication des résultats, je suis allée à l'école en marchant le plus lentement possible, pour retarder le moment de la découverte. On m'a donné une feuille de papier. Hourra ! J'avais réussi tous mes examens ! Maintenant, j'avais dix O-levels à mon actif. Prochaine étape, les A-levels dans deux ans. Les professeurs nous ont félicités. Je n'ai pas ressenti le besoin de prévenir ma mère. Mais j'ai écrit à Michael M.

Cher Michael Mansfield,

Je voulais juste vous faire savoir que j'ai passé avec succès mes GCE et que j'espère décrocher mes A-levels dans deux ans. Je devrais devenir votre stagiaire d'ici cinq ans.

Clare

J'étais impatiente d'entrer en première ! Je m'achèterais une nouvelle trousse, quelques articles de papeterie, trois nouvelles paires de chaussettes blanches et des gants assortis. Ces dernières semaines, j'avais pris l'habitude de rater mes rendez-vous dominicaux avec Dieu et le prêtre avait remarqué mon absence à la messe. Ce n'était pas que je voulais éviter le Seigneur mais j'étais trop fatiguée. C'était le seul jour où je pouvais dormir. Le père a demandé à me voir. Une fois seuls, il a voulu savoir si j'avais quelque chose à confesser. J'ai répondu que non, mais que j'étais vraiment désolée et que, désormais, j'essaierais de venir de façon plus régulière.

Ce dimanche-là, Dieu a décidé que la lumière soit. Quand je suis entrée dans la maison, j'ai actionné machinalement l'interrupteur et... la lumière fut. Le silence régnait, mais j'ai quand même attendu que ma mère se montre. J'étais là, prête à la faire disparaître en pressant sur le bouton, mais rien ne se passait. Je me suis avancée dans le couloir, toujours rien, aucun bruit. En montant l'escalier, j'étais péniblement consciente de mon cœur qui battait la chamade. J'étais terrifiée, mais elle n'était vraiment plus là. Elle avait peut-être décidé qu'elle ne pouvait pas nous laisser éternellement dans le noir. Ou alors, et plus probablement, qu'il était difficile d'exiger le paiement du loyer et des factures si nous étions privées d'électricité. J'ai rangé mes bougies dans le tiroir du bas de mon armoire.

Les vacances d'été sont passées comme un éclair. J'ai beaucoup dormi alors que j'aurais dû lire. J'étais harassée mais, au moins, j'ai pu rattraper mon retard de sommeil. À la rentrée, en septembre, je me sentais en meilleure forme et j'étais bien décidée à être bonne élève. Tout ce dont j'avais besoin, c'était d'une existence calme, et j'avais enfin réussi à l'obtenir.

Ma mère ne s'est montrée qu'après quatre semaines d'école. Un jour, elle a soudain surgi de nulle part au moment où j'entrais dans la maison. Je l'ai ignorée, mais j'ai eu la prudence de retirer ma clé de la serrure et de laisser la porte ouverte, avant de monter dans ma chambre. Elle m'a rejointe dix minutes plus tard, temps que j'avais mis à profit pour cacher mon cartable, mon porte-monnaie et mes devoirs. Quand cette femme est entrée, elle ne m'a pas demandé comment j'allais. Elle voulait juste savoir pourquoi je vivais encore chez elle. Je lui ai dit que je n'avais trouvé nulle part où loger. Elle m'a répondu que j'avais deux semaines pour partir, sinon j'aurais des problèmes. Elle est redescendue et, comme toujours, a claqué la porte en sortant. Je n'avais pas eu le temps de lui demander de quels problèmes il s'agirait. J'en avais connu de toutes sortes depuis des années mais j'avais l'impression que, cette fois, elle avait une idée spéciale en tête.

Deux semaines plus tard, dès que j'ai franchi le seuil, j'ai senti que quelque chose n'allait pas. Je suis montée dans ma chambre et elle était assise là, face à la porte.

— Bonjour, maman, ai-je dit en jetant un coup d'œil sur la gauche.

Mon lit avait disparu.

— Où est mon lit ?

— Ce n'est pas ton lit. C'est le mien et je l'ai repris.

— Ah… mais sur quoi je vais dormir, alors ?

— En ce qui me concerne, tu peux dormir sur du vent.

— Qu'est-ce que j'ai encore fait ?

— Tu respires. C'est tout, rien de plus. C'est ça, le simple fait que tu respires. Tu ne veux pas payer de loyer, tu ne veux pas payer les factures, tu veux manger, dormir et respirer sur mon compte.

J'ai renoncé à me disputer avec elle. Quand elle est partie, je me suis mise à la recherche de mon lit. Elle avait dû le cacher quelque part dans la maison, comme la fois précédente… mais je ne l'ai trouvé nulle part.

Une quinzaine de jours plus tard, un dimanche, elle est revenue pour m'informer que si je voulais le récupérer, je devais payer un total de vingt livres par semaine. Non seulement je n'avais pas autant d'argent, mais, finalement, j'aimais assez dormir par terre. Quand il est devenu clair que je ne comptais pas régler une telle somme, elle a menacé de me jeter dehors si je ne lui donnais pas cent livres sur-le-champ. J'ai refusé et la dette a été réduite à cinquante livres. Nous ne nous sommes pas vraiment disputées, je me suis juste contentée de dire que je ne paierais pas. Je lui ai rappelé qu'elle ne pouvait plus me faire grand-chose, qu'elle m'avait déjà fait assez de mal comme ça. Elle m'avait enlevé mon lit, elle ne me nourrissait plus, cela faisait des mois qu'elle me privait d'électricité et, pourtant, j'arrivais encore à m'en sortir. Elle pouvait continuer ses brimades, je m'en moquais. Quand elle m'a dit de faire mes valises et de déguerpir, je me suis rendu compte que j'étais peut-être allée trop loin.

Je suis restée assise par terre, bien décidée à ne pas bouger d'un pouce. Me saisissant par les cheveux, elle a voulu me mettre debout. Comme ça n'a pas marché, elle m'a donné un coup de genou dans la colonne vertébrale, en me traitant de petite putain et de merde ambulante. Je ne bougeais toujours pas. Alors, exaspérée, elle s'est mise à flanquer des coups de pied dans les vieux vêtements qui traînaient par terre et me servaient de lit.

— Un autre lit perdu, ai-je commenté avec calme.

Elle m'a cognée derrière la tête.

— Mais un autre coup de poing gagné, a-t-elle répliqué, et un coup de pied en prime.

Elle m'a frappée dans la jambe.

— Je reviendrai, a-t-elle ajouté en se frayant un chemin à travers les vêtements éparpillés.

Peu après, j'ai entendu la porte d'entrée claquer. Dieu merci. Ma mère était partie. Je n'allais pas la revoir de sitôt.

Un matin, en revenant de mon travail, je me suis endormie dans le bus. Quand je me suis réveillée, je me suis rendu compte que mon arrêt était passé. Nous étions sur Loughborough Road. Sursautant, j'ai bondi vers le bouton d'appel et je suis descendue devant le cinéma Odeon, avec l'intention de traverser la rue pour repartir dans le sens inverse vers l'école. Mais, au coin de Camberwell Green et de Loughborough Junction, se trouvait un magasin de meubles qui s'appelait Thoroughgoods. Dans la vitrine était exposé le plus beau lit que j'aie jamais vu. Il était à baldaquin, avec des rideaux marron retenus par d'immenses nœuds ornés de tas de dentelle marron. Un lit pareil, on aurait voulu y mourir.

Je suis entrée dans la boutique et, dès que j'ai foulé la moquette, une sonnerie a retenti au fond du magasin. Un drôle de petit homme chauve, avec des lunettes, un col en V sans manches, une chemise blanche immaculée et une cravate noire, a surgi.

— En quoi puis-je vous aider ?

Je lui ai demandé combien coûtait le lit. Il venait tout juste d'arriver, m'a-t-il répondu, depuis quelques jours à peine. Il m'a encouragée à enlever mes chaussures pour l'essayer. Il était si confortable. Allongée, j'ai à nouveau demandé le prix. L'homme a dit qu'il devait consulter ses livres. Il a disparu au fond du magasin.

Le matelas en laine était confortable, très doux. J'avais l'impression de flotter, comme sur de l'eau. J'ai fini par prendre conscience qu'on me secouait gentiment, plusieurs fois. Quand j'ai retrouvé mes esprits, le vendeur était là et une petite foule s'était rassemblée autour de lui. Encore une fois, je m'étais endormie. Me frottant les yeux, j'ai bondi. Dieu merci, cela faisait un moment que je n'avais plus d'« accident ».

— Il vaut cent vingt livres, m'a annoncé l'homme.

Je ne possédais pas une telle somme et je ne serais jamais en mesure de me la procurer. Il m'a répondu qu'à ce prix, c'était une affaire. Je n'ai pas voulu le décevoir alors je lui ai demandé s'il était possible de payer en plusieurs fois. Il a accepté et j'ai versé un acompte de cinq livres. En échange de quoi, il m'a promis de ne pas le vendre. J'ai remis mes chaussures, je lui ai serré la main et je suis retournée à l'école.

Toute la journée en classe, j'ai rêvé de mon lit et j'ai fini par m'endormir plusieurs fois. Dans la file d'attente à la cantine, je rêvais encore tout éveillée. Et, quand je me suis couchée ce soir-là sur mon tas de vêtements, je me suis imaginé que je m'allongeais dans mon lit à baldaquin. Pour pouvoir me l'offrir et, en même temps, payer à ma mère le loyer qu'elle réclamait, je devais juste me trouver un autre travail. Faire les ménages le soir avait été un désastre : il fallait que je trouve autre chose, le week-end si possible. L'hôpital de King's College recherchait des aides-soignants, à plein ou à mi-temps, aussi bien pour des services de nuit que de jour. J'ai aussitôt posé ma candidature, renvoyant le formulaire de demande d'emploi rempli et signé le jour même où je l'ai reçu. Mon entretien d'embauche a eu lieu quatre semaines plus tard et, le lundi suivant, je suis allée signer mon contrat à l'hôpital. J'avais la place : vendredi, samedi, dimanche, service de nuit de 21 heures à 8 heures du matin. Ça m'a paru génial. Quelques jours avant de commencer, nous devions toutes nous présenter à l'hôpital pour qu'on nous montre comment faire la toilette d'un patient couché, lui donner son bassin et refaire son lit. C'était vraiment facile mais nous n'avions pas affaire à de vrais malades, juste à des infirmières qui jouaient leur rôle. Il était très important de penser à l'intimité des personnes hospitalisées. De toujours s'assurer que les rideaux entourant le lit étaient tirés, les bassins fermés. Quant aux commentaires désobligeants, nous étions priés de les laisser aux vestiaires.

Ma première nuit a été si frénétique que j'en ai oublié d'être fatiguée. L'équipe et la religieuse m'ont aidée avec le rapport qui détaillait le diagnostic de chaque patient, le déroulement de sa journée, les points qu'il fallait surveiller, les visites qu'il avait reçues ou pas, le moindre petit incident. Les réactions aux traitements devaient aussi être notées. Deux fois. Je m'étais fait un pense-bête dans le petit carnet de notes qu'on m'avait donné. Même si je n'étais qu'aide-soignante, je tenais à me montrer très professionnelle.

Je travaillais au département d'orthopédie pour femmes. La plupart portaient des plâtres ou bien étaient incapables de se déplacer normalement, et nombre d'entre elles enduraient de terribles douleurs. Je devais leur préparer du thé et ramasser les gobelets pour les rapporter à la cuisine. Il fallait aussi aider chacune à se servir de son bassin, une tâche très difficile dans la mesure où beaucoup possédaient des fesses énormes : il fallait remonter les chairs à pleines mains pour glisser le bassin le plus délicatement possible. Dans le même temps, la patiente tentait de se soulever en se tenant à une barre. Une fois l'engin en place, je recommençais l'opération avec sa voisine. Une fois que celle-ci était sur le trône, je revenais à la précédente pour lui enlever le sien, l'essuyer si nécessaire, changer l'alèse et, ensuite, vider le bassin avant de le nettoyer. La toilette prenait bien deux heures.

Cette tâche achevée, je devais installer les malades pour la nuit. Il fallait souvent refaire les lits, remplacer des draps, des taies d'oreiller et des couvertures, mettre les dentiers dans une solution lavante et, de façon générale, assurer un maximum de confort aux patientes. Après une dernière tournée d'inspection, je nettoyais leurs tables de chevet, remplissais leurs carafes d'eau ou débarrassais les restes de repas. Ensuite, j'effectuais quelques courses pour les infirmières et le personnel plus qualifié. Je ne cessais d'aller et venir. C'était très amusant. J'adorais ça. Il fallait aussi laver et ranger la cuisine, sans parler des toilettes. Chaque soir, il était quasiment certain qu'une ou plusieurs femmes connaîtraient au moins un accident au cours de la nuit. J'avais tant de peine pour elles. Toutes semblaient très embarrassées et pour si peu. Il fallait refaire entièrement le lit, ce qui était une performance dans la mesure où la plupart d'entre elles ne pouvaient quasiment pas bouger. Les patientes les plus difficiles étaient celles qui avaient un problème aux hanches, ce qui signifiait qu'elles ne pouvaient pas rouler sur elles-mêmes pour faciliter l'insertion du bassin.

Il m'a fallu plus de deux mois pour me rendre compte que certaines souillaient délibérément leur lit afin de recevoir davantage d'attention. Je les détestais.

— Infirmière, venez vite, ça sort de partout !

Je n'aimais pas non plus celles qui exigeaient qu'on s'occupe mieux d'elles sous prétexte qu'elles étaient issues d'une classe sociale supérieure.

— Une dame ne devrait jamais attendre son bassin !

Pour moi, c'étaient toutes des dames.

Je sympathisais toujours avec les patientes qui souffraient, même celles qui insistaient pour que je leur réchauffe leur bassin avant de l'insérer. Très vite, tout le monde m'appelait Infirmière Clare. J'étais de loin l'auxiliaire la plus jeune et la plus énergique. Certains médecins et certaines infirmières disaient même que j'avais un cerveau.

Le vendredi, en rentrant de l'école, j'essayais de dormir quelques heures avant d'aller au King's College. Dans le service, nous éteignions les lumières à 23 heures. Après cela, seul le bureau des infirmières restait allumé. C'était le moment pour moi de faire quelques-uns de mes devoirs. Je dormais toujours entre 2 et 3 heures du matin. Vers 5 h 30, c'était, pour nous autres du service de nuit, le coup de feu. Nous avions beaucoup à faire avant de transmettre le flambeau à l'équipe de jour. Les infirmières devaient s'occuper d'administrer les médicaments considérés comme dangereux pendant que je récupérais les bassins remplis durant la nuit. Toutes les malades voulaient une tasse de thé. Les rideaux qui entouraient les lits devaient être tirés et fixés. Il fallait changer les draps et recommencer la toilette. Pour certaines, il était nécessaire de les laver dans leur lit. Celles qui désiraient simplement continuer à dormir demandaient à ce qu'on laisse leurs rideaux en place pour leur assurer un peu d'intimité. Je faisais toujours de mon mieux pour leur procurer à toutes un peu plus de confort. Nous passions le relais à 8 heures, ce qui me laissait juste le temps de courir à l'arrêt de bus pour attraper celui qui passait près de chez moi. Le trajet ne prenait pas longtemps, vingt minutes à peine.

À la maison, après un rapide tour dans la salle de bains, je prenais une tasse de thé et j'enfilais une robe pour foncer chez Roses. En général, j'y arrivais épuisée mais ça allait mieux dès que les premières clientes entraient. J'adorais Roses. La plupart du temps, quand je travaillais là-bas, j'étais en pilote automatique. Je détestais être fatiguée. Vers 16 heures, j'avais tellement besoin de mon lit que j'évitais de m'asseoir de peur de m'endormir. En tant que vendeuse, je faisais preuve de la même compassion que comme aide-soignante. Quelques mots gentils transformaient une femme obèse en femme mince. Quelques bruits flatteurs faisaient disparaître plusieurs centimètres de tour de taille. Les clientes m'appréciaient. Nulle n'était trop grosse ou trop maigre à mes yeux. Elles étaient toutes impeccables. Et elles finissaient toujours par acheter l'article désiré. Le salaire était bon et le rabais sur les vêtements bien pratique. À 17 h 30, j'avais tout juste la force de prendre mon enveloppe de salaire. Je fonçais ensuite à la maison et, à 18 h 30, je dormais.

Mon réveil était réglé sur 20 h 20. Péniblement, je me levais, me brossais les dents, me lavais le visage et enfilais ma tenue d'aide-soignante pour prendre mon service à 21 heures. La prochaine fois que je dormirais, ce serait pendant ma pause. Je vivais continuellement avec la crainte de ne pas me réveiller.

Mes patientes appréciaient d'avoir une jeune auxiliaire pour veiller sur elles et j'étais heureuse de les aider. Mais le plus important pour moi, c'était de pouvoir, chaque semaine, verser une certaine somme pour mon lit à baldaquin. J'étais pressée d'en finir car dormir par terre devenait très inconfortable. J'avais mal au dos. Je me languissais d'avoir mon lit, un vrai lit… et de ne plus devoir me lever à telle ou telle heure.

Après la nuit du samedi, je ne désirais plus qu'une chose : dormir. Dans le bus, je demandais toujours au chauffeur de me signaler mon arrêt de peur de le rater. Une fois chez moi, je m'effondrais sur mon tas de vêtements, parfois sans même prendre le temps d'enlever mon uniforme. Il m'est arrivé de me réveiller à même le parquet : je n'avais pas réussi à atteindre ma couche de fortune. Le dimanche était, en théorie, le seul jour où je pouvais dormir toute la journée jusqu'à mon retour à l'hôpital. C'était une perspective attrayante mais il fallait bien que je me lève à un moment ou à un autre pour faire mes devoirs.

Si, le lundi matin, mon service se terminait normalement à 8 heures, j'étais autorisée à partir à 7 heures, à condition de ne pas prendre ma pause. Ensuite : le bus jusqu'à Camberwell Green, avant de changer pour me rendre à Whitehall, où mes ménages m'attendaient. Une fois ceux-ci terminés, je reprenais le bus pour Camberwell Gate, où je troquais ma blouse contre mon uniforme.

Les lundis étaient toujours difficiles, j'étais trop épuisée. J'ignorais encore que cette routine allait durer plusieurs années. Je ne me suis jamais plainte, j'ai juste continué. Cela faisait six mois que je dormais par terre, comme la Petite Princesse, mais je ne voulais ni d'une robe de bal ni d'un prince charmant, je voulais juste mon lit à moi. À force, j'en ai même perdu le sommeil, ne cessant de me retourner, toujours énervée, jamais au repos de toute la nuit. Je crois que, si on m'avait accordé un vœu à l'époque, j'aurais juste demandé de dormir. Dormir et encore dormir... pour me débarrasser enfin de cette fatigue qui semblait faire partie de moi.

Quand mon esprit était complètement vidé, je pensais parfois à ma vieille amie Miss K. Était-elle en vie ? Et si oui, que faisait-elle ? Pensait-elle parfois à moi ? Se faisait-elle du souci ? Serait-elle fière de moi maintenant ? Ma chère amie Miss K. Ce serait un tel bonheur si elle entrait en contact avec moi. Je ne connaîtrais jamais sa souffrance mais elle ne connaîtrait jamais la mienne non plus. Au fond de mon cœur, je sentais que nous aurions pu y arriver. À veiller l'une sur l'autre. J'y arrivais bien avec toutes mes dames de l'hôpital.

Les deux années de première et de terminale sont passées très vite. Mijaurée avait quitté le collège l'année précédente et suivait maintenant une formation de surveillante de crèche. Quat'z-yeux était entrée dans une école pour devenir institutrice. Je les voyais très peu. Quand mes A-levels ont approché, Angela m'a proposé d'arrêter les ménages pendant deux semaines ou plus afin d'avoir le temps de réviser.

Finalement, le grand jour est arrivé. Je me suis levée tôt pour découvrir, à ma grande surprise, que je ne me sentais pas du tout nerveuse. J'ai pris chaque épreuve l'une après l'autre. Certaines étaient faciles, d'autres moins. À l'intérieur, je me sentais comme un zombie. Je voulais toujours aller à l'université et devenir avocate, mais j'étais fatiguée de façon si chronique que cela m'était égal ou presque. Après mon dernier examen, je ne suis pas allée célébrer la fin de mes études secondaires. Je suis juste rentrée chez moi, j'ai posé mon cartable et j'ai pris le bus pour aller travailler. Les patientes en orthopédie m'attendaient.

J'avais fait des demandes d'admission dans plusieurs universités. Mon premier choix était Newcastle. J'y étais allée pour un entretien et l'endroit m'avait beaucoup plu. Le département de droit se trouvait à l'écart des autres bâtiments. On m'avait fait entrer dans une salle pour me présenter le Pr. Elliot, le Pr. Clark et M. Stevenson. L'entretien s'était très bien passé et ils avaient été impressionnés d'apprendre que Michael Mansfield avait promis de me prendre comme stagiaire. Ils m'ont offert une place à condition que j'obtienne d'excellentes notes à mes A-levels. J'avais un avis favorable de mes professeurs, même si certains estimaient que me présenter à l'université représentait un défi. J'avais aussi besoin d'une bourse. Il fallait donc que ma mère fournisse un justificatif de ses revenus de façon à ce qu'on m'accorde le montant correct. Le formulaire à remplir était long et complexe et, même si j'ai fourni tous les détails que je connaissais, elle seule pouvait le compléter. Par précaution, j'en ai fait une photocopie avant de lui porter l'original. C'est Cynthia qui m'a ouvert et elle a été si surprise de me voir qu'elle a eu un mouvement de recul. Je suis entrée. Tous les autres enfants Eastman étaient là. Ma mère était en train de repasser. Elle n'a pas levé les yeux quand j'ai pénétré dans la pièce.

—Maman, j'aimerais aller à l'université l'an prochain. J'ai fait une demande de bourse mais il faut que ce soit toi qui finisses de remplir le formulaire. Tu pourrais le faire aujourd'hui, si possible ?

Elle m'a demandé pourquoi je voulais m'inscrire à l'université et j'ai répondu que je voulais apprendre le droit.

— Mais, Clare, l'université, c'est pour les gens intelligents… Qu'est-ce que tu y ferais ?

— Je veux devenir avocate.

— Rien que ça, a-t-elle dit en tendant la main. Passe-moi ce formulaire.

Je le lui ai donné. Elle a regardé la première page, l'a retournée, puis la deuxième, et ainsi de suite jusqu'à la dernière. Finalement, elle a tout déchiré en menus morceaux.

— L'université, c'est pour les gens intelligents, a-t-elle répété en jetant les petits bouts de papier en l'air. Maintenant, barre-toi d'ici, si tu ne veux pas le regretter.

Les morceaux tombaient comme des flocons de neige tout autour d'elle.

— Et ferme la porte en sortant, a-t-elle ajouté.

Je suis restée là un moment, à contempler les miettes de mon formulaire qui volaient, puis je suis partie. Une fois dehors, je me suis assise sur le muret pour essayer de réfléchir.

Je ne voyais pas d'issue. Il fallait qu'elle remplisse ce papier : sans lui, impossible d'aller à l'université. Le lundi suivant, j'ai téléphoné aux services londoniens de l'éducation et ils ont confirmé mes craintes. Je pouvais toujours faire une demande de bourse à titre indépendant, mais il faudrait prouver que je pourvoyais à mes besoins depuis cinq ans.

Quand mes résultats sont tombés, mes notes aux A-levels étaient assez bonnes pour que je sois acceptée à Newcastle. Je m'attendais à ce qu'ils me contactent dans les deux jours mais il ne s'est rien passé. Finalement, je les ai appelés moi-même et ils m'ont demandé de leur envoyer d'urgence une copie de mon certificat de naissance. Ils étaient, semblait-il, face à un problème curieux, mais qui devrait sûrement pouvoir se résoudre. Je leur ai envoyé une copie de mon acte de naissance par courrier recommandé. Trois jours plus tard, j'ai été stupéfaite quand l'administration de l'université m'a appelée pour me demander mon nom exact. Clare Briscoe, leur ai-je dit. J'en étais sûre ? m'ont-ils demandé. Évidemment que j'étais sûre de mon nom. La semaine suivante, le Pr. Clark m'a écrit pour m'annoncer qu'il y avait une anomalie dans mes diplômes. Le certificat de naissance que j'avais fourni faisait référence à une certaine Constance Beverley Briscoe, alors que tous mes diplômes étaient établis au nom de Clare Briscoe. L'université ne pouvait donc les accepter : il s'agissait d'une usurpation d'identité. Le choc a été terrible. Comment aurais-je pu me douter que je ne m'appelais pas Clare Briscoe, mais Constance Beverley Briscoe ? Lorsque j'ai rappelé l'administration et que j'ai expliqué ma situation au Pr. Clark, il a été aussi surpris que moi. D'un commun accord, nous avons décidé que mon proviseur et mon professeur principal devaient fournir les preuves nécessaires à l'administration, afin de confirmer que Constance et Clare étaient une seule et même personne. Jusqu'à ce que le doute soit levé, l'université, pour des raisons faciles à comprendre, ne pouvait accepter ma candidature. Mon identité a été confirmée dans la semaine et on m'a alors invitée à faire désormais usage de mon nom véritable. J'ai pris l'engagement que, dorénavant, je serais Constance Beverley Briscoe.

Ouf, voilà qui était réglé, mais j'avais toujours besoin d'une bourse. J'ai discuté du problème avec la religieuse responsable du département d'orthopédie à l'hôpital et elle m'a conseillé de repousser mon inscription d'une année. Puisque je travaillais depuis quatre ans maintenant, cela me permettrait de prétendre au statut d'indépendante. J'ai suivi cette suggestion. À vrai dire, je n'avais pas le choix. Fort heureusement, l'université a consenti à reporter mon inscription d'un an. Je commencerais donc en octobre 1979. Les services londoniens de l'éducation ont promis de m'accorder le statut d'indépendante si, bien sûr, d'ici là, je continuais à avoir un emploi.

Le Lyndhurst Gardens Hospice, à Hampstead, recherchait du personnel pour son service de nuit. Grâce à mon expérience, j'ai été embauchée comme auxiliaire : j'y allais dès qu'il leur manquait quelqu'un. Les remplacements étaient nombreux.

Le grand jour est arrivé : j'ai quitté l'école. Dans ma classe, nous n'étions que trois à aller à l'université. Armée de mes résultats aux A-levels et de mon admission sans condition à Newcastle, j'ai posé ma candidature pour un travail à temps complet au Guy's Hospital. Le poste n'était que pour un an. Il s'agissait d'assister le radiologue dans ses recherches. L'entretien d'embauche s'est déroulé de façon très décontractée et amicale. Je commençais à en avoir l'habitude et je savais m'y prendre. Un coup de téléphone m'a appris que ma candidature avait été retenue, ce qu'une lettre a confirmé quelques jours plus tard. Je devais abandonner mes ménages, mais j'ai gardé mes emplois au King's College et à Lyndhurst Gardens. Les nuits où il ne se passait pas grand-chose, il était toujours possible de dormir deux ou trois heures. J'ai aussi dû lâcher mon travail chez Roses. Même si je l'adorais, je n'avais tout simplement pas le temps. J'ai dit à Eileen que je partirais dès qu'elle me trouverait une remplaçante. Trois semaines plus tard, j'ai franchi les portes de la boutique pour la dernière fois. Je suis allée à la recherche de Pete au marché d'East Street. Il n'y était pas. Je lui parlerais une autre fois. De retour à la maison, je me suis couchée par terre et je me suis endormie.

Trois semaines plus tard, j'ai pris livraison du meilleur lit au sud de Londres. Il était en bois, avec quatre énormes pieds en forme de pattes griffues recouverts de plastique doré. Les piliers étaient des tiges métalliques creuses, couleur chocolat, qui se terminaient par une décoration en forme de bulbe doré. Le matelas était orange, brun et marron, constellé de petits points et de zébrures. Les rideaux étaient à tomber. À prédominance marron, avec de minuscules taches blanches, ils pendaient des piliers latéraux grâce à des crochets fixés aux bulbes. Une frange entourait tout le lit à sa base inférieure. Dès qu'il a été monté et fait, j'ai tiré les rideaux et je me suis couchée. Pendant les quelques jours qui ont suivi, c'est là que j'ai passé l'essentiel de mes journées et de mes nuits. Je dormais, mangeais et m'habillais dans mon lit. Quand je revenais à la maison après une longue et dure journée, je me mettais au lit. J'y traînais en permanence, même quand je n'étais pas fatiguée. C'était le paradis de lire là-dedans avec les rideaux tirés.

Quelques jours après l'avoir reçu, je suis allée chez Woolworth m'acheter une couette en polyester et une housse couleur chocolat, ainsi que des taies assorties. Leur prix avait été considérablement réduit, m'a expliqué le vendeur, car elles n'étaient pas très appréciées des clientes. Elles étaient trop spéciales. Il m'a convaincue d'en prendre deux au motif que je ne risquais pas de revoir les mêmes avant un bon moment.

Épilogue

Après avoir entrepris les démarches nécessaires pour stocker toutes mes possessions dans un garde-meuble, je n'avais plus grand-chose à faire avant d'entamer ma nouvelle vie. La dernière entrée de mon journal intime annonce : « Cher Journal, je vais bientôt partir à l'université mais, aujourd'hui, je dois aller voir ma mère. »

J'ai pris le bus et j'ai frappé à sa porte. Comme toujours, j'ai attendu que quelqu'un vienne m'ouvrir. Les choses ne semblaient guère avoir changé. La maison était bruyante. Mal rangée, même. Les Briscoe et les Eastman étaient bien représentés. Quant à moi, cela faisait longtemps que j'étais devenue orpheline. J'avais déjà pris la décision que ce serait ma dernière visite. J'ai monté l'escalier et je suis entrée dans la pièce qui me faisait face.

— Bonjour, maman, ai-je dit.

Elle était assise devant sa table à repasser et elle semblait détendue, insouciante même. Autour d'elle, c'était la pagaille. Derrière, dans la petite kitchenette, ma sœur Pauline nettoyait des taches imaginaires, observant comment ma mère réagissait à mon apparition. Je suis restée sur le seuil, hors de portée du fer brûlant qu'elle avait en main.

— Bonjour, maman, ai-je répété.

Elle ne m'a même pas accordé un regard, mais cela n'avait pas beaucoup d'importance. Je me suis adossée au mur et, au bout d'un moment, elle a posé son engin pour me dévisager.

— Qu'est-ce que tu veux ?

— Que tu saches que je pars à l'université dans deux semaines.

Elle a recommencé à repasser.

— Vraiment ? a-t-elle demandé sans me regarder.

— Oui. Je vais à l'université et je voulais te le dire.

Elle n'a pas répondu tout de suite. Elle semblait très préoccupée par son repassage.

— Eh bien, ça y est, tu me l'as dit. Je croyais qu'on ne prenait que les gens intelligents à l'université.

— Oui. Ce qui doit signifier que je suis intelligente, mais ce n'est pas pour ça que je suis venue. Je veux que tu saches que, pendant mon absence, toutes mes affaires seront dans un garde-meuble car j'ai bien l'intention de ne plus jamais retourner au 19 Sutherland Square.

Elle a levé les yeux et les a baissés à nouveau pour reprendre son activité.

— Je veux aussi que tu saches que je ne te parlerai plus jamais de ma vie.

Elle s'est arrêtée, a reposé le fer sur son socle et m'a regardée. Mais sa main restait toujours sur la poignée de l'engin.

— Qu'est-ce que t'as dit ?

— Je veux que tu saches que je ne te parlerai plus jamais de ma vie. Je ne te dois aucun remerciement, maman.

Elle a remonté ses lunettes sur son nez.

— Je ne t'ai jamais aimée, maman, jamais. Jamais. Non, en fait, ce n'est pas tout à fait vrai... Je t'ai aimée autrefois, mais c'était il y a très longtemps.

— Vraiment ?

— Oui. Il y a très longtemps. J'étais toute petite, tu ne t'en souviens probablement pas. C'était avant que tu m'abandonnes dans la maison de Burnett Street. Oui, je t'aimais à l'époque, mais plus depuis. Tu m'achetais des gâteaux. Tu étais ma maman et j'étais ta fille. Qu'est-ce que je t'ai fait, maman ? Est-ce que je t'ai jamais fait quelque chose ? Réponds.

Elle est restée silencieuse mais j'avais conscience de mes frères et sœurs et des Eastman qui étaient là, dans le couloir derrière moi.

— Tu as fait en sorte que je te haïsse alors, sois contente, je te hais. Je crois que tu n'aurais jamais dû avoir d'enfants. Et tu veux que je te dise ? Je pense qu'un jour, tu te rendras compte que cette bonne vieille Constance n'était pas si mal après tout.

Elle a ricané et elle m'a dit d'aller me faire foutre à l'université, et le plus tôt serait le mieux. Ensuite, elle a pris un autre vêtement et elle a recommencé à repasser.

— Tout ce que je voulais, c'était une maman qui m'aime, pas qui me déteste. Une maman qui *m'aime*.

Elle s'acharnait sur un pli.

— Cette chère Constance va à l'université, ai-je ajouté. Moi, Constance Briscoe, je vais à l'université.

— Qu'est-ce que t'as dit ?

— J'ai dit que cette chère Constance Briscoe va à l'université et oui, mère, je sais que mon vrai nom est Constance, pas Clare ou Clearie, mais Constance. Constance Beverley Briscoe… c'est moi. Au fait, quand allais-tu te décider à me révéler mon vrai nom ?

Elle est restée silencieuse et je me suis mise à pleurer.

— Je suis venue te dire que j'allais partir et que c'était terminé. Voilà, j'y vais maintenant. Maman, je ne te parlerai plus jamais de ma vie et tu sais très bien pourquoi.

Eastman traînait dans l'arrière-cuisine. Le mot « université » avait dû lui faire peur car il n'a pas proféré le moindre son de toute la conversation. Dès que j'ai tourné les talons, les Eastman étaient dans l'escalier.

— Tu as dit que tu t'appelles Constance. Où est-ce que t'es allée chercher ça ?

— C'est mon nom.

— T'es dingue ou quoi… Ton nom, c'est Clare.

— Comment tu t'appelles ? a demandé Pauline par-dessus les voix des autres.

— Constance.

— Ne sois pas ridicule. Tu t'appelles Clare.

— Non, ce n'est pas Clare. J'ai vu mon certificat de naissance. Mon nom, c'est Constance. De toute manière, ça n'a aucune importance.

J'ai descendu les marches et je suis sortie.

Le lundi de la semaine suivante, les déménageurs du garde-meuble sont venus enlever mes affaires de la maison. J'ai juste gardé mon rocking-chair, ma télé, mes journaux et mes vêtements. Mon lit à baldaquin a été démonté et les rideaux rangés dans un gros carton. Ils allaient me manquer mais je les retrouverais un jour. Pauline et ma mère traînaient au pied de l'escalier.

— Alors, tu pars vraiment, Clare ? a dit Pauline.

— Oui, je vais être avocate.

— Tu reviens quand ?

— Je ne compte pas revenir. Je vais rester à Newcastle.

— Et à Noël ?

— Je ne reviendrai pas. Plus jamais.

Je suis sortie m'acheter un cardigan chaud en laissant mes journaux intimes sur mon rocking-chair, dans ma chambre. À mon retour, ma mère les avait tous pris. Je lui ai demandé de me les rendre. Elle m'a bousculée. Je lui ai couru après dans la rue en l'implorant, mais ça n'a servi à rien. Je ne les ai jamais récupérés. Toute ma vie était dans ces cahiers. La vie de Clearie. De retour à Sutherland Square, j'ai récupéré mes derniers biens dans ma chambre avant de prendre le taxi pour King's Cross. Le train est arrivé à Newcastle un peu après 19 heures. Un autre taxi m'a amenée à Jesmond Dene, où je me suis inscrite à la cité étudiante en attendant le début du trimestre. À peine installée, la première chose que j'ai faite a été d'écrire à Michael Mansfield.

Octobre 1979

Cher M. Mansfield,

Juste un petit mot pour vous annoncer que je commence l'université et que j'espère toujours devenir votre stagiaire dans trois ans.

Bien à vous,

Constance Briscoe

Je suis restée à Newcastle de 1979 à 1982, ne revenant à Londres que pour travailler au Lyndhurst Gardens ou dans un autre établissement. Je n'ai plus jamais habité la maison.

En 1982, j'ai obtenu mon diplôme de licenciée en droit, avec félicitations du jury, et j'ai informé M. Mansfield de la bonne nouvelle. J'ai demandé à le rencontrer. Voici sa réponse :

8 novembre 1982

Chère Constance,

Ravi d'avoir de vos nouvelles. Passez au cabinet quand vous le désirez. Si je ne suis pas au tribunal, je m'y trouve en général entre 5 heures et 6 heures et demie.

Bien à vous,

Michael Mansfield

En 1983, ayant terminé mon année de formation à l'école de droit, j'ai obtenu mon diplôme d'avocate.

J'ai à nouveau écrit à Michael Mansfield pour lui demander s'il me prenait comme stagiaire.

Septembre 1983

Chère Constance,
Venez quand vous voulez.

Michael

Remerciements

J'ai rencontré John Grisham le 25 février 2003 alors qu'il était invité par l'Honorable Société du Middle Temple, à Londres, pour le lancement de *La Transaction*. Le même soir, j'ai vu son éditrice, Gail Rebuck. J'avais auparavant écrit à John Grisham pour lui parler de mon livre et il m'avait répondu de le lui transmettre ; en fait, je l'ai donné à Gail. Quelques jours plus tard, elle m'a invitée chez Random House. On m'a mise en contact avec Sue Freestone qui a finalement refusé le manuscrit. Ce dont je lui suis très reconnaissante car, sans cela, je n'aurais pas rencontré Darley Anderson. Dès notre première rencontre, j'ai su qu'il deviendrait mon agent. C'est lui qui a créé le buzz autour du livre.

Darley est exceptionnel. Il m'a expliqué ce qu'il allait faire pour moi et il l'a fait. Il m'a mise en contact avec Sue Fletcher et son équipe chez Hodder. J'aimerais la remercier pour ses conseils et son dévouement. Maintenant, tout le monde sait que je suis soutenue par un agent extraordinaire et une éditrice dont le jugement professionnel n'a pas de prix.

Je voudrais aussi remercier Tony Arlidge, mon compagnon si patient. Ses souffrances sont maintenant terminées. C'est lui qui m'a convaincue d'écrire mon histoire, qui m'a donné le courage de continuer quand je n'en pouvais plus. Je suis certaine qu'il a relu le texte plus souvent que moi, veillant au moindre détail, à la grammaire et au style. Je lui dois énormément et son soutien me bouleverse. Enfin, je tiens à citer Mme Chrissie Wadworth qui a relu et dactylographié mes manuscrits. Lucie Whitehouse, un grand merci du fond du cœur – vous êtes vraiment la reine des droits pour l'étranger. Joan Deitch, une mention toute spéciale pour vous qui avez été ma première lectrice professionnelle. Les louanges que vous adressait Darley étaient tout à fait justifiées.

Achevé d'imprimer par NIIAG en octobre 2010 pour le compte de France Loisirs, Paris
N° éditeur : 61337 - dépôt légal : novembre 2010 - Imprimé en Italie